KB115046

0원으로 시작해서 월 1,000만 원 버는 블로그

일러두기

1. 이 책을 읽을 때는 순차적으로 읽기를 권합니다.

2. 검색어는 〈 〉, 클릭 버튼은 [ ] 로 묶어 표기했습니다.

3. 수록된 블로그의 이미지는 저자의 사진을 사용했으며, 그 외 사진의 경우 해당 사이트의 출처를 표기하였습니다.

PROLOGUE | BLOG

TAG | GUEST

0원으로 시작해서 월 1,000만 원 버는 블로그

이균재(다퍼주는남자) 지음

EDIT PROFILE

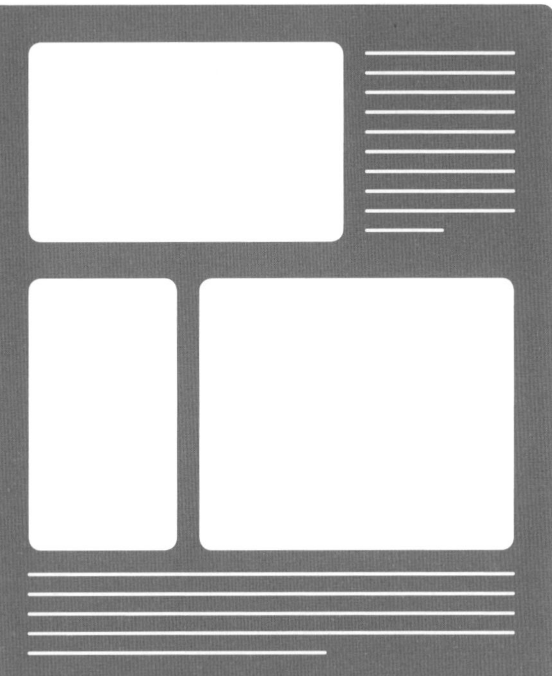

왕초보도 가능한 네이버 블로그
1억 수익화의 종결판!

위너스북

'은퇴가 없는 직업' 블로그

제가 블로그를 처음 시작했을 땐 단순히 사진을 올려 두기 위한 목적이었는데 현재 블로그를 돈벌이로 먹고살게 될지는 상상도 못 했습니다. 블로그를 통해서 수많은 인맥이 생기게 되었고 블로그로 인해 직장인일 때는 생각해 보지도 못한 월 1,000만 원 이상이 통장에 찍히는 경험도 하게 되었습니다.

이제 저에게 블로그란 일상입니다. 아니, 은퇴가 없는 직업이라고 할 수 있습니다. 처음 블로그를 시작할 때는 정말 답답하고 뭘 어떻게 해야 할지 몰라 막막했는데, 힘들게 작성한 내 글을 봐주는 사람들이 생기면서 재미를 붙였던 거 같습니다.

그때의 기분은 짜릿함을 넘어 전율이 돌 정도로 아직도 생생히 기억납니다. 나만의 공간이라 생각했던 블로그에 다른 사람이 내가 적은 글을 읽어 주고 같이 공감해 주는 게 얼마나 기분 좋은 일인지 그때 알게 된 거죠. 그리고 블로그를 통해 '앞으로 내가 무얼 하면 좋겠다'는 확신도 생기게 되었습니다.

저는 현재 여행 인플루언서로 활동중입니다. 처음 블로그를 시작했을 때 재미가 있어 주변 친구들에게 같이 하자고 권했는데 하나같이 똑같은 반응이었습니다.

"그런 걸 왜 하냐?"

저는 블로그를 친한 친구들과 함께하면 너무 좋을 거 같은데 친구들은 생각조차도 하질 않더라고요. 하지만 9년이 지난 지금은 친구들이 블로그를 배워 보고 싶어 합니다.

왜일까요?

저는 평일, 주말 구분할 거 없이 시간을 자유롭게 사용하고 어디든 마음만 먹으면 갈 수 있기 때문입니다. 친구들이 가장 부러워하는 건 자유로운 시간입니다. 남들 일할 때 놀러 다니는 저의 모습이 가장 부럽다고 합니다. 그것도 협찬으로 여행을 다니니 더 그럴 수 있겠죠. 그렇다고 마냥 노는 것만은 아닙니다. 한 달에 집중해서 일하는 시간은 일주일 정도 됩니다. 그렇게 해도 월 수익은 1,000만 원 이상은 항상 유지하고 있습니다. 제가 가진 규칙 중 하나가 '할 수 있을 만큼만 일하자'입니다. 미래를 생각하며 일을 더 많이 한다면 더 벌 수는 있겠지만, 제가 원했던 삶은 현재도 중요하기 때문입니다.

직장 생활을 할 때 평생소원이 여행 다니면서 돈 버는 거였는데, 지금 그런 삶을 살고 있으니 너무 행복하다는 생각이 듭니다. 제가 디지털 노마드 삶을 살 수 있는 데에는 블로그가 없었다면 불가능했을 것입니다. 주변의 친구들은 한명씩 은퇴 후의 삶을 고민하고 있습니다. 물론 그 속에 저도 함께 속해 있지만 저는 그런 걱정을 할 필요가 없습니다. 평생 직장인 블로그가 있기 때문이죠.

평생 직장 블로그를 이 책을 통해 독자들에게 전달하고자 하는데 저는 9년이라는 강사 기간 동안 수없이 많은 강의를 하면서 느낀 점이 있습니다. 너무나 당연하다고 생각했던 부분들이 초보자들에겐 어려운 정보가 될 수 있다는 걸 말이죠.

제가 책을 집필하게 된다면 정말 블로그에 '블'자를 몰라도 시작할 수 있는 A~Z

까지 모든 정보를 담은 책을 내야겠다고 생각했는데 드디어 그런 시간이 왔네요. 블로그는 배워도 끝이 없는 새로운 정보들이 끊임없이 쏟아져 나오는 곳입니다. 처음부터 모든 걸 다 알고 시작하면 좋겠지만, 그러면 가벼운 마음으로 시작할 수 없어서 오히려 부담감 때문에 초반에 그만두게 되는 경우가 대부분입니다.

그래서 우리가 블로그를 하면서 놓칠 수 있는 아주 작은 것부터 담아 보려고 합니다. 기초가 탄탄하면 쉽게 무너지질 않습니다. 블로그가 그런 곳입니다. 시작부터 인터넷에 떠도는 정보들을 먼저 접하다 보면 정작 포스팅 글을 작성해야 할 때 이것저것 생각하다가 결국 하기 싫어지는 곳입니다. 그래서 기초부터 제대로 배워야 이런저런 정보에 휘둘리지 않고 내가 정한 목표를 향해 달릴 수 있는 거죠.

게임도 처음 시작하게 되면 아무것도 모르고 막막하잖아요. 처음에 뭔지 모르고 시작했다가 레벨업을 할수록 점점 강해지듯이 블로그도 그런 단계가 필요한 겁니다. 블로그는 글 하나 적고 수익을 낼 수 있는 곳이 아닙니다. 어느 정도 블로그에 정보가 쌓여야 하고 그걸 읽어 주는 사람들이 생겨야 가능한 겁니다. 그래서 기초부터 하나하나 순서대로 진행해야만 가장 빠르게 수익을 낼 수 있습니다.

이 책은 이제 블로그를 제대로 해보겠다고 마음먹은 사람들과 꾸준함을 갖추고 있는 사람들이 읽었으면 합니다. 딱 한 달 동안 이 책에서 요구하는 대로 따라하기만 하면, 분명 한 달 후부터는 어떤 방식으로라도 수익이 생기게 될 겁니다.

제가 이렇게 자신 있게 이야기할 수 있는 이유는 그동안의 1만 명이 넘는 수강생들이 첫 수익이 생기는 데 평균적으로 얼마나 걸리는지 경험치를 봤기 때문에 자신 있게 말할 수 있는 겁니다.

그리고 수강생 눈에는 안 보이겠지만 제 눈에는 답답함이 많이 보입니다. 최적화 블로그도 나오기 힘든 레드오션 시장에 이제 막 발을 들여 오로지 최적화 블로그가 하고 있는 방식의 강의만 보고 희망 회로를 돌리고 있는 모습이 안타까웠습니다. 최적화 블로그야 뭘 하든 돈이 될 수 있습니다. 글 하나당 단가도 높고 협찬도 잘 들어오니까 당연한 결과물이죠.

그리고 단시간에 이루어낸 결과가 아니라 최소 일 년 이상을 꾸준히 정말 열심히 해서 이루어낸 건데 유튜브나 인터넷에 있는 정보들은 여러분에게는 하루 30분만 투자하라고 합니다. 그러다 보니 초보들은 하루에 30분 투자해서 성공 블로그가 될 수 있다는 생각으로 시작하다 보니 너무 쉽게 그만두게 됩니다.

처음부터 꾸준함을 강조하고 재미를 붙일 수 있도록 해줘야 하는데 30분만 투자하라고 하니 답이 없는 거죠. 그 모습을 보고 저는 블로그를 열심히 꾸준히만 하면 이루어낼 수 있는 일이 많다는 희망을 좀 주고 싶었습니다.

이 책을 통해 정보들을 내 것으로 만든다면 절대 헤매지 않고 바른 방향으로 탄탄한 블로그를 만들 수 있을 겁니다. 블로그는 개설만 한다고 되는 곳이 아닙니다. 개설 후에 어떤 걸 해야 노출이 되고, 어떤 걸 적어야 방문자가 생길지, 어떤 방법으로 다양한 수익을 낼지는 이 책에 다 나와 있으니 순서대로 진행하시면 됩니다. 앞으로 여러분의 삶이 블로그를 통해서 달라지는 걸 느끼게 될 겁니다.

목차

CHAPTER 03 블로그의 기본적인 수익구조 애드포스트 신청 방법

CHAPTER 04 블로그 전략적으로 운영하는 방법

CHAPTER 05 온라인 매장 블로그 인테리어 하는 방법

CHAPTER 06 블로그 글쓰기 기본 기능

글쓰기 폰트 편집 기능 활용하는 방법

CHAPTER 08

전문 기자처럼 글 쓰는 방법

CHAPTER 09

블로그 인맥 만드는 방법

CHAPTER 14 블로그 상위노출을 위한 준비

CHAPTER 15 블로그에서 절대 피해야 할 '이것'

PART 4 블로그 노출 통계 분석하는 방법

CHAPTER 16 블로그 글 미노출과 누락 그리고 저품질

CHAPTER 17

블로그 지수 알아보기

CHAPTER 18

저품질이 될 수 있는 블로그 금지어

CHAPTER 19

블로그만 잘하면 생길 수 있는 또 다른 수익

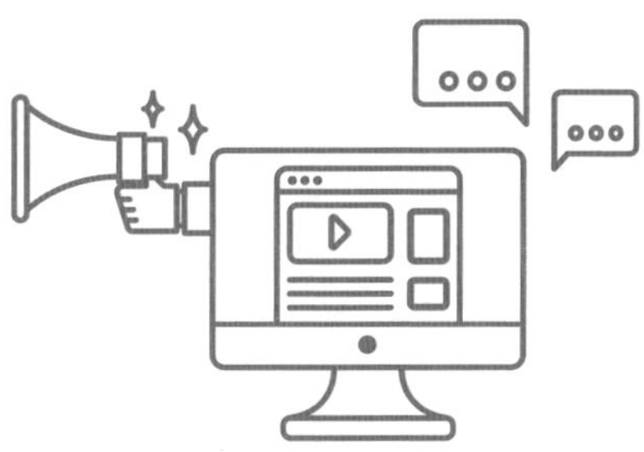

PART 1

블로그에
집중해야 하는 이유

CHAPTER 01

블로그로 누릴 수 있는 삶

1-1

블로그가 과연 돈이 될까?

요즘은 많은 사람이 월 천만 원을 벌 수 있다는 말에 한 번쯤은 부업을 생각하게 됩니다. 처음엔 기대에 차서 의욕적으로 해보지만 시간이 지나면 대부분이 그만두게 됩니다. 이유는 간단합니다. 생각보다 많은 시간이 필요하고 비용이 들어가는 일들이 많기 때문입니다.

한때 광풍이 불었던 스마트스토어 판매 방식 역시 많은 사람들이 했다가 대부분 그만두거나 시작조차도 하지 못하는 경우가 많았습니다.

하지만 블로그는 스마트스토어와는 다릅니다. 투자 비용 0원, 리스크 0, 자투리 시간 활용 등 혹시나 하다가 그만두게 되더라도 내가 크게 손해 볼 일이 없다는 가장 큰 장점을 가지고 있습니다. 한가지 확실한 건 운영 한 달 정도면 생활에 도움을 받을 수 있는 다양한 제품들과 맛집, 여행 등을 협찬받을 수 있고, 그 어떤 플랫폼보다 빠르게 성과를 볼 수 있다는 게 너무 매력적인 곳입니다.

저는 여행을 다니는 걸 너무나 좋아합니다. 최근 3개월 동안 여행을 다녔는데 2인 기준 매월 280만 원 정도의 비용이 들었습니다. 그럼 3개월이면 840만 원이 들었다는 얘기인데, 여기서 들어간 실제 비용은 차비뿐이었습니다. 기름값만 들었다는 거죠. 1박에 40만 원 하는 숙박비부터 근사한 식당, 렌터카 등 모든 비용이 블로그 협찬으로 이루어졌어요. 제주도에 3박 4일 여행갔을 때의 기분은 아직도 잊을 수가 없습니다.

남들 다 쉬는 평일에 비행기를 타고 제주도를 가는 기분은 겪어 본 사람들만 느낄 수 있는 행복일 겁니다. 저에게 그런 행복을 블로그가 만들어 준 거죠.

— 제주도 3박 4일 여행 중 유일한 지출은 항공료뿐이었다

저는 보통 여행을 가게 되면 이렇게 블로그를 통해서 일정을 짜고 숙박부터 식당까지 동선을 정한 다음 그 뒤에 그 지역의 관광지를 선택합니다. 이게 저만 가능한 게 아니라 블로그를 하는 대부분의 사람들도 이렇게 하고 있습니다.

여러분이 몰랐을 뿐이지 이미 블로거들은 협찬이 일상으로 된 지 오래되었죠. 블로그에 조금만 관심을 가지고 운영하면 누구나 이런 혜택을 누릴 수 있는 건 지금도 유효합니다.

그럼, 블로그는 이런 협찬 외에는 다른 수익이 없는 걸까요?

협찬은 블로그를 하면 누구나 즐길 수 있는 기본 중의 기본입니다. 블로그를 통해서 우리가 얻을 수 있는 수익은 어마어마하게 많습니다. 이 이야기는 상위 1%의 이야기가 아니라 나머지 99%가 조금만 노력한다면 지금도 충분히 할 수 있는 일이라는 거죠.

블로그는 쉽고 빠르게 습득할 수 있어서 초보자들도 쉽게 할 수 있습니다. 그리고 수익도 빠르게 실현할 수 있어서 도중에 금방 지치거나 포기하진 않을 겁니다.

일단 가장 중요한 건 들어가는 비용이 없고 리스크가 없다는 것만으로도 충분히 매력적이지 않은가요? 이 책에서 여러분은 이 모든 걸 실현할 수 있는 방법을 배우게 될 겁니다.

그대로 따라오기만 하면 되도록 말이죠. 그럼 시작해볼까요!

PART 2

나에게 맞는 블로그 운영 방법

CHAPTER 02

수익과 연결되는 블로그 레이아웃 설정

2-1

블로그 개설하는 방법

현재 블로그는 회원가입 후 블로그 홈에서 블로그 [아이디 만들기]를 클릭하면 개설됩니다. 너무 간단하죠. (2022년 10월 12일 이전 회원가입을 완료한 아이디는 따로 블로그 개설을 진행할 필요가 없습니다.)

블로그는 동일 명의 최대 3개의 아이디를 생성할 수 있고, 아이디 한 개당 1개의 블로그를 개설할 수 있습니다. 즉, 한 사람 명의로 3개의 블로그를 개설할 수 있다는 겁니다.

블로그는 아이디만 있으면 추가가 되니 당장 사용을 하지 않더라도 미리 개설해 두는 게 좋습니다. 개설을 먼저 해두면 시간이 지나 블로그를 추가적으로 운영할 때 개설일을 오래 전에 해두었기 때문에 좀 더 빠르게 배너광고 수익인 애드포스트에 등록이 가능하게 됩니다.

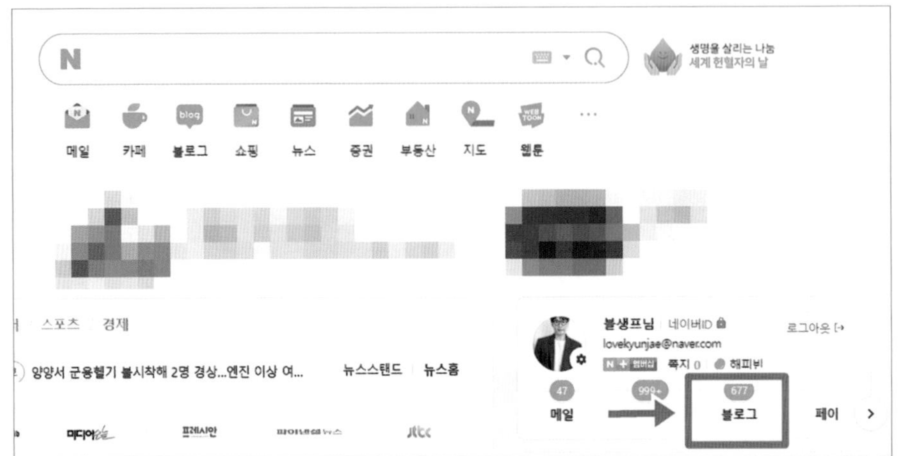

→ 블로그 홈 버튼을 누르면 개설이 가능하다 / 출처 : 네이버

2-2

블로그명 정하는 방법

블로그명을 설정하는 방법은 아주 간단합니다.

[블로그 접속 → 내 메뉴 → 관리 → 블로그명, 별명 설정]

순서대로 접속한 후 원하는 블로그명과 별명을 설정하면 됩니다.

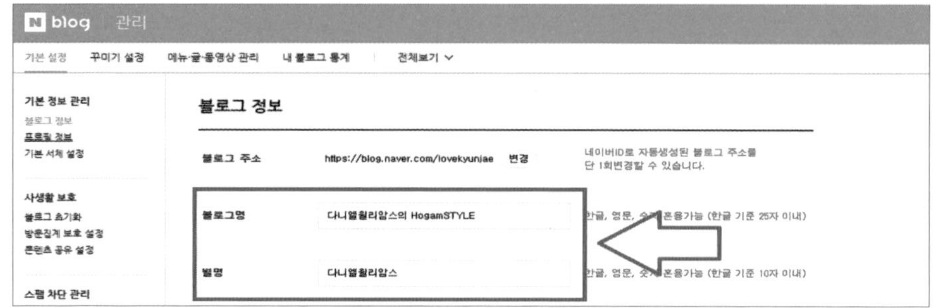

→ 블로그명으로 검색했을 때 노출되는 예시 / 출처 : 네이버

블로그명과 블로그 별명은 네이버에 검색했을 때 해당 블로그가 노출되게 하는 아주 중요한 수단이므로 신중하게 결정해야 하는데요. 누구나 사용할 수 있는 블로그명으로 설정하면 네이버에서 노출이 되기 힘들어집니다.

이유는 간단합니다. 나와 같은 블로그명이 많다면 네이버에서 내 블로그명을 검색했을 때, 다른 사람 블로그도 같이 노출되기 때문에 '내 블로그'를 찾기가 힘들어지는 겁니다. 어렵게 느껴질 수 있지만 검색을 한 번만 해보면 금방 알 수 있습니다.

저의 블로그명은 [다니엘윌리암스]입니다. 검색을 하면 최상단에 바로 나오죠.

→ 블로그명으로 검색했을 때 노출되는 예시 / 출처 : 네이버

그렇다면 나만 사용할 수 있는 블로그명을 어떻게 설정하면 되는지 알아보겠습니다.

❶ 먼저 블로그 홈으로 들어가야 합니다.

❷ 블로그 홈 화면에서 [글], [블로그], [별명·아이디] 중에서 블로그나 별명, 아이디를 클릭한 후 내가 생각한 블로그명을 입력해보세요. 그리고 현재 몇 명이 사용하는지 확인하면 됩니다. 당연히 사용자가 적을수록 노출에 유리할 수 있겠죠. 나만 사용하는 블로그명이라면 가장 좋은 선택지가 될 것입니다.

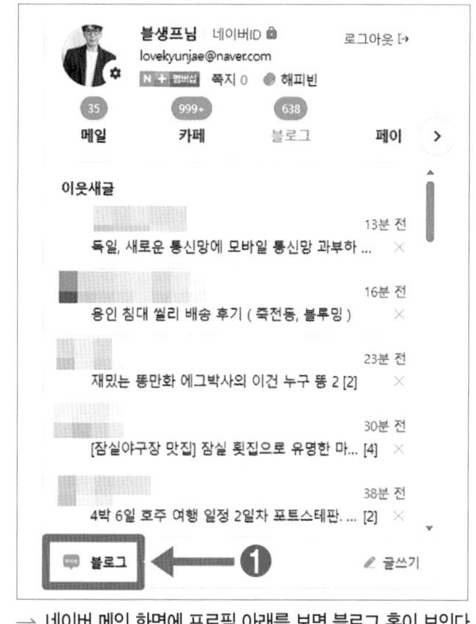

→ 네이버 메인 화면에 프로필 아래를 보면 블로그 홈이 보인다 / 출처 : 네이버

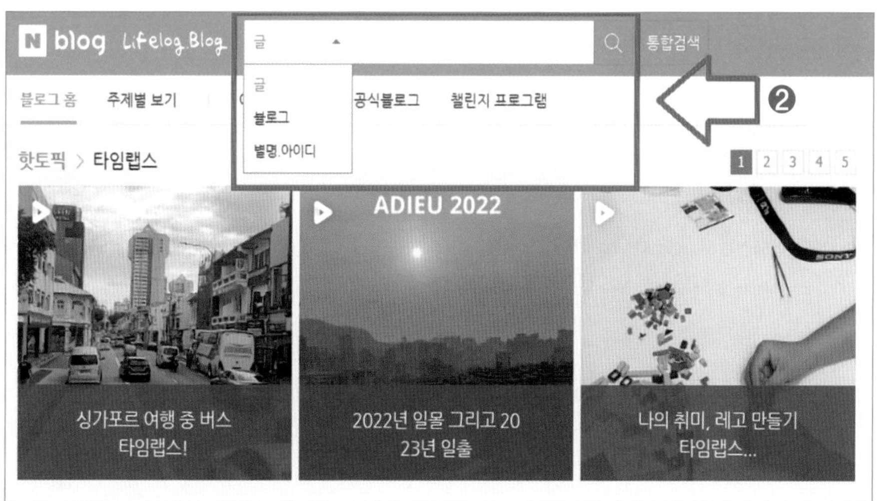

→ 홈 화면 상단 버튼을 클릭하면 된다 / 출처 : 네이버

저 같은 경우 [다니엘윌리암스]라는 블로그명을 사용 중인데 사용자가 2명이라 노출에 굉장히 유리하게 적용되고 있는 경우입니다. 그래서 네이버에 [다니엘윌리암스]를 검색했을 때 블로그명이 정확히 검색되는 겁니다. 이건 정말 중요한 부분이니 신중히 선택해야 하고, 특히 사업자의 경우 사업체 홍보 마케팅이 필요하기 때문에 이왕이면 남들이 사용하지 않는 거로 설정해야 하는 겁니다.

오프라인에서 광고할 때 "네이버에서 ○○○을 검색하세요"라고 광고했는데, 검색했을 때 내 블로그명이 노출되지 않는다면 홍보 효과가 제로이기 때문에 블로그명만큼 중요한 게 없다는 점 인지하고 설정하면 됩니다.

블로그명은 사용하는 도중에 변경하게 되면 또다시 바뀐 블로그명으로 내 블로그가 연관성이 생겨야 하기 때문에 시간이 오래 걸릴 수 있으니까 블로그명을 변경할 때는 신중히 해야 합니다.

→ 블로그나 별명 아이디로 설정 후 원하는 닉네임을 검색해 본다 / 출처 : 네이버

2-3

블로그 프로필 설정 방법

블로그명과 별명 설정이 끝났다면 프로필 설정을 해줘야 합니다. 블로그명은 검색했을 때 나를 표현하는 수단이라면 블로그 프로필은 간단한 사진이나 그림으로 나를 인식시키는 수단입니다. 그래서 깔끔하고 나를 가장 잘 표현할 수 있는 사진이나 그림을 넣어주는 게 좋습니다.

저는 간단한 로고를 만들어서 블로그 프로필로 사용 중입니다. 〈다퍼주는남자〉 하면 파란 배경에 캐릭터가 들어가게 인식시켜서 한번 본 사람은 잊어버리지 않을 수 있도록 의도해서 설정한 겁니다.

블로그 프로필 이미지는 PC나 모바일 두 곳에서 똑같이 적용됩니다. 모바일앱 커버 이미지는 모바일에서만 적용되기 때문에 따로 설정해야 합니다.

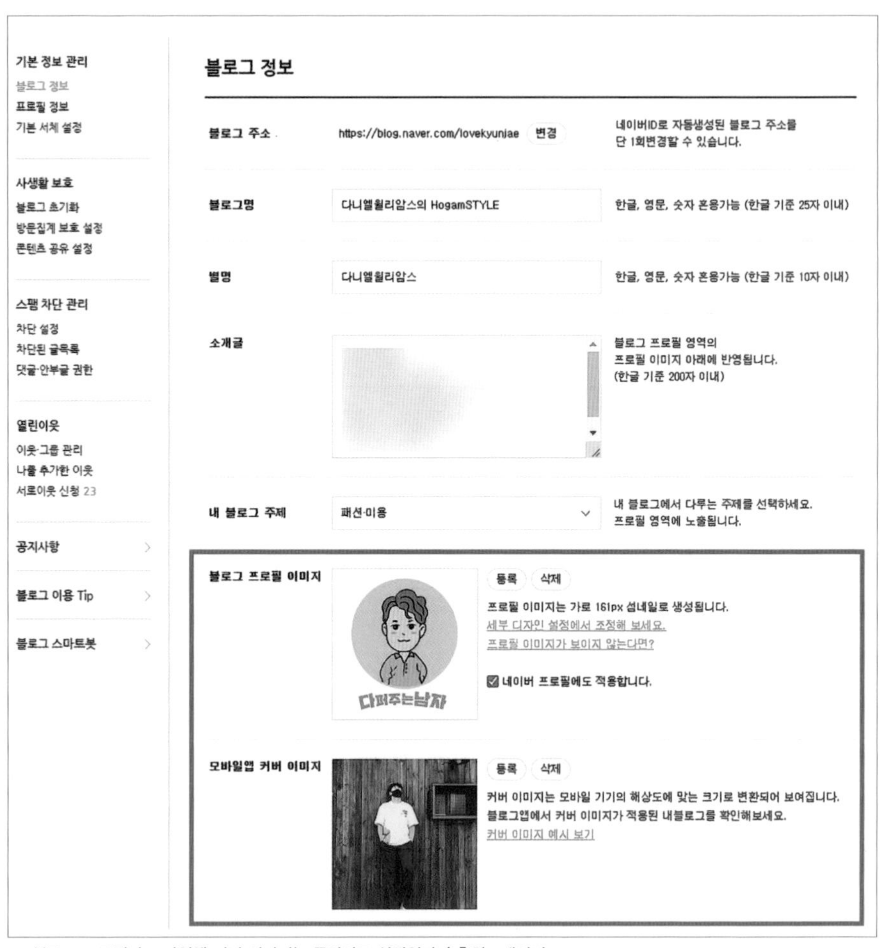

→ 블로그 프로필과 모바일앱 커버 이미지는 똑같아도 상관없다 / 출처 : 네이버

→ PC 프로필 이미지 적용 예시

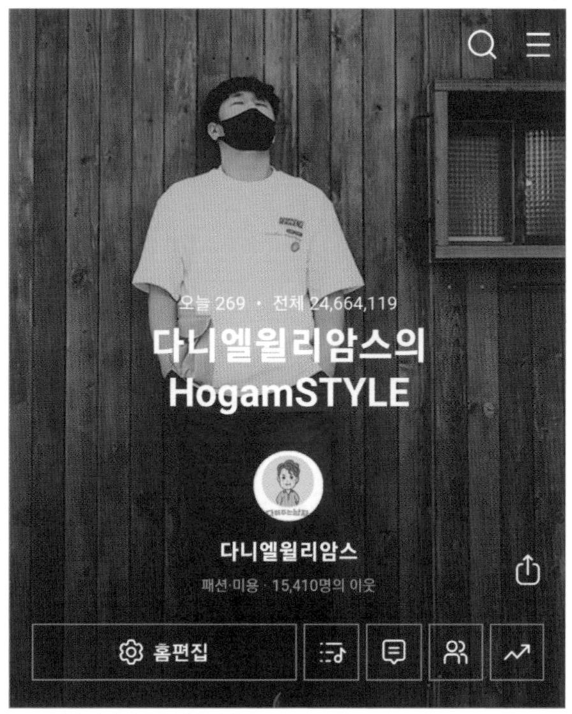

→ 모바일 커버 이미지 적용 예시

2-4

블로그 주제 설정 방법

블로그를 하게 되면 누구나 수익을 생각하게 됩니다.

무턱대고 '블로그만 하면 돈을 벌 수 있겠지'라는 생각으로 시작을 하는데 99% 이상은 조금 운영하다가 그만두게 됩니다. 그래서 블로그를 운영할 때는 주제 설정을 잘해야 하고 그 주제에 맞게 글을 작성하는 것도 상당히 중요한 부분이 될 수 있습니다.

예전에 저와 함께 블로그 수익 프로젝트를 진행했던 '조이'라는 친구가 있었습니다. 지금은 〈레온트레블〉이라는 채널명으로 세계 여행을 하는 유튜버가 됐어요.

조이는 블로그를 운영해 본 적이 없었고, 블로그로 돈을 벌겠다는 생각을 해 본 적도 없는, 말 그대로 이제 블로그를 시작해보겠다는 친구였죠. 당시에 조이가 준비하던 반려견 관련 사업이 있었는데 블로그를 통해서 사업에 도움이 되었으면 하는 마음에 쉽게 시작할 수 있는 블로그를 했습니다. 조이는 3개월 만에 블로그로 월 수익 280만 원을 달성했었는데 그때 가장 크게 수익화에 기여했던 게 바로 블로그 주제였습니다.

그 당시 조이는 이런 말을 했었습니다. "블로그는 신세계네요." 레드오션인 줄 알았던 블로그 시장이 조금만 생각을 바꾸면 블루오션이 될 수 있다는 점에서 동기부여가 확실히 되었었다고 합니다. 조이는 사업에 도움이 되고자 하는 처음 마음과는 다르게 블로그에 재미를 붙여 가면서 주제를 패션과 뷰티로 재설정했고 다양한 체험단을 했습니다. 블로그를 하면서 뭔가를 얻을 수 있다는 걸 깨달은거죠. 블로그에 리뷰수가 많아지고 나서는 패션과 뷰티 업체로부터 직접적인 협찬 제안을 받아서 현금성 수익과 다양한 제품을 제공 받았습니다. 이렇듯 블로그에서 주제 설정은 상당히 중요하게 작용합니다.

내가 지정한 주제로 꾸준히 운영하다 보면 해당 관련 업체로부터 좋은 제안을 계속해서 받아 볼 수 있는 발판이 마련됩니다. 그렇다고 무조건 한가지의 주제로만 운영을 하라는 것은 아닙니다.

블로그 전체에서 내 메인 주제의 비중을 생각하라는 겁니다. 메인으로 설정한 주제의 글들이 전체적인 비중으로 봤을 때 가장 많기만 하면 된다는 거죠. 예를 들어 주제를 패션, 맛집, 여행으로 설정했다면 패션 40%, 맛집 30%, 여행 30%가 되어도 메인 주제는 패션이 되는 겁니다.

지금은 주제 설정을 하는 방법을 알려 주기 위함이니 너무 고민은 하지 말고 가벼운 마음으로 주제를 생각해보세요. 운영하다 보면 주제는 100% 바뀌게 될 거니까요. 처음 설정한 주제로만 운영해야 한다는 생각은 안 해도 됩니다.

저의 블로그 주제는 패션 미용입니다. 그래서 블로그 주제 설정은 패션 미용으로 설정이 되어 있습니다. 블로그 주제는 다양하게 있으니 그 중에서 선택하고 운영하다가 다른 주제가 하고 싶을 때는 또 변경하는 방식으로 운영하면 됩니다.

블로그에서 주제를 설정하는 방법은

[내 메뉴 → 관리 → 블로그 정보 → 내 블로그 주제]로 설정하면 됩니다.

블로그 정보

블로그 주소	https://blog.naver.com/lovekyunjae 변경	네이버ID로 자동생성된 블로그 주소를 단 1회변경할 수 있습니다.
블로그명	다니엘윌리암스의 HogamSTYLE	한글, 영문, 숫자 혼용가능 (한글 기준 25자 이내)
별명	다니엘윌리암스	한글, 영문, 숫자 혼용가능 (한글 기준 10자 이내)
소개글	블로그 강사 클래스유 온라인 강의 네이버 블로그 평점1위,수강생 1위 https://me2.do/53XKx2di 클래스101 초급,중급 강의 (다퍼주는남자검색)	블로그 프로필 영역의 프로필 이미지 아래에 반영됩니다. (한글 기준 200자 이내)
내 블로그 주제	패션·미용	내 블로그에서 다루는 주제를 선택하세요. 프로필 영역에 노출됩니다.

→ 블로그 설정 창에서 주제를 선택한 예시 / 출처 : 네이버

블로그 주제는 총 32개가 존재합니다. 이곳에서 내가 하고 싶은 주제를 설정하면 되는데 어려울 게 없으니 너무 고민하지 말고 한 가지만 선택하면 됩니다. 위에서 언급했듯이 내 주제를 설정했다고 내 주제만 적을 필요는 없습니다. 항상 비중을 메인 주제에 두고 운영해 주면 주제 유지는 문제가 없습니다.

주제 설정

주제를 선택하면 내블로그와 블로그 홈에서 주제별로 글을 볼 수 있습니다.
주제를 선택하지 않아도 '블로그 홈 > 주제별 글보기 > 전체'에서 볼 수 있습니다.

엔터테인먼트·예술	생활·노하우·쇼핑	취미·여가·여행	지식·동향
○ 문학·책	○ 일상·생각	○ 게임	◉ IT·컴퓨터
○ 영화	○ 육아·결혼	○ 스포츠	○ 사회·정치
○ 미술·디자인	○ 반려동물	○ 사진	○ 건강·의학
○ 공연·전시	○ 좋은글·이미지	○ 자동차	○ 비즈니스·경제
○ 음악	○ 패션·미용	○ 취미	○ 어학·외국어
○ 드라마	○ 인테리어·DIY	○ 국내여행	○ 교육·학문
○ 스타·연예인	○ 요리·레시피	○ 세계여행	
○ 만화·애니	○ 상품리뷰	○ 맛집	
○ 방송	○ 원예·재배		

→ 총 32개의 블로그 주제 / 출처 : 네이버

2-5

블로그 스팸 설정 방법

블로그를 운영하다 보면 원치 않는 악성 댓글이 달릴 때가 있습니다. 저는 이제 면역이 되어서 이런 댓글에 전혀 반응하지 않지만 유리 멘탈인 사람은 악성 댓글 하나에 잠 못 들 때가 있죠.

'내가 뭘 잘못 했길래 저런 댓글을 달까?' '내가 혹시 실수하지 않았나?'라는 수많은 생각을 하게 되는데 한가지 확실하게 이야기할 수 있는 건 그런 댓글을 쓰는 사람은 어딜 가나 악성 댓글을 쓰고 다니는 사람이라는 겁니다. 그러니 멘탈 흔들리지 말고 조용히 댓글을 삭제하거나 그 사람을 차단하면 끝입니다. 악성 댓글을 다는 사람을 차단하는 방법은 간단합니다.

차단과 동시에 그 사람이 내 블로그에 들어올 수는 있지만 댓글이나 공감, 안부글을 남길 수 없습니다. 즉, 신나게 악플을 달러 왔다가 아무 것도 못 하고 갈 수밖에 없게 되는 겁니다.

그럼 악성 댓글을 다는 사람 아이디를 차단하는 방법을 알아보겠습니다.

[내 메뉴 → 관리 → 기본 설정 → 스팸 차단 관리 → 차단설정]

저는 이미 이유 없이 악플을 단 사람을 여러 명 차단해둔 상태입니다. 사실 저도 유리 멘탈일 때가 있었는데 그때 차단해둔 사람들입니다. 차단하는 방법은 엄청 간단합니다.

❶ [사용자 차단]에서 차단하고자 하는 아이디를 넣어서 주면 됩니다. ❷ 아이디는 댓글을 단 사람 닉네임을 누르면 블로그로 들어가지는데, ❸ 블로그 주소 맨 오른쪽에 있는 게 아이디이니 그대로 복사해서 넣어 주면 됩니다.

→ 블로그명을 클릭한다

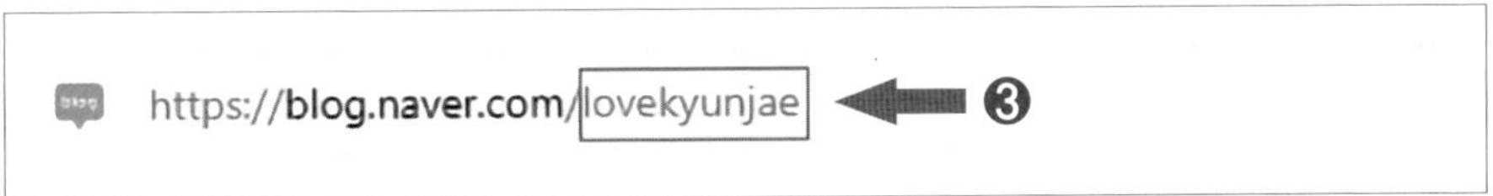

→ 주소창 / 부터 맨 오른쪽이 아이디

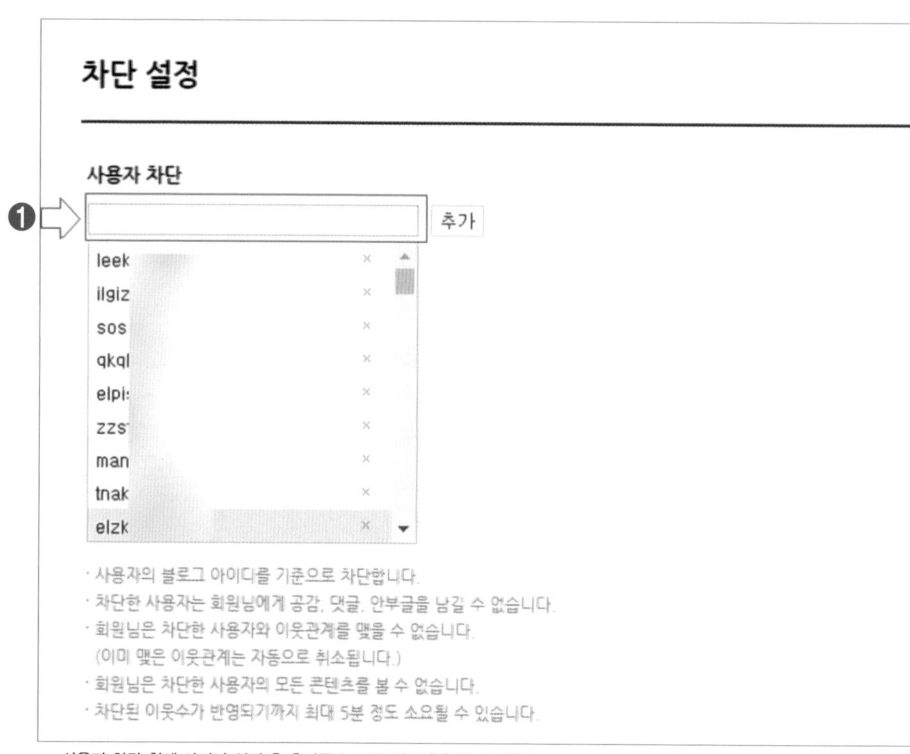

→ 사용자 차단 창에 아이디 입력 후 추가를 누르면 된다 / 출처 : 네이버

CHAPTER 03

블로그의 기본적인 수익구조 애드포스트 신청 방법

3-1

수익의 가장 기본 애드포스트 신청

블로그를 하면 가장 기본적인 수익이 애드포스트 수익입니다. 애드포스트란 내가 작성하는 글에 광고 배너가 달리게 되는데 검색자들이 배너를 클릭하면 나에게 수익이 전달되는 방식입니다. 보통 적게는 치킨 한 마리 값에서, 많게는 수백만 원인데 블로그를 어떻게 운영하느냐에 따라서 다양하게 받을 수 있습니다. 제가 가장 많은 애드포스트 수익을 받은 금액은 한 달에 470만 원입니다.

애드포스트 수익을 많이 받으려면 조회수가 많아야 합니다. 많은 사람이 내 블로그에 방문을 해줘야 광고 배너를 클릭할 확률도 높아지기 때문입니다. 이건 유튜브도 마찬가지입니다.

제 블로그로 예를 들어 보면 광고 배너 클릭률은 대략적으로 0.8%~1.6%까지 다양했습니다. 100명이 내 블로그에 방문했을 때 평균 1명 정도가 클릭한다고 보면 됩니다. 그리고 광고 1클릭당 평균 수익은 300원 정도이기 때문에 하루 동안

내 블로그에 방문자가 1,000명이라고 가정하면 하루 3천 원 정도의 애드포스트 수익이 생기는 겁니다.

이렇게 계산적으로 보면 너무 적은 광고 수익이라 이게 과연 도움이 될까라는 생각이 들 수도 있지만, 이슈를 다루는 블로거 같은 경우엔 하루 방문자가 수만 명에서 수십만 명에 달하기 때문에 충분히 만족스러운 수익을 얻을 수가 있습니다.

제가 하루에 애드포스트 수익을 가장 많이 받아본 금액이 34만 원이니 무시를 못합니다. 저는 어쩌다 한 번 저런 수익이 생긴 거지만 이슈를 다루는 블로그는 평균적으로 방문자가 하루 수만 명에서 수십만 명이면 하루 평균적인 수익이 20~40만 원 정도 되는 거죠. 자신의 블로그를 어떻게 운영하느냐에 따라서 애드포스트 수익은 달라진다고 할 수 있습니다.

그렇다면 애드포스트를 신청하는 방법에 대해서 알아봐야겠죠. 먼저 애드포스트를 신청하려면 기본적인 조건을 갖추어야 합니다. 블로그를 개설하고 글 작성을 하나도 하지 않은 블로그에는 애드포스트 신청이 거절될 수 있습니다. 그리고 어느 정도의 방문자가 유지가 되어야 하는데요. 신청 조건은 다음과 같습니다.

애드포스트 신청 조건

1. 개설한 지 90일 이상 된 블로그
2. 포스팅 50개 이상 된 블로그
3. 최근 하루 평균 방문자가 100명 이상 된 블로그

→ 출처 : 네이버

이렇게 기본적인 신청조건이 있긴 하지만 최근에는 이런 조건이 많이 완화된 모습입니다. 꼭 신청기준을 충족하지 않더라도 애드포스트 승낙은 되고 있으니 최소기준으로 블로그 개설 90일이 지나고 포스팅 수가 10개 이상이 되면 계속해서 신청해 보는 걸 추천합니다. 애드포스트 수락이 되지 않더라도 보류로 뜨기 때문에 또 다시 신청하면 되는 구조라 어렵지 않게 승인을 받을 수 있을 겁니다.

그럼 애드포스트 신청 방법에 대해서 자세히 알아보도록 하겠습니다. 먼저 애드포스트 신청을 하려면 블로그 실명인증을 해줘야 하는데, 인증 방법은 상당히 간단합니다. 네이버에 접속하면 아래와 같이 프로필이 있는데 내 프로필명을 클릭하면 됩니다.

출처 : 네이버 →

그리고 [내프로필] 기본정보에서 [실명 인증]을 해주면 됩니다. [휴대폰 인증]도 같이 진행해 주고요. 저는 이미 인증이 되어 있어서 [실명 수정]으로 나오지만 처음 하는 사람에게겐 [실명 인증] 버튼이 활성화 될 겁니다.

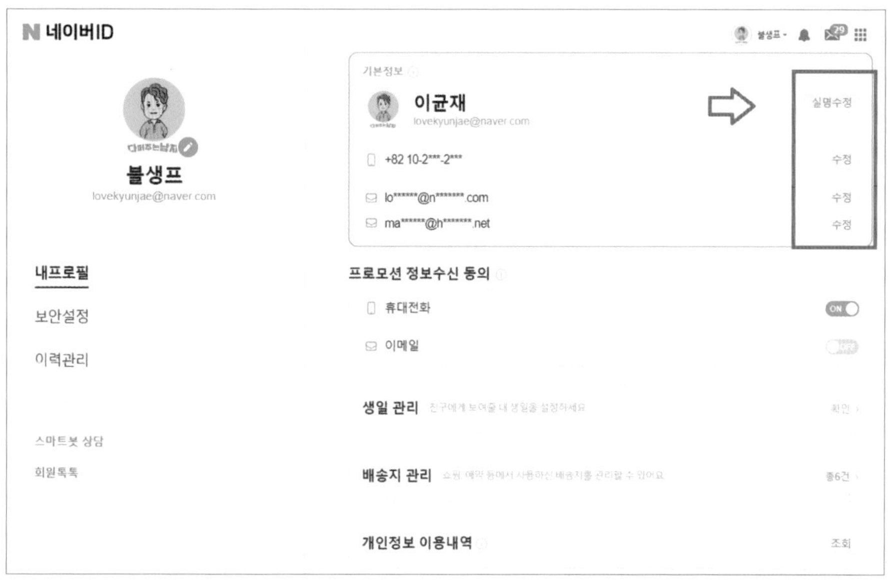

→ 출처 : 네이버

이렇게 실명 인증이 완료되면 내 블로그로 들어와서

[내 메뉴 → 관리 → 전체 보기 → 애드포스트 설정 → 애드포스트 관리하기]를

순서대로 클릭하면 설정 창이 활성화가 됩니다.

애드포스트 설정 화면에서 [미디어 등록]을 클릭하면 [네이버 미디어 등록]하기를 클릭해줍니다.

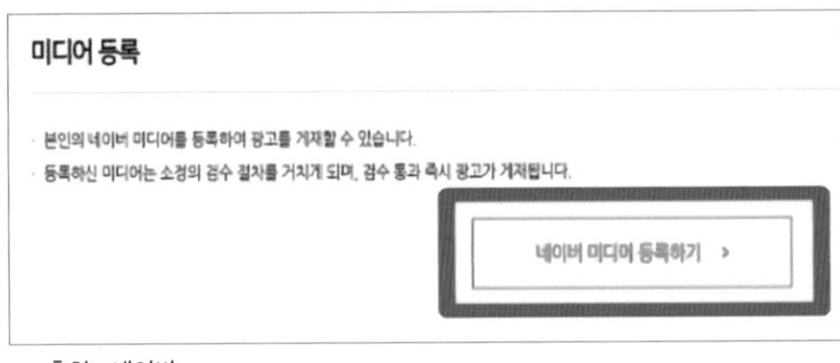

→ 출처 : 네이버

다양한 미디어를 등록할 수 있게 나오는데 이 중에서 [네이버 블로그]를 선택하고 확인을 누르면 됩니다.

네이버 포스트와 네이버 밴드에도 애드포스트 수익 설정이 가능하니 운영을 할 거라면 개설 후 신청하면 됩니다.

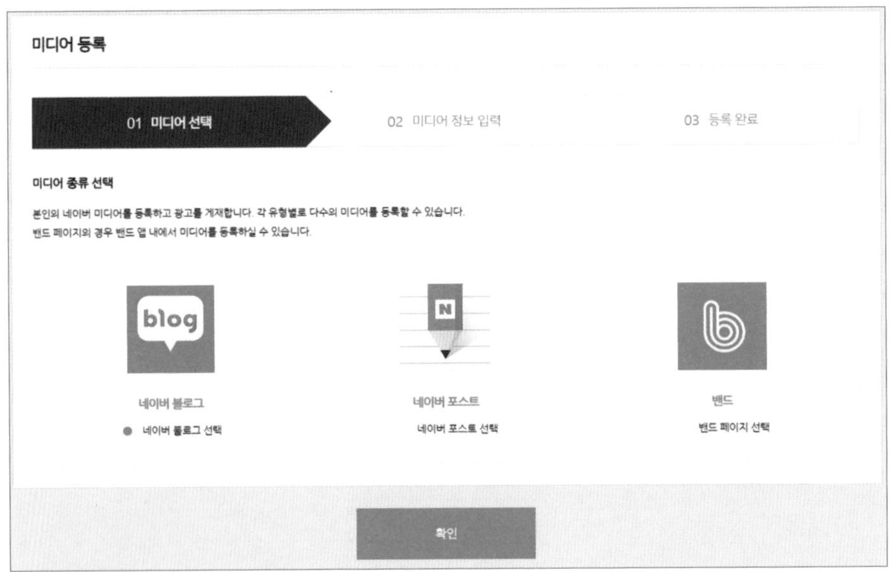

→ 출처 : 네이버

다음 화면에 [미디어 추가]와 [선호 주제 설정]이 나오는데 미디어 추가는 블로그 개설이 되어 있다면 블로그명이 자동으로 나옵니다. 선호 주제 설정은 내 블로그의 주제를 선택해서 주면 되는데 저는 새롭게 만든 블로그를 맛집으로 운영할 예정이라 주제 설정을 맛집으로 했습니다.

주제는 앞으로 잘할 수 있는 거로 설정하면 되고, 언제든지 변경이 가능하니 초반에 주제 설정을 너무 어렵게 생각하지 않아도 됩니다. 대부분 초보가 가장 많이 고민하게 되는 부분이 블로그 주제인데, 실제로 운영해보면 처음에 정한 주제를 그대로 가져가는 사람은 잘 없거든요. 그러니 시작도 하기 전에 주제 설정으로 너무 많은 에너지를 낭비하지 마세요. 시간이 지나면 자연스럽게 내가 잘하는 걸 찾게 되고 결국엔 잘하는 게 내 블로그 주제가 되게 될 테니 말이죠.

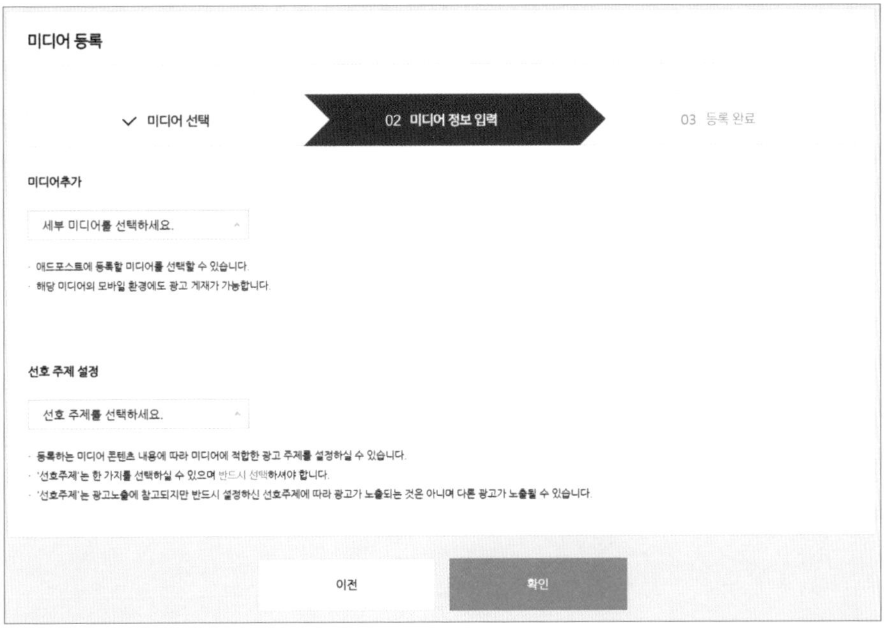

→ 출처 : 네이버

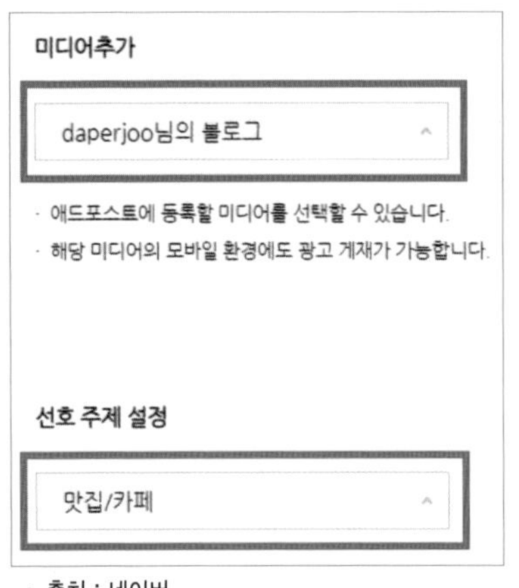

→ 출처 : 네이버

블로그를 운영하다 보면 누구나 한 번쯤은 '블로그를 하나 더 운영을 해볼까?'라는 생각을 합니다.

제 강의 수강생이 1만 명이 넘어가는데 그중 대부분의 사람이 블로그를 두 개 운영해도 되는지 물어봅니다. 그만큼 블로그에 재미를 붙이게 되면 자신감이 생겨서 또 다른 블로그를 운영하고자 하는 열정이 생겨나게 되니까요.

저는 항상 똑같은 대답을 합니다. 하나라도 제대로 운영하고 나서 다른 블로그를 운영하라고 말이죠. 이유는 간단합니다. 우리가 블로그를 운영하는 목적은 대부분 똑같습니다. 적은 시간 투자와 내 생활에 조금이나마 보탬이 되기 위함인데 두 개를 운영하는 순간 그동안 느꼈던 재미는 사라지게 되고 매일 매일 무언가를 해야만 할 거 같은 숙제가 생기게 되는 기분을 느끼게 됩니다. 생각보다 너무 압박감이 오게 되고 그렇게 되면 점점 블로그가 하기 싫어지게 됩니다. 그럼 안 하느니만 못하게 되니 하나만이라도 제대로 운영하는 걸 추천합니다.

특히 사업자를 가지고 블로그를 운영하는 사람들은 내 사업과 관련된 전문 블로그를 하나 만들어서 사용하고 또 하나의 블로그에는 개인적으로 하고 싶은 걸 적고 싶다는 사람이 있는데, 분명히 이야기하지만 어떤 이유에든 두 개를 운영하는 순간 극심한 스트레스가 동반된다는 건 잊지 말았으면 합니다. 그렇다고 무조건 하나만 운영하라는 건 아닙니다. 충분히 시간적인 여유가 되고 두 개를 운영해도 문제가 되질 않는다면 상관없습니다.

3-2

여러 개 블로그 계정에 애드포스트 등록 방법

그렇다면 블로그를 두 개 운영했을 때 애드포스트 수익은 두 개의 블로그 모두에서 받을 수 있을까요? 결론부터 이야기하자면 두 개 모두 받을 수 있습니다. 다만 신청 방법은 각자의 블로그에서 하는 게 아니라 처음 애드포스트를 신청한 블로그에서 신청해야 합니다.

그럼 두 번째 블로그 애드포스트 신청하는 방법에 대해서 알아보겠습니다. 두 번째 블로그 애드포스트 신청도 간단합니다. 앞에서 알려 준 방법을 그대로 처음 애드포스트를 신청한 블로그에서 [미디어 추가]로 새로 개설된 블로그를 선택하면 됩니다. 신청하면 미디어 설정에서 현재 상태를 확인할 수 있는데요.

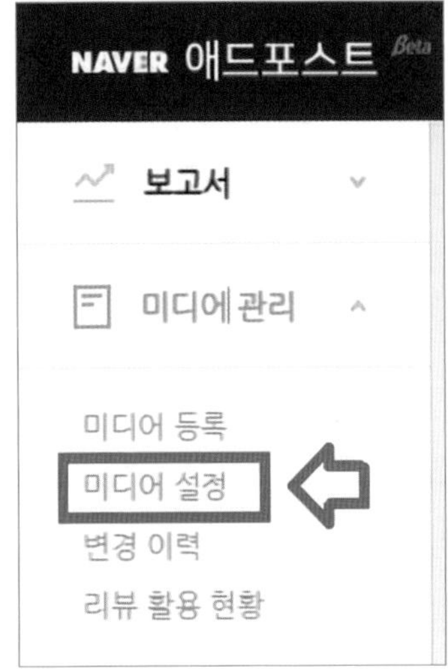

→ 출처 : 네이버

[미디어 설정 → 상태]에서 아래와 같이 정상 승인된 블로그나 포스트는 정상이라는 버튼이 활성화가 되고 아직 보류 중인 블로그나 포스트는 검수 중 버튼이 활성화가 될 겁니다.

만약 검수 중이었던 블로그가 승인이 나질 않아서 보류되면 또다시 검수 요청 버튼을 클릭해서 재신청을 하면 됩니다.

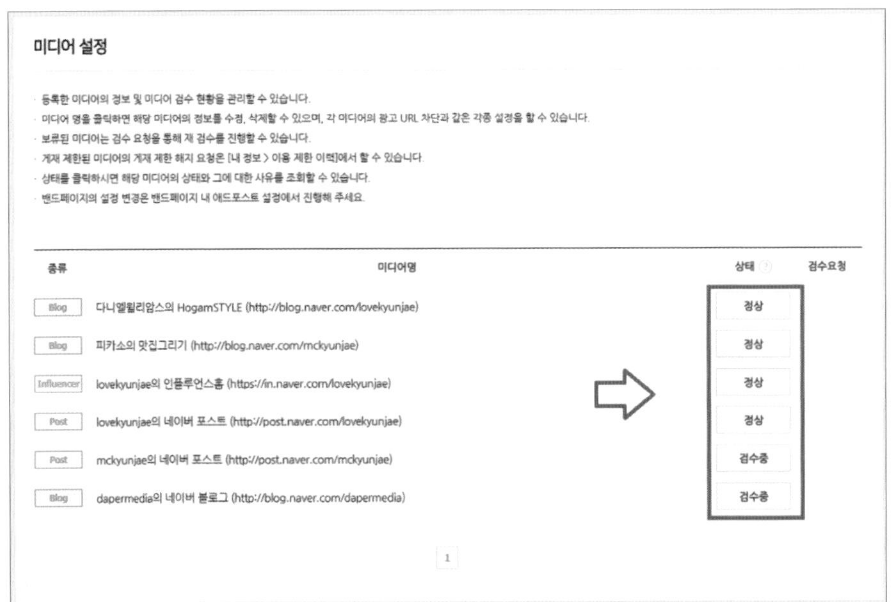

→ 정상은 승인이 난 미디어이고 검수중은 아직 승인 전, 보류는 승인이 거절된 거다 / 출처 : 네이버

CHAPTER 04

블로그 전략적으로 운영하는 방법

4-1

네이버 인플루언서가 되어야 하는 이유와 혜택

블로그를 운영하면서 필수적으로 선정이 되어야 하는 것 중에 하나가 바로 '네이버 인플루언서'입니다. 네이버에서 많은 비용을 들인 부분이고 블로그를 하는 사람이라면 한 번쯤은 도전해보고, 또한 한층 더 업그레이드된 수익을 창출할 수 있는 채널입니다.

애드포스트를 신청하면 배너광고가 내 블로그 글에 붙는다고 했는데 인플루언서가 선정되고 나면 클릭당 단가가 더 비싼 프리미어 배너 광고가 내 글에 삽입이 되는 혜택이 주어집니다.

많게는 일반 광고보다 몇 배는 더 비싼 단가를 가진 광고가 들어오는 거라 블로거라면 꼭 도전해서 선정이 되어야 합니다.

예전에는 최적화 블로그(상위노출 블로그)가 되기 위해서 엄청 노력을 많이 했었어요. 하지만 지금은 안타깝게도 최적화가 거의 나오지 않고 있습니다. 그러다 보니 상위노출이 힘들어지고 많은 방문자를 받기가 굉장히 힘들어졌습니다.

그래서 그 대안으로 나온 게 바로 인플루언서인 겁니다. 지금은 인플루언서가 예전에 최적화 블로그라고 생각하면 이해가 빠르게 될 겁니다. 그만큼 중요한 부분이라는 거죠. 당연히 여러분이 인플루언서가 되어야 하는 이유이기도 하고요.

초기 인플루언서가 생겼을 때는 신청을 하면 대부분 선정이 됐었습니다. 하지만 지금은 각 주제별로 어느 정도의 인플루언서가 생기고 나서부터 인플루언서 선정이 정말 어려워졌어요. 그렇다고 선정이 안되는 게 아니라 꾸준히 선정은 되고 있으니 도전을 멈추면 안 되겠죠. 누구에게나 기회는 열려 있으니 꾸준히 도전해 보세요.

인플루언서는 한 달에 한 번만 도전할 수 있기 때문에 안 되더라도 무조건 한 달에 한 번씩 꼭 신청해주어야 합니다. 되든 안 되든 일단 신청은 하고 보는 겁니다. 한 달에 한 번뿐인 기회를 놓치면 아까우니까요.

인플루언서에는 다양한 주제가 존재를 합니다. 블로그에서 설정할 수 있는 주제와 중복되는 것도 있지만 그러지 않은 것도 많습니다. 그래서 초반 블로그 주제를 설정할 때 인플루언서 도전을 염두에 두고 주제를 설정하는 것도 생각을 해보는 게 좋겠죠. 이왕이면 인플루언서로 선정이 될 수 있는 주제를 블로그 주제로 가져가는 게 좋은 겁니다.

이렇게 각 주제별로 인플루언서들이 다양하게 존재합니다.

인플루언서 되고 나면 다양한 혜택이 있습니다. 그중에서 가장 눈에 띄는 혜택이 애드포스트 수익인데요. 우리가 흔히 알고 있는 블로그 애드포스트 수익(광고배너 수익)보다 많게는 4배에서 10배까지 높은 수익을 올릴 수 있는 프리미어 배너와 헤드뷰광고를 제공해줍니다. 이건 정말 큰 혜택이죠.

저도 인플루언서가 되기 전의 애드포스트 수익보다 인플루언서가 되고 나서의

→ 네이버 인플루언서 주제 / 출처 : 네이버

엔터테인먼트·예술	생활·노하우·쇼핑	취미·여가·여행	지식·동향
문학·책	일상·생각	게임	IT·컴퓨터
영화	육아·결혼	스포츠	사회·정치
미술·디자인	반려동물	사진	건강·의학
공연·전시	좋은글·이미지	자동차	비즈니스·경제
음악	패션·미용	취미	어학·외국어
드라마	인테리어·DIY	국내여행	교육·학문
스타·연예인	요리·레시피	세계여행	
만화·애니	상품리뷰	맛집	
방송	원예·재배		

→ 네이버 블로그 주제 / 출처 : 네이버

수익이 4배 정도가 늘었습니다. 한 달에 1백만 원도 겨우 맞춰지던 애드포스트 수익이 4백만 원까지 오른 적이 있었죠. 매달 이런 수익을 볼 수 있는 건 아니지만 엄청난 수익이라 할 수 있습니다.

애드포스트 수익은 매달 들어오는 방문자 수에 비례를 하고, 그 중에서 광고 배너를 클릭해주는 사람이 많을수록 더 올라가는 구조입니다. 인플루언서가 되었다고 수익이 상승하는 게 아니기 때문에 방문자를 조금이라도 더 받기 위한 노력은 분명히 필요합니다.

그래서 키워드를 어떻게 사용해야 하는지를 잘 알아야 방문자를 높여서 수익을 극대화 시킬 수 있는 겁니다. 키워드를 찾는 방법은 뒤에서 자세히 다루도록 하겠습니다.

그럼 먼저 네이버 인플루언서가 되면 어떤 혜택이 있는지 알아보겠습니다.

인플루언서 혜택 중 첫 번째는 블로그와는 별개로 나만의 인플루언서 홈을 가질 수가 있습니다. 다양한 디자인들이 제공되는데요. 이 중에서 내 주제에 맞는 디자인 선택을 할 수 있습니다.

인플루언서 홈이 생기면 이곳에 들어오는 사람이 생기게 되고 무엇보다 좋은 게 인플루언서 홈에도 애드포스트 배너 광고가 적용됩니다. 그래서 이곳에서 배너광고 클릭을 하는 사람들의 수익까지 생기는 거죠. 또 다른 수익원이 만들어지니 너무 좋은 혜택이죠.

한 달에 애드포스트 수익만 몇백만 원씩 꾸준히 만드는 사람이 많아집니다. 애드포스트 수익도 있지만 인플루언서에게 따로 협찬이 자주 제공되기 때문에 수익이 더 플러스가 되는 구조를 만들 수가 있습니다. 누구에게나 기회는 있으니 목표와 희망을 가지고 도전해봤으면 합니다.

그리고 애드포스트 수익을 더 극대화하려면 조회수가 많아야 합니다. 그래서 인플루언서 주제를 방문자가 많을 수 있는 주제로 선택해야 하는 이유이기도 한 거죠. 예를 들어 여행이나 방송, 요리 쪽 주제는 키워드 하나만 상위노출이 잘 되면 방문자가 폭발하기 때문에 애드포스트 수익은 어마어마하게 늘어나게 될 겁니다. 이렇게 이야기하면 내가 하고 싶은 걸 하면서 적고 싶은 거 마음대로 해도 이런 수익이 만들어질 거라 생각하는 사람들이 있는데 절대 그렇지 않습니다. 정말 열심히 해야 하고 꾸준히 경쟁해야 이곳에서 살아남을 수 있는 겁니다. 안 그러면 경쟁자들에게 밀려서 이런 수익을 못 받으니 말이죠.

네이버 인플루언서가 되고 나면 내 홈에 많은 사람이 방문할 수 있도록 예쁘게 홈 디자인을 설정해 보겠습니다.

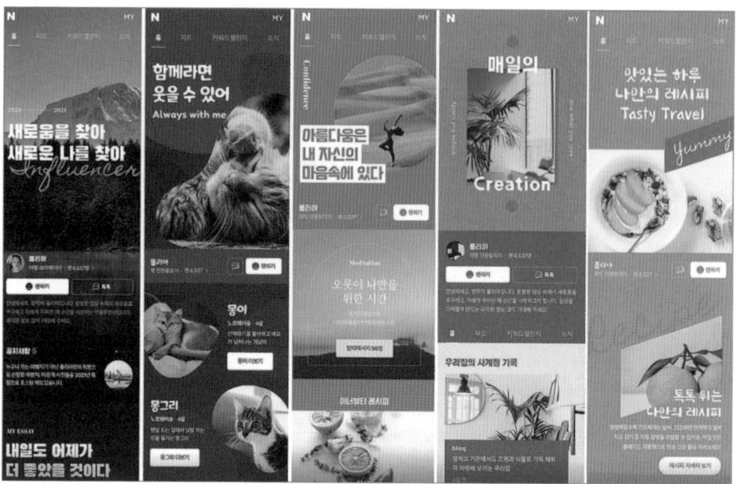

→ 다양한 디자인의 인플루언서 홈을 제공 / 출처 : 네이버

→ 인플루언서 홈 화면을 패션에 맞게 꾸민 모습 / 출처 : 네이버

인플루언서가 되고 나면 받는 혜택 중에 두 번째가 헤드뷰 광고가 추가적으로 생기는 겁니다.

헤드뷰 광고는 말 그대로 모바일을 통해 내 블로그를 들어 오게 되면 최상단 머리 부분에 광고 배너가 노출이 되는건데 이것 역시 클릭이 이루어지면 광고 수익이 만들어집니다.

헤드뷰 광고는 모바일 최상단에 노출이 됩니다. 우리가 모바일로 블로그 글을 볼 때 가장 먼저 노출이 되는 거라 당연히 검색자들이 먼저 클릭할 확률이 굉장히 높은 광고 방식이죠.

콘텐츠를 보는데 방해가 전혀 되지 않아 너무 과도한 광고로 인식되지도 않습니다. 요즘은 수많은 광고 때문에 검색자가 피로감이 많이 쌓여 있는 상태라 이런 배치는 상당히 괜찮은 광고 방식이라 할 수 있겠죠. 좀 더 많은 수익을 가져갈 수 있게 네이버에서 주는 혜택이라고 생각하면 됩니다. 그리고 주목도가 높아서 추가적인 노출과 수익을 기대할 수가 있겠죠.

적용 대상은 프리미어 광고 혜택을 받고 있는 인플루언서나 주제별 상위 인플루언서들에게 제공이 됩니다. 인플루언서가 아닌 사람은 헤드뷰 광고를 받을 수 없기 때문에 우리가 인플루언서가 되어야 하는 이유이겠죠.

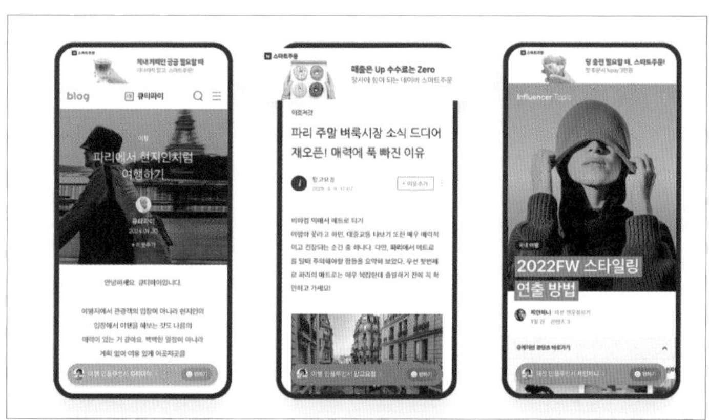

→ 헤드뷰 광고 예시 / 출처 : 네이버

그리고 인플루언서의 세 번째 혜택은 프리미어 광고 배너가 붙게 됩니다.

앞에서 얘기했듯이 프리미어 배너 광고는 누구나 받을 수 있는 일반 배너광고와 클릭당 단가가 다르기 때문에 높은 수익을 볼 수 있게 만들어 줍니다. 다만 한두 번 클릭이 이루어진다고 수익이 엄청나게 늘어나는 건 아니지만 기본적으로 일반 광고 배너에 비해 몇 배 더 높은 단가가 측정되어 있어서 일반 배너 광고와는 차원이 다르다고 할 수 있습니다.

프리미어 배너 광고는 [더 알아보기]라는 문구가 붙고 일반 광고 배너보다 더 눈에 잘 들어오는 화려한 배너라고 생각하면 됩니다. 배너에 있는 광고가 움직이기 때문에 사람들 이목을 끕니다.

다음과 같이 [더 알아보기] 문구가 뜬 배너는 프리미어 광고 배너라고 보면 됩니다.

→ 인플루언서 홈 토픽 예시 / 출처 : 네이버

→ 프리미어 배너가 노출되는 영역 예시 / 출처 : 네이버

프리미어 배너 광고는 모든 사람에게 노출되는 게 아니라 랜덤 방식이기 때문에 노출이 될 때도 있고 안 될 때도 있습니다. 내가 인플루언서라고 무조건 프리미어 배너가 붙는 게 아니라는 거죠.

일반 배너가 기본으로 붙는데 프리미어 배너가 랜덤 방식으로 일반 배너를 대신해서 노출되는 방식인 겁니다. 매일 들어오는 방문자 수가 똑같다 하더라도 수익이 갑자기 올라가는 놀라운 경험을 하게 될 겁니다.

일반 광고 대비 높은 보상이 제공되니까 무조건 인플루언서는 염두에 두고 블로그를 운영하는 게 좋은 거죠. 다음은 실제 저의 블로그 포스팅 본문 내용 중간에 프리미어 배너와 일반 배너가 적용되었을 때 화면입니다.

프리미어 배너와 일반 배너는 디자인에서도 차이가 나지만 실제로 보면 프리미어 배너는 깜빡거리는 액션이 들어가 있어서 눈에 더 잘 띕니다. 이런 광고 배너는 랜덤이고, 애드포스트 수락은 기본으로 되어 있어야 노출이 됩니다.

그러니 "왜 내 블로그에는 배너광고가 안 생기지?"라는 걱정은 안 해도 됩니다. 랜덤이라 보일 때도 있고 안보일 때도 있으니까요.

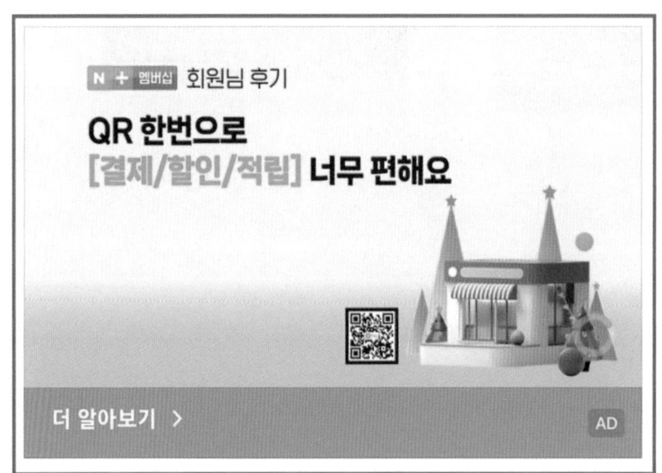

→ 블로그 본문에 프리미어 광고 배너가 적용된 모습. 〈더 알아보기〉 글자가 생긴다 / 출처 : 네이버

→ 블로그 본문에 일반 광고 배너가 적용된 모습. 〈더 알아보기〉 글자가 없다 / 출처 : 네이버

프리미어 광고를 받기 위한 조건이 몇 가지 있는데 이 중에서 하나라도 해당이 되어야 합니다.

첫 번째는 인플루언서 팬 수 3,000명 이상 되어야 합니다.

인플루언서에 선정이 되고 나면 팬 수를 모으는 데 집중해야 합니다. 팬을 모으는 방법은 생각보다 노가다 방식이라 초반에는 힘들어도 해주는 게 좋습니다. 이미 인플루언서가 된 사람에게 먼저 팬을 맺고 메시지를 보내서 나에게도 팬을 맺어 달라라고 하는 게 가장 빠르게 모을 수 있습니다.

→ 인플루언서 팬은 블로그 이웃이나 인스타에서 팔로워 같은 개념이다

두 번째는 키워드챌린지에서 하나라도 금메달 획득을 해야 합니다.

이 말은 내가 등록한 키워드챌린지 키워드가 1위가 되어야 한다는 겁니다. 인플루언서는 주제를 가지고 선정이 되기 때문에 내 주제에 맞는 키워드챌린지에 참여를 할 수 있게 됩니다.

❶ 인플루언서가 되고 나면 [키워드챌린지 참여하기] 버튼이 생기게 되는데 이곳에 있는 각 주제별 키워드 중에서 하나라도 금메달이 획득이 되어야 하는 겁니다. 키워드챌린지는 자신의 주제에만 참여를 할 수 있습니다.

→ 키워드챌린지에서 〈뿌리볼륨펌〉에 참여한 모습 / 출처 : 네이버

다음 그림을 보면 제가 키워드챌린지 키워드를 〈과일향향수〉로 등록했는데 통합 인플루언서 순위에서 1위를 한 모습입니다.

❷ 동그란 원이 금색으로 되어 있는데 이게 금메달을 의미하는 겁니다.

통합 검색에는 금메달, 은메달, 동메달 이렇게 3개만 노출이 됩니다. 네이버에서 〈과일향향수〉로 검색 시 통합 검색 결과에서 금, 은, 동은 상위노출이 되는 겁니다. 상위노출에 있어서 인플루언서만 가진 굉장히 큰 혜택이죠.

이렇게 금메달은 하나 이상은 꼭 가지고 있어야 하는 조건이 있습니다.

→ 키워드챌린지 키워드 중 〈과일향향수〉에서 금메달이 되면 상위노출이 된다 / 출처 : 네이버

다음 장의 그림은 인플루언서들이 참여할 수 있는 키워드챌린지 화면입니다.

각 주제별로 볼 수 있게 되어 있고, 내 주제에 맞는 키워드에만 [참여하기] 버튼이 뜹니다.

만약 패션 주제로 선정이 되었다면 스타일 주제를 가져가는 거라 화면과 같이 패션, 뷰티 2개 모두 참여가 가능합니다. 패션이 메인 주제가 되는 거지만 뷰티도 스타일로 묶여서 함께 참여를 할 수 있게 되는 거죠. 반대로 뷰티에 선정이 되어도 패션에 같이 참여할 수 있는 겁니다.

패션에서만 2,600개 인플루언서 키워드가 있고, 뷰티에는 2,900개가 있으니 스타일 주제로 선정이 되면 총 5,500개 인플루언서 키워드에 참여할 수 있게 되죠.

→ 인플루언서만 참여 할 수 있는 키워드챌린지 화면 / 패션 키워드만 2,600개가 있다 / 출처 : 네이버

키워드챌린지 노출을 요구하는 광고주로부터 2가지 주제 모두 협찬을 받을 수 있는 또 다른 수익원이 만들어지는 겁니다.

→ 리빙 주제에 선정이 되어도 육아, 생활 건강에 참여가 가능해진다 / 출처 : 네이버

인플루언서 선정 전에 우측의 QR코드로 어떤 키워드들이 있는지 확인 후에 주제 선정을 하면 도움이 될 겁니다.

주제별 키워드챌린지 보러 가기

마지막으로 프리미어 배너를 받기 위해서는 지속적인 활동을 하고 있는지를 봅니다.

활동을 하는지 여부는 키워드챌린지에 지속적으로 참여를 하면 되는 거라 이왕이면 포스팅할 때 키워드챌린지에 있는 키워드인지를 확인 후 제목에 넣어서 작성해 주면 어렵지 않게 지속적인 활동이 가능합니다. 계속해서 운영을 잘하면 우수 인플루언서에 선정이 되는데 그런 사람에게 우선적으로 제공이 됩니다. 인플루언서 프리미어 배너 적용 대상은 기준에 의해서 변동이 될 수 있다고 하지만 현재는 이정도 조건이면 충분하다고 생각하면 됩니다.

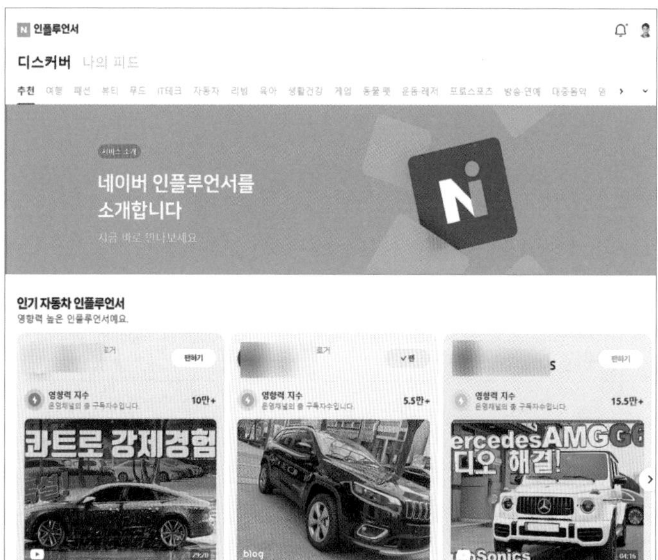

→ 네이버 인플루언서 디스커버에 노출되는 예시 / 출처 : 네이버

그리고 최근에 네이버 인플루언서에 디스커버와 나의 피드 콘텐츠가 생겼습니다.

각 주제별로 양질의 콘텐츠를 추천하는 방식으로 노출을 해주는 건데 당연히 노출되면 그날 방문자가 늘어날 수밖에 없는 구조이니 최대한 글 하나를 적더라도 검색자를 위한 정보를 정확히 전달할 수 있는 글을 작성하는 걸 추천합니다.

네이버가 확실히 강조하는 것 중에 하나가 "의미 없는 일상 글 10개보다 정확한 정보가 담긴 1개의 글이 블로그 성장에 더 좋다."라고 했으니 오늘도 일기장처럼 내 일상을 끊임없이 적고 있는 사람들은 지금부터라도 글 적는 패턴을 바꿔보길 바랍니다.

그리고 네이버 인플루언서가 되면 성장지원 혜택을 받을 수 있습니다.

→ 30초 만에 만들어지는 나만의 명함 예시 / 출처 : 네이버

나만의 인플루언서 명함도 간단히 제작할 수 있으니 필수로 만들길 바랍니다. 이름과 전화번호, 이메일을 넣고 색상을 선택한 다음, 저장을 누르면 온라인에서 사용할 수 있는 명함이 뚝딱 만들어지거든요.

온라인에서 나를 홍보할 때 이것보다 깔끔하고 좋은 명함이 없으니 인플루언서가 되면 꼭 만드는 걸 추천하고 싶네요.

프로필 사진을 넣어서 동영상이나 네임카드로 사용할 수 있고, 위젯도 함께 만들어지니 다양한 곳에서 활용할 수 있습니다.

많은 인플루언서들이 이런 네임택을 포스팅을 할 때마다 맨 하단에 넣어서 글 발행을 하고 있을 정도로 너무 예쁜 네임택들을 한가득 만들 수가 있습니다. 이것 역시 안 만들 이유가 없는 거겠죠.

→ 다양한 네임 카드 예시

네이버 인플루언서 성장 프로그램 중 개인적으로 가장 마음에 드는 지원이 스튜디오와 편집실을 제공해 주는 겁니다. 유튜브 영상을 찍거나 예쁜 사진을 찍고 싶은 사람들은 [파트너스퀘어 이용하기]에서 예약을 하면 해당 날짜에 사용을 할 수 있습니다.

네이버 파트너스스퀘어는 현재는 서울(홍대, 종로, 역삼, 상수), 부산, 광주에서만 제공이 되고 각 지역별로 여러 가지의 컨셉을 가진 스튜디오가 준비되어 있습니다.

저는 부산에 방문해 본 적이 있는데 쇼핑몰을 운영하는 사람이 가서 제품을 놓고 찍어도 될 정도로 정말 다양한 소품과 조명, 카메라까지 제공이 되니 무조건 한 번쯤은 방문해 보세요.

서울 홍대 지점은 전월 기준 팬 수 1,000명 이상인 경우만 이용할 수 있고, 네이버 파트너스스퀘어에서 창작자 인증을 한 사람들만 이용할 수 있으니 해당이 되는 인플루언서만 참여하면 될 거 같네요. 사용 기준이 홍대만 까다롭네요.

대여 시간은 최대 4시간이니 여유 있게 촬영이 가능하고, 대여 조건은 홈을 개설한 네이버 인플루언서라면 누구나 사용할 수 있습니다.

마지막으로 소개할 혜택은 토픽입니다.

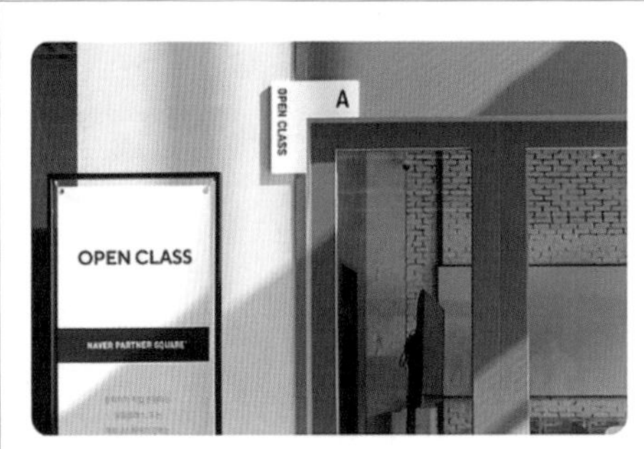

전국 파트너스퀘어 스튜디오, 편집실 제공

파트너스퀘어는 사진/동영상 컨텐츠를 보다 잘 만들 수 있는 지원을 받는 곳입니다. 크리에이터를 위한 다양한 스튜디오를 경험해보세요.

파트너스퀘어 이용하기

→ 파트너스퀘어 메인 화면 / 출처 : 네이버

→ 파트너스퀘어 촬영 스튜디오 모습 / 출처 : 네이버

→ 네이버 광고 영역에 노출된 토픽 소개 배너 / 출처 : 네이버

신청 자격은 최근 3개월 이내에 토픽 콘텐츠를 1건 이상 발행한 인플루언서에게 주어지는데 매월 초에 신청할 수 있습니다. 오늘의 토픽 선정 시에는 개별로 선정되었다는 메일이 오고 무려 네이버 메인 광고 영역에 내 글이 올라오게 됩니다.

별거 아니라고 생각할 수 있겠지만 무료로 가장 많은 사람이 볼 수 있는 메인 광고 영역에 노출이 되는 거라 엄청나게 많은 조회수를 일으킬 수 있는 겁니다.

매월 신청할 수 있으니 네이버 인플루언서라면 필수로 참여하면 좋을 거 같네요. 토픽에 선정이 되기 위해서는 시즌성과 전문성, 완결성을 심사하는데 시즌성은 신청 월에 맞는 주제와 최신 글 위주로 심사가 되고, 전문성은 내 인플루언서 주제에 부합하는 글을 신청해야 합니다.

마지막으로 완결성은 하나의 콘텐츠로서 작성된 토픽을 신청해야 합니다. 여러 가지를 붙여 짜집기한 콘텐츠는 심사 기준에서 제외되니까 주의해야 합니다.

이 외에도 네이버 플러스 멤버십이 무려 1년간 무료 제공되는 서비스 혜택을 줍니다. 이런 다양한 혜택도 있으니 여러분이 꼭 인플루언서가 되어야 하는 이유이고, 되고 나서는 좀 더 블로그 운영에 재미를 붙일 수 있을 겁니다.

→ 오늘의 인플루언서 토픽 노출 예시 / 출처 : 네이버

네이버플러스 멤버십 1년 무료 제공

키워드 챌린지에 참여한 인플루언서들에게 네이버플러스 멤버십을 선물로 드려요. 오디오클립, 웹툰, 클라우드, 바이브 등 다양한 서비스를 이용해보세요.

내 멤버십 확인하기 | 지급조건 상세보기

신청 자격	키워드 챌린지에 참여한 네이버 인플루언서
혜택 상세	쇼핑할 때마다 네이버페이 포인트 최대 5% 적립 가능한 네이버플러스 멤버십 12개월 무료 이용권을 드립니다. (1인당 최초 1회 지급)
제공 방법	매월 1일자에 개별 이메일을 통해 이용권 지급이 안내됩니다. (이번 달에 자격 요건을 달성한 분들은 다음 달 1일자에 이용권이 지급됩니다.)

→ 네이버 플러스 멤버십은 한 달 4,900원인데 토픽 선정 시 1년간 무료 제공된다 / 출처 : 네이버

4-2

네이버 인플루언서 도전하기

인플루언서 지원은 한 달에 한 번 할 수 있고 블로그를 운영하고 있다면 누구에게나 지원 자격이 주어집니다. 〈인플루언서 신청〉을 검색하면 〈네이버 인플루언서 센터〉가 나오는데 들어가면 검정 바탕의 홈페이지가 나옵니다. 오른쪽 상단에 [지원하기]를 클릭하면 절차대로 따라 하면 됩니다.

네이버 메뉴에도 있으나 그냥 검색창에 〈인플루언서 신청〉을 검색해서 하는 것이 가장 빠른 방법입니다.

내가 지원하고자 하는 주제를 선택한 다음 내 활동 채널을 연동해서 같이 묶어 신청하면 선정 확률이 더 높아집니다.

네이버 인플루언서 센터

네이버 ID

dumaristar

지원 주제

지원하고자 하는 주제를 한 가지 선택해주세요.
선택하신 지원 주제는 홈 개설 기준 30일 이후에 변경 가능합니다. 해당 주제에 대한 전문 역량과 콘텐츠 품질, 채널 영향력 등을 바탕으로 심사 진행합니다.

여행	◉ 여행
스타일	○ 패션 ○ 뷰티
푸드	○ 푸드
테크	○ IT테크 ○ 자동차
라이프	○ 리빙 ○ 육아 ○ 생활건강
게임	○ 게임
동물/펫	○ 동물/펫
스포츠	○ 운동/레저 ○ 프로스포츠
엔터테인먼트	○ 방송/연예 ○ 대중음악 ○ 영화
컬쳐	○ 공연/전시/예술 ○ 도서
경제/비즈니스	○ 경제/비즈니스
어학/교육	○ 어학/교육

→ 내 블로그에 해당하는 주제를 선택해야 한다 / 출처 : 네이버

인플루언서는 영향력을 보는데 유튜브 구독자수, 블로그 이웃 수, 인스타그램 팔로워수까지 모두 합산해서 산정하니 최대한 많은 채널을 연동해주는 게 좋겠죠.

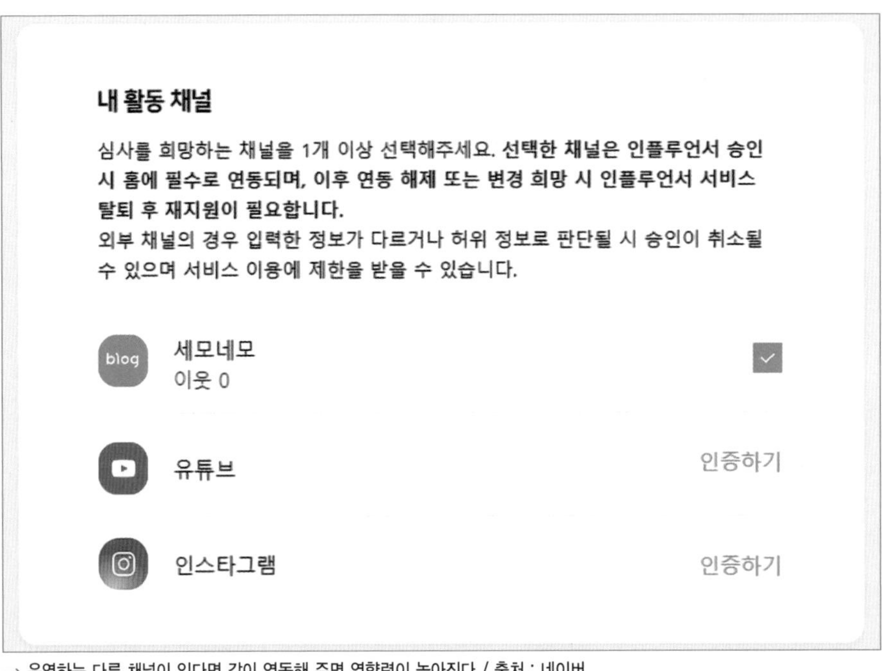

→ 운영하는 다른 채널이 있다면 같이 연동해 주면 영향력이 높아진다 / 출처 : 네이버

4-3

네이버 인플루언서 선정 기준

네이버 인플루언서에 선정이 되기 위해서는 다양한 조건이 있습니다. 현재까지 이렇게 해야 인플루언서에 선정이 된다는 100%의 팩트는 없지만, 그동안의 선정된 사람들의 경험치를 보면 공통적인 부분은 존재합니다.

첫 번째는 블로그 이웃 수입니다.

인스타그램이 그렇듯 인플루언서 역시 팔로워, 즉 이웃 수가 많아야 다양한 사람에게 내 글을 보여 줄 수 있는 거죠. 그만큼 해당 블로그에 인기도와 영향력을 보여주는 중요한 지표가 될 수 있습니다. 그래서 우리가 해야 할 일은 서로이웃이나 이웃을 귀찮다고 그대로 두지 말고 하루에 조금씩이라도 이웃 수가 늘어 날 수 있도록 다양한 블로그에 내가 먼저 이웃 신청을 해보아야 합니다. 인플루언서 선정에 도움이 되는 부분이라는 거죠. 저는 15,000명이 넘는 이웃 수를 가지고 있습니다.

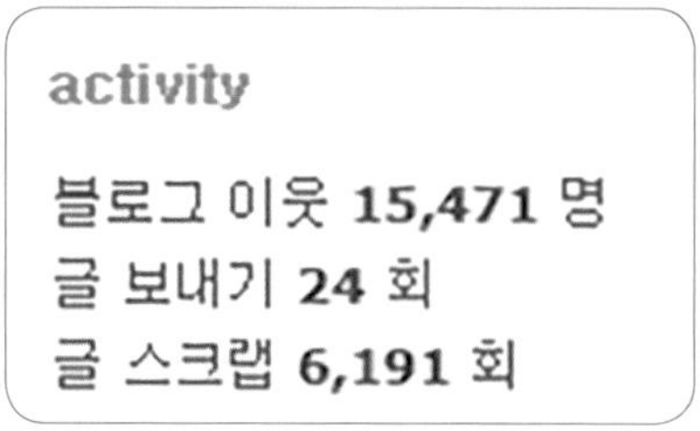

activity

블로그 이웃 15,471 명
글 보내기 24 회
글 스크랩 6,191 회

→ 현재 이웃 수 15,000명을 보유중이다

두 번째는 블로그 글이 얼마나 정보를 잘 담고 있느냐입니다.

우리가 검색자라고 생각하면 너무 쉽게 답이 나올 겁니다. 내가 궁금한 걸 검색해서 블로그에 들어왔는데 해당 검색어와 관련 없는 내용이 가득하다면 해당 글은 좋은 글이 되지 못한다는 거죠.

한 가지만 확실히 기억하면 됩니다. 제목에 넣은 키워드와 관련된 내용이 정확히 들어 있으면 되는 겁니다. 예를 들면 〈30대 여자향수 추천〉이라는 키워드를 제목에 넣었으면 해당 향수에 대한 정보가 연관성 있게 들어가면 된다는 거죠.

소개하는 향수를 추천하는 이유와 누가 사용하면 좋겠다라는 정보와 가격, 용량등 향수에 대한 스펙이 들어 가면 키워드와 관련해서 정보성을 담고 있는 양질의 글이 될 수 있는 겁니다.

하나의 글을 작성하더라도 앞으로는 이렇게 작성해 보세요.

뷰티리뷰

30대여자향수추천 디아르망 팜므 장미향수 사용후기

다니엘윌리암스 2023. 3. 7. 21:45 URL 복사 통계

제품명: 디아르망 팜므

가격 : 59,300원

용량 : 70ml

용량이 넉넉해서 오래 사용할수 있을거 같아요.

대용량이 이정도 가격이면 충분히 가성비 좋다고 얘기 드리고 싶구요.

사람들이 좋아 하고 평이 좋은 이유는 사용해 보면 바로 느낄수 있을겁니다.

→ 소개하는 향수에 대한 스펙과 추천하는 이유에 대해서 적은 예시

세 번째는 도전하고자 하는 네이버 인플루언서 주제와 관련된 글이 많아야 합니다.

그래서 이왕이면 내 블로그 주제와 같은 인플루언서 주제로 도전하는 게 좋습니다. 하지만 인플루언서 주제는 모든 블로그 주제로 도전할 수 없기 때문에 꼭 인플루언서 주제에는 어떤 게 있는지 확인 후 도전을 해야겠죠.

예를 들어 내 블로그 주제가 맛집이라고 했을 때, 블로그 주제에는 맛집이라는 주제 카테고리가 존재하지만 인플루언서 주제에는 맛집 카테고리가 없습니다. 그나마 관련 있는 주제가 여행인데 맛집만 계속 적으면 여행 인플루언서가 되는 게 힘들다는 거죠. 여행에 도전하기로 마음을 먹었다면 맛집도 적으면서 다양한 여행 정보가 담긴 글도 적을 필요가 있는 겁니다.

그래서 처음부터 블로그와 인플루언서 주제가 겹치는 주제로 설정하고 운영하는 게 가장 이상적인 방법입니다. 반대로 블로그 주제에 있는 패션 미용은 인플루언서 주제에도 있습니다. 이렇게 두 곳 모두에 있는 주제를 처음부터 설정하면 좋은 겁니다..

주제 설정

주제를 선택하면 내블로그와 블로그 홈에서 주제별로 글을 볼 수 있습니다.
주제를 선택하지 않아도 '블로그 홈 > 주제별 글보기 > 전체'에서 볼 수 있습니다.

엔터테인먼트·예술	생활·노하우·쇼핑	취미·여가·여행	지식·동향
문학·책	일상·생각	게임	IT·컴퓨터
영화	육아·결혼	스포츠	사회·정치
미술·디자인	반려동물	사진	건강·의학
공연·전시	좋은글·이미지	자동차	비즈니스·경제
음악	패션·미용	취미	어학·외국어
드라마	인테리어·DIY	국내여행	교육·학문
스타·연예인	요리·레시피	세계여행	
만화·애니	상품리뷰	맛집	
방송	원예·재배		

→ 블로그 주제에는 맛집이 있다 / 출처 : 네이버

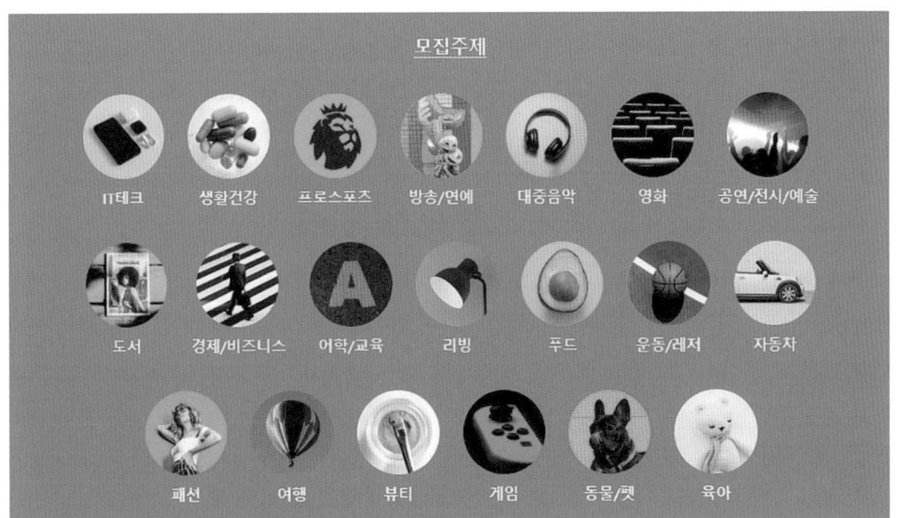

→ 인플루언서 주제에는 맛집이 없다 / 출처 : 네이버

네이버 인플루언서는 누구나 선정이 될 수 있습니다. 그러니 도전하는 인플루언서 주제 비중을 내 블로그에 높게 가져가세요. 그래야만 선정 확률이 높아지니까요. 그렇다고 인플루언서가 가장 먼저 되어야겠다는 생각은 하지 마세요. 그렇게 마음먹고 운영하면 블로그가 지긋지긋해질 겁니다.

제가 가장 추천하는 방향은 다양한 체험을 해보면서 블로그를 꾸준히 운영하는 게 먼저입니다. 운영을 꾸준히 해야 수익도 만들 수 있고 인플루언서도 계속 도전할 수 있으니까요.

4-4

인플루언서 키워드챌린지 랭킹 로직 알아보기

최근 네이버는 또 다시 인플루언서 키워드챌린지 랭킹과 주제별 랭킹 로직을 업데이트 했습니다. 검색자들은 고품질의 문서를 찾을 수 있게 하고 글을 작성하는 인플루언서는 양질의 글을 작성하면 높은 랭킹으로 보상을 받을 수 있도록 업데이트를 한 거죠.

이유는 간단합니다. 그동안 네이버는 수많은 로직 변경을 할 때마다 그에 맞게 우회 방법으로 상위랭킹을 독식하는 블로거들이 항상 나왔는데 변경 전 인플루언서 로직이 그런 경우입니다.

인플루언서 랭킹만 높다면 글 품질이 떨어지더라도 양질의 글을 작성한 랭킹이 낮은 인플루언서보다 높은 순위를 가져 갔다는 겁니다.

당연히 새롭게 진입한 신규 인플루언서들의 기회가 줄어들게 되고 양질의 글을 작성해도 순위가 낮으니 글을 작성하는 의욕이 줄어들어서 결국 포기하는 사람들이 대부분이었습니다.

네이버는 그동안 이런 잘못된 결과값을 생각 안 할 수가 없겠죠.

개인적으로는 이런 시스템을 뜯어 고친다는 점에 박수를 보내고 싶습니다.

누구라도 글이 전문적이고 정확한 정보를 전달하게 작성한 사람에게는 그만큼의 보상이 따라야 한다고 생각하거든요. 그래야 더 많은 신규 블로거들이 유입이 되겠죠.

그럼 어떤 변화가 있었는지 소개를 해드리도록 하겠습니다.

1. 키워드챌린지 랭킹에서는 문서 품질이 가장 중요하다.
2. 꾸준히 활동을 하는 인플루언서가 주제별 랭킹이 상승한다.
3. 키워드챌린지 참여를 과도하게 반복적으로 삭제/취소하면 주제 랭킹이 하락한다.

먼저 첫 번째, 키워드챌린지 랭킹에서는 문서 품질이 가장 중요 해집니다.

앞서 말했지만 양질의 글을 작성한 인플루언서에게 영향력(구독자수, 팬수 등)이 낮더라도 문서 품질이 높다면 검색 상위에 노출될 수 있게 변경이 되었습니다.

그렇다고 영향력이 적용 안되는 게 아니니 꾸준한 팬 수를 늘리는 것도 중요하겠죠.

영향력에 대한 비중이 상당 부분 줄어드는 거지 없어지는 게 아닙니다.

이건 제가 직접 해본 실험에서도 확실히 체감이 될 정도로 많은 변화가 이루어졌다는 걸 느낀 부분입니다. 최근 저는 패션주제에서 사업상의 이유로 주제를 여행으로 변경을 했습니다.

당연히 여행은 처음 시작하는 거라 주제랭킹과 영향력이 최하위였지만 검색자들의 의도를 파악한 정확한 정보가 담긴 글을 작성하니 어렵지 않게 상위에 노출되는 걸 계속해서 겪고 있습니다. 저 뿐만 아니라 이제 막 인플루언서가 된 사람들도 마찬가지의 결과를 가져갈 수 있게 된 거죠.

이부분은 앞으로도 계속해서 변화가 될 예정이라 이제 하나의 글을 작성하더라도 고품질의 글을 작성할 이유가 명확해졌습니다. 글 품질의 높고 낮음을 판단하는 기준은 가장 중요한 게 연관성과 정확도이니 제목에 작성한 키워드에 대한 정확한 정보는 본문내에 작성해 주셔야 합니다.

예를 들어 "통영 1박2일 여행지 코스 베스트3"라고 글을 작성했다면 검색자들은 제목을 보고 들어오게 되는데 3가지의 1박2일 코스를 알려줄 거라는 의도를 가지고 들어오게 되는 거니 본문내용에는 반드시 통영 1박2일 여행지 코스 3가지를 알려주어야 한다는 거죠. 이 부분은 앞으로 꼭 생각하고 글 작성하길 바랍니다.

→ 필자가 최근 주제를 여행으로 바꾸고 나서 작성한 글이 1위에 노출된 예시

두 번째, 꾸준히 활동을 하는 인플루언서가 주제별 랭킹이 상승하게 됩니다.

이건 당연한 얘기겠지만 네이버 입장에서는 양질의 글을 꾸준히 올려 주는 블로거들이 많아야 자신의 플랫폼 성장에 도움이 되겠죠. 그래서 그에 맞는 보상을 해주겠다는 겁니다.

한 달에 글을 한두 번 적는 사람보다 더 자주 작성하는 사람에게 주제 랭킹이 상승되도록 만들어주는 겁니다. 주제별 랭킹에는 활동성, 검색 자 피드백(댓글, 좋아요), 작성자 영향력(등록된 SNS팬수)등 다양한 요소가 적용되는데 그 중에서 활동성을 더 많이 적용하겠다는 겁니다. 키워드챌린지나 토픽에 꾸준히 다양한 참여를 한 사람일수록 주제별 랭킹이 상승하고 프리미엄 광고 대상자가 될 확률이 높아지게 되는 겁니다. 이제는 글을 자주 작성해야 하는 이유가 명확히 생기게 된 거니 꾸준한 활동을 해보길 바랍니다.

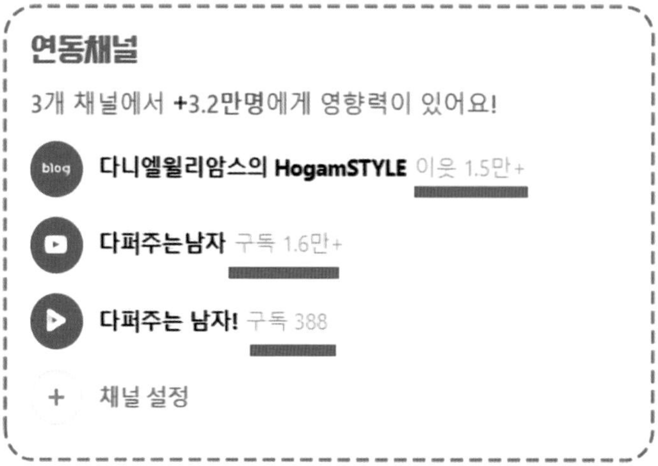

연동채널

3개 채널에서 +3.2만명에게 영향력이 있어요!

다니엘윌리암스의 HogamSTYLE 이웃 1.5만+

다퍼주는남자 구독 1.6만+

다퍼주는 남자! 구독 388

채널 설정

→ 인플루언서 영향력은 인플루언서 팬 수 외에도 연동할 수 있는 채널의 팬 수를 더해 정해진다

세 번째, 키워드챌린지 참여를 과도하게 반복적으로 삭제/취소하면 주제 랭킹이 하락합니다. 이건 두 가지를 염두에 두고 생각하면 됩니다. 네이버는 새로운 글을 좋아한다는 것을 이용해서 등록했던 키워드챌린지 순위가 시간이 지나 랭킹 하락을 하면 등록을 취소하고 다시 재 등록하는 걸 많이 했었습니다. 그래서 이런 반복적인 삭제나 취소를 막기 위함으로 보입니다.

그리고 그동안은 한 개의 키워드당 최대 참여 할 수 있는 문서 수가 100개였는데 지금은 300개로 늘어났습니다. 이건 이번에 진행한 업데이트를 염두에 두고 늘린 거라 생각이 드는데요. 참여를 자주 하는 사람들은 100개 등록이 다 되어 있으면 새롭게 참여할 때 어쩔 수 없이 키워드를 삭제하고 새로운 글을 등록했습니다. 그러다 보니 의도하지 않았지만 글을 삭제하는 경우가 생겼는데 이제는 300개로 늘어났으니 이런 경우가 없어질 거 같네요. 만약 글 취소 삭제를 반복하게 되면 비정상적인 패턴으로 파악되어 정도에 따라 키워드챌린지 랭킹 및

주제별 랭킹이 30일간 하락할 수 있으니 앞으로는 이런 행위자체를 하지 마시길 바랍니다.

CHAPTER 05

온라인 매장 블로그 인테리어 하는 방법

5-1

블로그 스킨 설정 방법

다른 사람들의 블로그를 보다 보면 PC 화면에서 화려하게 꾸며진 스킨을 가진 블로거들을 볼 수 있죠. '블로그 스킨을 이렇게도 꾸밀 수 있구나'라는 생각을 하게 되는데 막상 직접 해보면 어려운 게 블로그 스킨입니다.

여러분들이 한 번씩 본 화려한 블로그 스킨은 기본적으로 네이버에서 제공하는 스킨이 아니라 직접 제작하거나 비용을 지불하고 제작한 경우가 대부분입니다. 당연히 기본 스킨과 비교했을 때 고급스러워 보이고 더 전문적으로 보이는 효과가 있기 때문에 요즘은 제작을 맡기는 경우가 많습니다.

제작 비용은 다양하게 있는데 평균 15만 원 정도라고 생각하면 됩니다. 이 금액이 비싸게 느껴질 수도 있지만 우리가 오프라인 매장을 오픈할 때 인테리어를 해야 하는데 많을 때는 몇천만 원씩도 들어가게 되죠. 그렇게 비교하면 블로그 스킨은 바로 온라인 인테리어이기 때문에 이 비용이 절대 비싸지 않은 겁니다. 한번 고급스럽게 바꿔 두면 평생을 사용할 수 있으니 저는 직접 맡겨서 제작하는 걸 추천해 드리는 편입니다. 저 역시도 스킨을 제작하는 업체에 맡겨서 제작을 한 경우입니다.

→ 기본으로 제공되는 스킨보다 고급스럽다

→ 개인 블로그 주문 제작한 스킨 예시
/ 출처 : 디자인 블로그(스마일트리)

→ 사업자 블로그 주문 제작한 스킨 예시
/ 출처 : 디자인 블로그(스마일트리)

그렇다고 무조건 업체에 제작을 맡겨야만 만들 수 있는 게 아닙니다. 직접 제작을 해서 적용시켜도 됩니다. 보통 스킨을 제작하려면 포토샵이나 이미지 프로그램을 이용해서 만들어야 한다고 생각하다 보니 접근이 어려운데 의외로 제작 방법은 간단합니다. 바로 무료 편집을 할 수 있는 미리캔버스 사이트를 이용하면 됩니다.

미리캔버스

미리캔버스에 들어가서 회원가입을 한 다음 **[디자인 만들기 → 직접 입력]**에 ❶ 2,000 × 700를 입력하고 [새디자인 만들기]를 눌러줍니다.

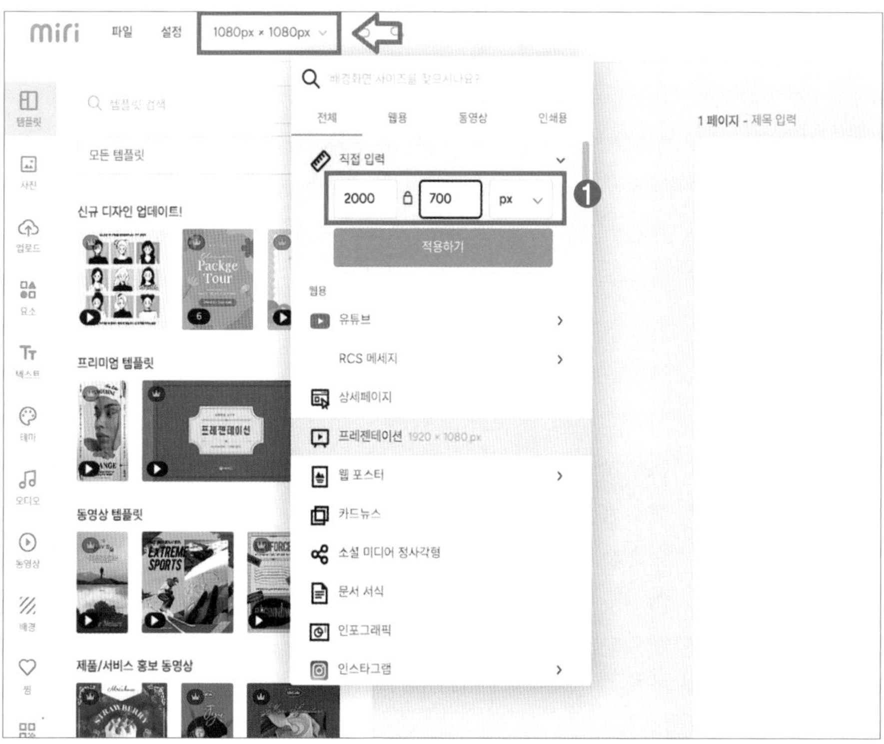

→ 출처 : 미리캔버스

그럼, ❷ 우측과 같이 배경사이즈가 만들어지는데 옆에 있는 템플릿 중에서 마음에 드는 템플릿을 선택하면 방금 만든 배경 빈 공간에 적용이 됩니다.

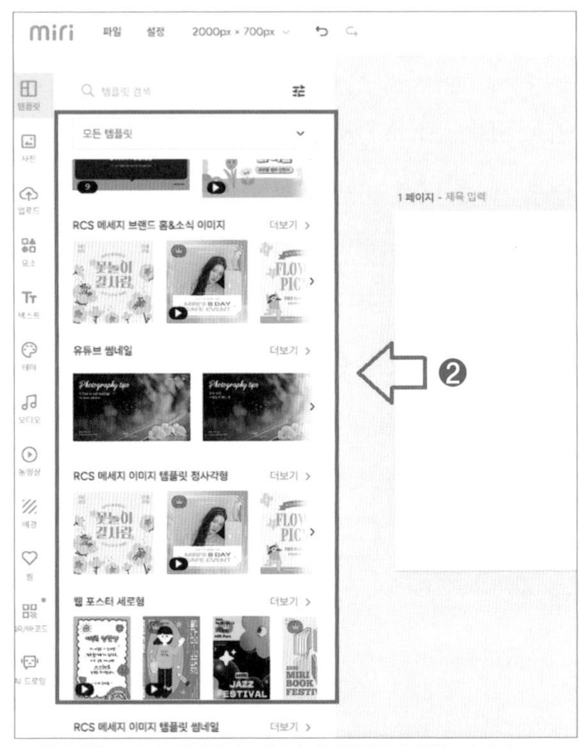

→ 왼쪽 탬플릿 중 되도록이면 가로길이가 긴 템플릿을 선택하는 게 좋다 / 출처 : 미리캔버스

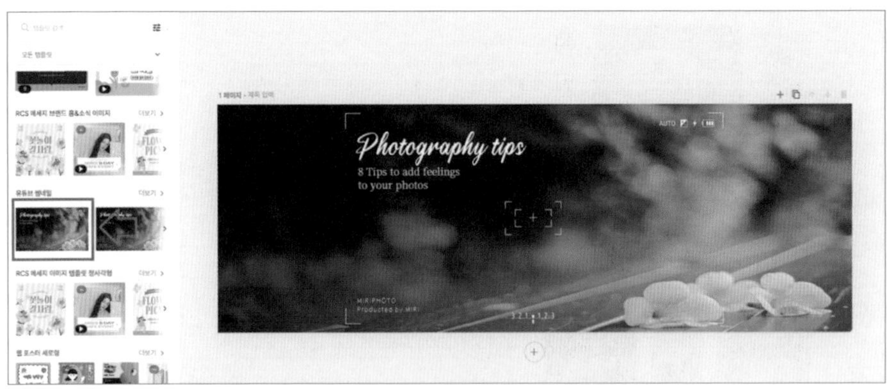

→ 원하는 템플릿을 불러와서 설정한 크기에 맞게 사진 크기를 조정한 모습 / 출처 : 미리캔버스

배경 화면 설정이 끝났으니 글자를 내 블로그 느낌에 맞게 바꿔주면 됩니다. ❸ 글자를 변경하는 방법은 [텍스트]를 누르면 왼쪽에 설정 창이 뜹니다. 변경 글자체와 크기 등을 자유롭게 바꿔 주면 됩니다. 생각보다 너무 간단해서 누구나 쉽게 만들 수 있습니다.

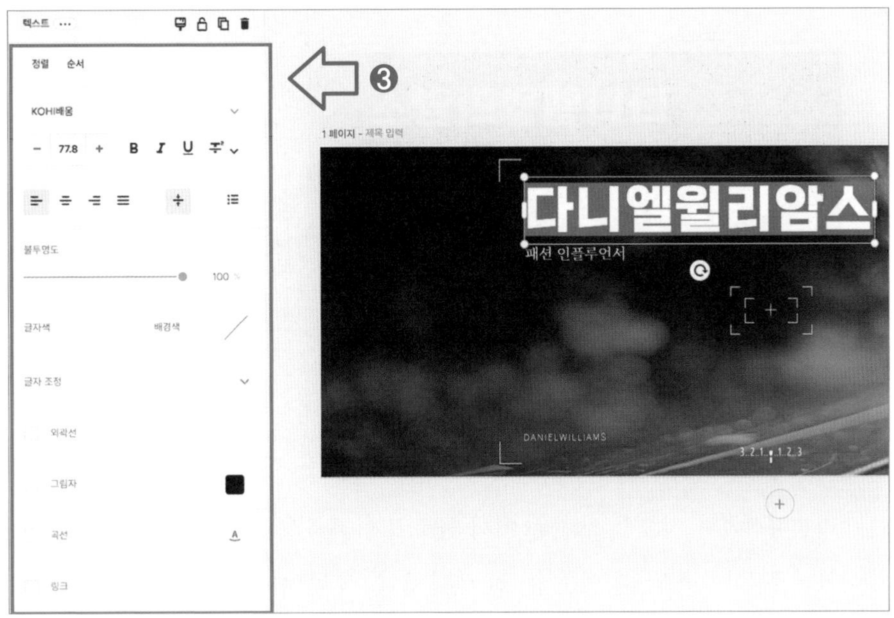

→ 출처 : 미리캔버스

모든 설정이 다 끝났으면 오른쪽 상단 **[다운로드 → PNG → 고해상도 다운로드]**를 눌러 저장하면 됩니다.

→ 출처 : 미리캔버스

미리캔버스에서 저장한 스킨을 이제 블로그에 적용을 해줘야 하는데 [관리]에 들어가서 [꾸미기 설정]에 있는 [스킨 선택]을 눌러 줍니다. 스킨 중에서는 전체적으로 배경이 흰색을 가진 스킨을 선택하는 게 좋습니다.

그래야 내 블로그에 들어 온 검색자들에게 좀 더 시원하고 넓은 사진을 보여줄 수 있습니다. 저는 [라인] 스킨으로 설정해 보겠습니다. 스킨 지정이 끝났으면 **[바로적용 → 세부 디자인 설정]**을 눌러 주세요.

→ 출처 : 네이버

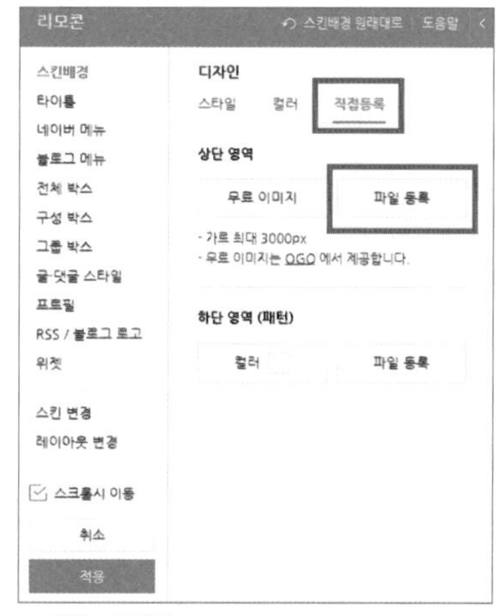

→ 출처 : 네이버

우측과 같이 리모컨 창이 뜨는데 이곳에서 세부적인 설정만 바꿔 주면 끝입니다. 스킨 배경에 **[직접 등록 → 파일 등록]**으로 미리캔버스에서 다운받은 스킨을 찾아서 업로드 해주세요.

그럼, 화면에 배경이 적용되는걸 볼 수 있는데요. ❹ 블로그명이 배경 화면에 같이 적용되어서 지저분해 보이는데 이건 [타이틀] 메뉴에 들어가서 블로그 제목 부분 체크 표시를 없애면 됩니다. 그리고 영역 높이를 600까지 최대로 늘려 주면 끝입니다.

→ 블로그 제목 없애는 표시 부분 / 출처 : 네이버

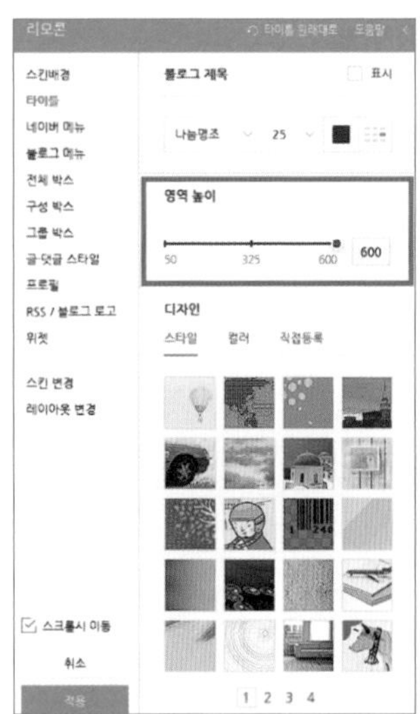

→ 영역 높이 설정 / 출처 : 네이버

적용되고 난 후 모습입니다. 어떤가요? 깔끔하게 적용되었죠.

블로그 스킨 크기는 원하는 높이로 조절이 얼마든지 가능하니 꼭 사이즈를 2,000×700으로 할 필요는 없습니다. 가로 길이는 2,000으로 하고 높이는 600, 500 등 다양하게 적용하면 됩니다.

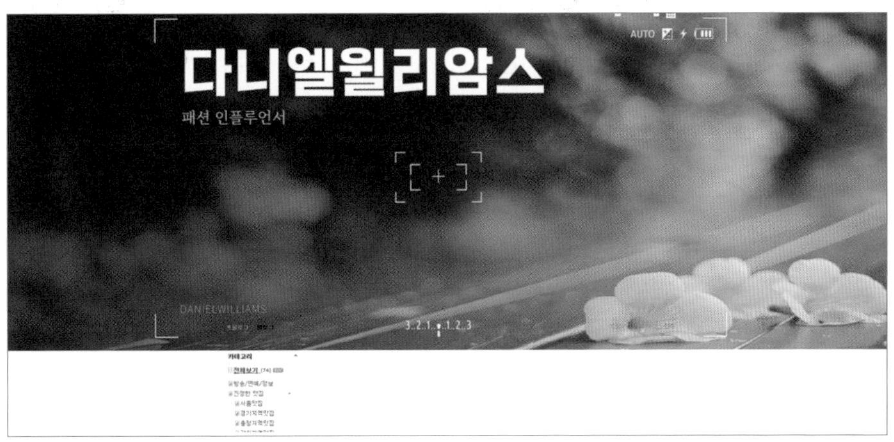

만약 스킨 내에 다양한 아이콘을 추가해서 꾸미고 싶다면 아이콘을 다운받을 수 있는 사이트인 아이콘 파인더에 들어가서 무료 아이콘을 다운받아 미리캔버스에 스킨을 만들 때 아이콘에 링크를 적용하면 됩니다.

아이콘파인더 사이트

인스타그램 아이콘을 검색하면 많이 나오니까 그 중에서 마음에 드는 거로 골라서 다운 받으면 됩니다. 주의하실 부분은 꼭 무료 체크를 하고 검색한 다음 다운받아야 저작권 문제가 없습니다.

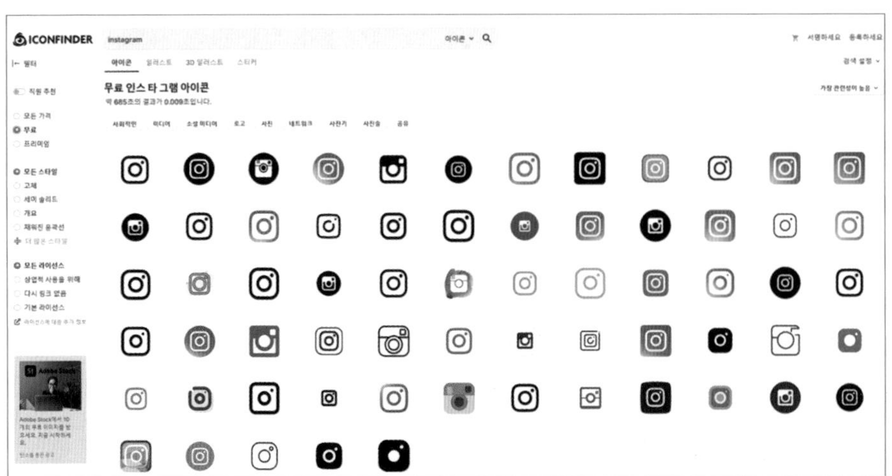

→ 인스타그램을 검색하면 나오는 아이콘 예시 / 출처 : 아이콘 파인더

5-2

블로그 카테고리 만들기

스킨 설정이 완료되고 나면 블로그에 카테고리를 만들어야 합니다. 앞으로 내가 적어 나갈 글들의 세부적인 설정입니다. 예를 들어서 맛집에도 부산맛집, 서울맛집, 경기도맛집 등 다양한 카테고리로 나눌 수 있다는 겁니다.

관리에 들어가서 **[메뉴 글 동영상 관리] → [카테고리 관리]**를 누르면 됩니다.

→ 출처 : 네이버

→ 출처 : 네이버

페이지당 글은 1개로 설정하는 게 좋습니다. 그 이유는 블로그에 들어 온 사람에게 글을 한 페이지씩 보여주는 방식이기 때문이죠. 이 설정을 만약 5개로 하게 되면 내가 작성한 글 5개를 이어서 계속 보여줍니다.

블로그는 페이지뷰 수가 지수를 높이는데 중요한 지표입니다. 페이지당 글 1개로 설정하면 글 하나당 페이지뷰 수가 1로 카운트되지만, 3개, 5개, 10개로 설정 시에는 3개, 5개, 10개당 페이지뷰 수가 1로 카운트가 되기 때문에 지수 상승에 큰 도움이 안 됩니다.

하지만 이 부분도 잘 생각해야 하는 건 사업자 블로그는 내 글을 최대한 많은 사람에게 보여주는 게 목적이니 페이지당 글 수를 높게 설정하는 것도 하나의 방법이 될 수 있습니다. 상황에 따라서 지정하면 되는 거지만 되도록이면 1개 설정을 추천합니다.

→ 출처 : 네이버

[카테고리 추가], [구분선 추가], [삭제] 버튼으로 카테고리를 생성할 수 있습니다. 예시로 맛집을 세분화해서 카테고리를 다양하게 만들어 봤는데, 앞으로 어떤 글을 작성할지에 따라서 다양하고 세부적으로 나눠서 글을 관리하는 게 좀 더 체계적이고 깔끔하게 운영할 수 있을 겁니다.

→ 출처 : 네이버

카테고리를 만들기 위해서는 먼저 [카테고리 추가]를 누르면 됩니다.

그럼, 오른쪽에 카테고리명과 공개 설정, 주제 분류의 표시됩니다. 카테고리명은 원하는 이름으로 작성하면 되고, 공개 설정에서는 [공개]로 해주셔야 합니다.

주제 분류는 이 카테고리에 적는 글은 따로 지정하지 않더라도 같은 주제로 설정이 되게 하는 거라 해당 카테고리 주제에 맞게 설정해 주면 됩니다. 저 같은 경우엔 맛집이니 맛집으로 설정했습니다.

→ 출처 : 네이버

글보기 방식은 [앨범형]으로 하는 게 검색자들이 다양한 글을 볼 수 있게 해줍니다.

[블로그형]은 해당 카테고리를 눌렀을 때 가장 최근에 올린 글을 바로 보여지게 하는 방식이고, [앨범형]은 해당 카테고리에 있는 글을 사진 형식으로 나열해주는 방식이라 다양한 글들을 검색자들에게 선택할 수 있게 해주죠. 기본 설정을 [앨범형]으로 하는 걸 추천해 드립니다.

섬네일 비율은 [정방형]으로 해야 섬네일 사진 크기에 상관없이 일정한 비율로 깔끔하게 적용이 됩니다.

목록보기는 블로그형으로 설정 시에만 적용되는 거라 그대로 두면 됩니다.

카테고리 접기는 해당 카테고리에 들여쓰기로 있는 세부 카테고리를 접을지 펼쳐둘지를 설정하는 건데 카테고리가 너무 많을 때는 보기 편하게 접어 두는 것도 하나의 방법이 될 수 있습니다.

진정한 맛집 27개의 글 목록열기

경상도맛집

양산 쿠우쿠우 가격 가성비 맛있는곳!

 피카소의 맛집그리기 2020. 11. 5. 20:49 URL 복사 통계

배가 너무 고팠습니다.
항상 배고플때마다 생각 나는건 왜 무한리필 뿐일까요.
막상 가서 먹으면 얼마 먹지도 못하는데 배가 고프면 생각나는 쿠우쿠우를 다녀 왔습니다.
양산 쿠우쿠우 가격이 궁금 하신분들도 많으실꺼데
가격은 아래와 같습니다.

→ 블로그 형으로 설정 시 해당 카테고리의 가장 최근 글이 바로 나온다

→ 앨범형으로 설정 시 검색자가 해당 카테고리에 있는 글을 선택할 수 있게 나온다

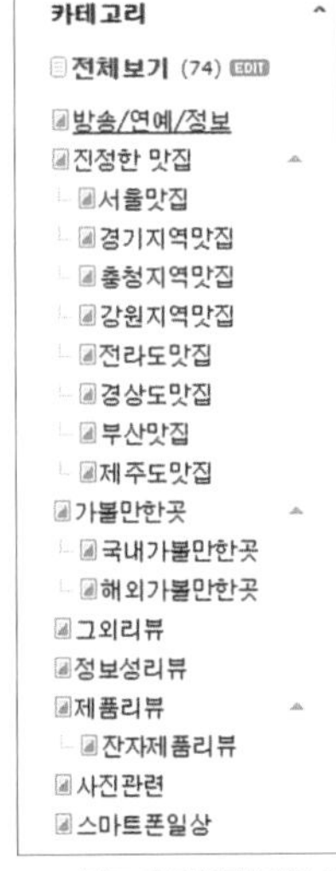

→ 카테고리 펼치기 적용 예시

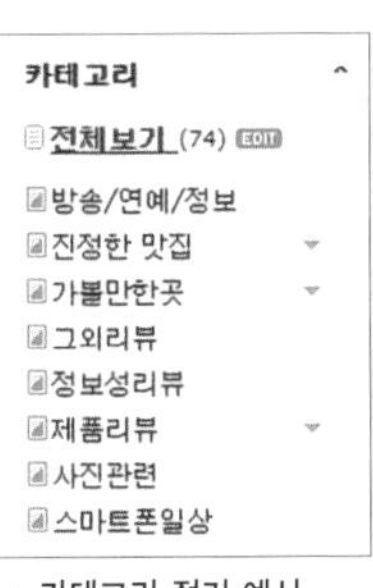

→ 카테고리 접기 예시

5-3 — ☐ ✕

블로그 세부 레이아웃 변경

앞의 설정이 끝났다면 세부적인 레이아웃 설정을 해줘야 깔끔하게 만들 수 있습니다.

[관리 → 꾸미기 설정 → 레이아웃·위젯 설정]에 ❶번 레이아웃으로 선택해 주세요. 여러 가지 레이아웃이 있지만 ❶번이 가장 시원하고 큰 화면을 제공합니다. 그리고 ❷번처럼 글 영역 위쪽에 있는 위젯들을 마우스로 클릭한 다음, ❸번처럼 글 영역 아래로 모두 옮겨 주면 됩니다.

그럼, 전체적으로 시원한 화면이 적용됩니다.

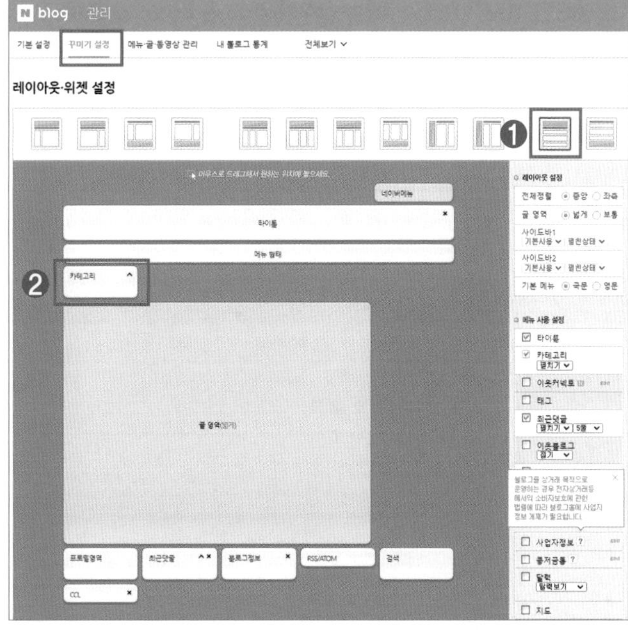
blog 관리
기본 설정
꾸미기 설정
메뉴·글·동영상 관리
내 블로그 통계
전체보기
레이아웃·위젯 설정
1
2
카테고리
프로필영역
최근댓글
블로그정보
RSS/ATOM
검색
CCL

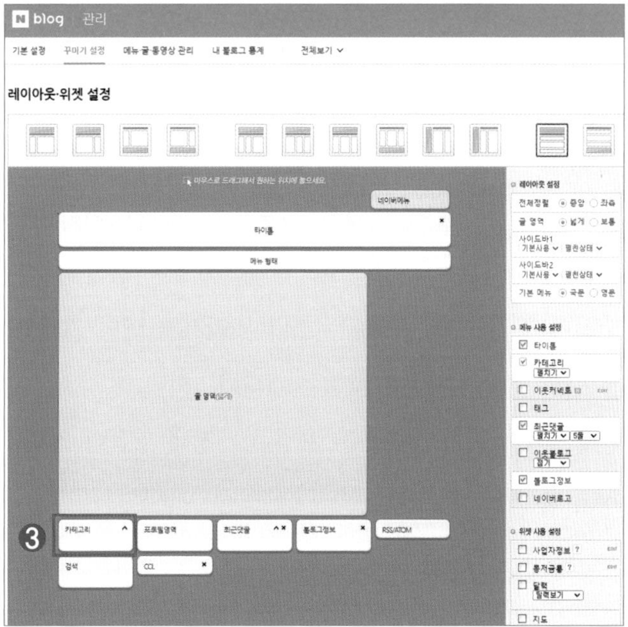
blog 관리
기본 설정
꾸미기 설정
메뉴·글·동영상 관리
내 블로그 통계
전체보기
레이아웃·위젯 설정
3
카테고리
프로필영역
최근댓글
블로그정보
RSS/ATOM
검색
CCL

출처 : 네이버 →

그리고 마지막으로 **[메뉴·글 동영상 관리 → 프롤로그 관리]**를 설정 해 주어야 합니다.

❶번 사용은 필수로 체크가 되어야 합니다. 사용과 대표메뉴에 체크를 꼭 해주세요. 그리고 ❷번 [프롤로그 관리]를 눌러 주세요.

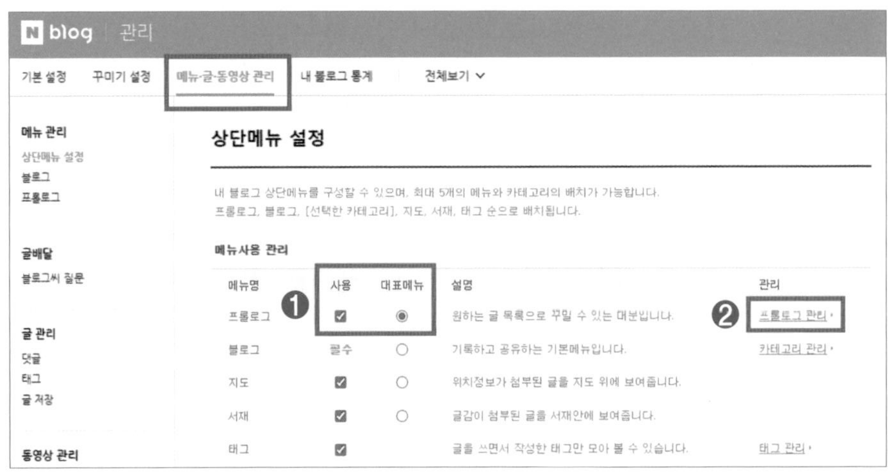

→ 출처 : 네이버

그럼, 다음 그림에서 ❶번 이미지 강조형을 클릭하고, ❷번에 생성한 카테고리 중 가장 먼저 보여줄 카테고리를 순서대로 지정해줍니다. 마지막으로 ❸번은 카테고리의 줄 개수를 설정하는 겁니다. 앞으로 해당 카테고리에 글을 작성할 때마다 몇 줄씩 보일 건지를 보여주는 겁니다.

보여지는 글이 많을수록 체험단 선정에 도움이 될 수 있으니 되도록이면 최대치로 설정하는걸 추천드립니다.

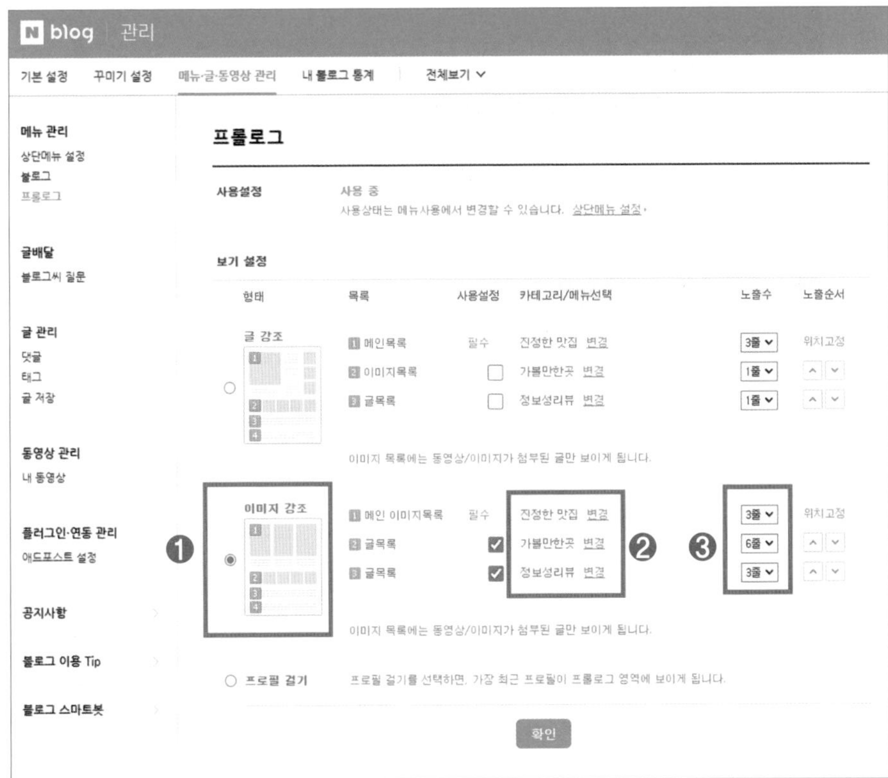

→ 출처 : 네이버

[확인]을 누르고 모든 설정이 끝나면 다음 그림과 같이 깔끔한 메인 화면이 만들어 집니다.

다니엘윌리암스
패션 인플루언서
DANIELWILLIAMS

CHAPTER 06

블로그 글쓰기 기본 기능

6-1

사진 불러오는 방법과 섬네일 설정하는 방법

블로그 글을 작성하는 방법은 아주 간단하지만 다양한 기능들을 활용하면 좀 더 퀄리티 있는 글을 만들 수 있습니다. 모든 기능들을 다 사용할 필요는 없지만 어디에 어떻게 사용되는지, 어떤 기능들이 있는지 알고 있어야 필요할 때 고민 없이 사용할 수 있습니다.

알려 드리는 기능을 사용하게 되면 내 글을 봐주는 사람들로 하여금 가독성을 높이고 전문적인 글처럼 보일 수 있으니 최대한 활용하는 게 좋습니다.

이번 시간에는 블로그 글쓰기를 하기 위해서 필요한 기능들과 사용하면 더 좋은 기능들을 함께 알려 드리도록 하겠습니다.

아래 그림에 나온 숫자 순서대로 하나하나 기능을 상세히 알려 드릴게요.

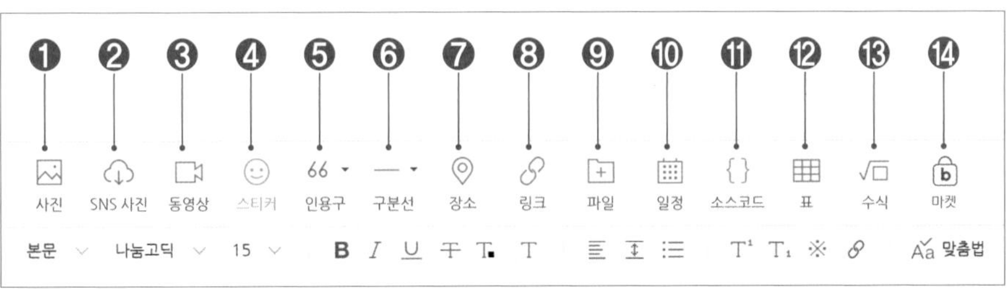

블로그 글을 작성할 때 꼭 필요한 기능이 바로 사진 불러오기입니다.

블로그 내용에 사진 없이 글만 가득하다면 가독성이 떨어질뿐더러 가장 중요한 네이버에 노출이 되기 힘들다는 겁니다. 네이버에 내가 힘들게 작성한 글이 노출되어야만 홍보의 기능도 할 수 있고, 방문자도 받아 볼 수 있는데 글만 작성하게 되면 노출이 제한받는다는 거죠.

그래서 기본적으로 사진은 필수로 넣어줘야 합니다. 간혹 사진을 안 넣고 글을 작성하는 사람이 있는데 자신의 글이 아무리 찾아도 어디에 있는지 모르겠다고 질문을 많이 합니다.

노출이 안 되는 이유에는 사진도 있으니 블로그 글을 작성할 때는 무조건 사진은 꼭 넣어야 한다는 거 잊지 말고 작성하기를 바랍니다.

앞으로 블로그를 운영하게 되면 어딜 가나 사진을 찍는 습관이 생기게 될 겁니다. 그만큼 사진은 블로그와 떼려야 뗄 수 없는 부분이니 당장 사용하지 않더라도 많이 찍는 습관을 가져 보길 바랍니다.

그럼, 블로그 글을 작성할 때 사진을 불러오는 방법에 대해서 알아볼게요.

❶ 을 누르면 내 PC에 있는 사진을 불러올 수 있습니다. 사진을 저장해둔 폴더에서 불러올 사진들을 클릭하면 블로그 글쓰기 화면에 사진이 나열됩니다. 한 장씩 불러오는 것보다 드래그를 해서 전체적으로 한꺼번에 불어오는 게 글 작성을 빨리할 수 있을 겁니다.

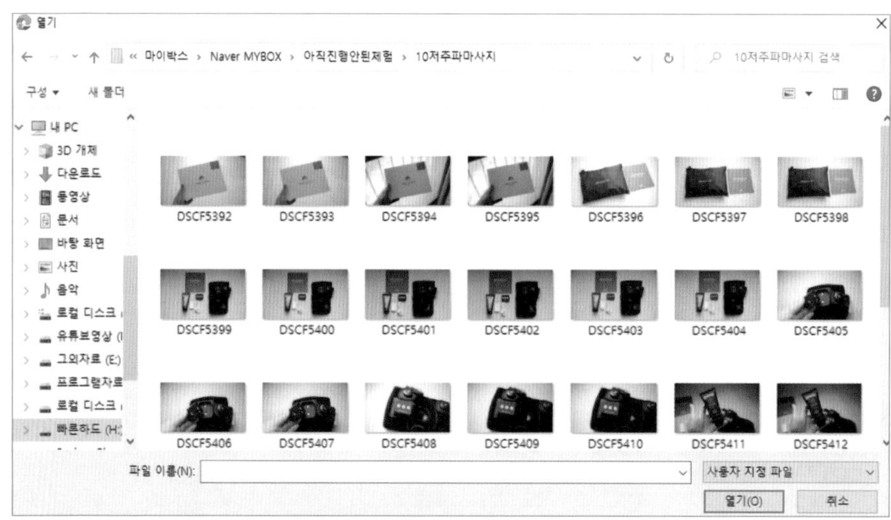

→ 폴더에 있는 사진 중 불러올 사진을 지정하고 열기를 누르면 된다

그리고 꼭 사진을 넣어줘야 하는 또 다른 이유는 섬네일입니다. 예를 들어 〈무선 진공청소기〉를 검색하면 오른쪽에 섬네일이 같이 노출됩니다. 이건 사진이 무조건 들어가야 함께 노출되는 겁니다. 사진이 내용에 안 들어가 있다면 이런 노출이 안 된다는 거죠.

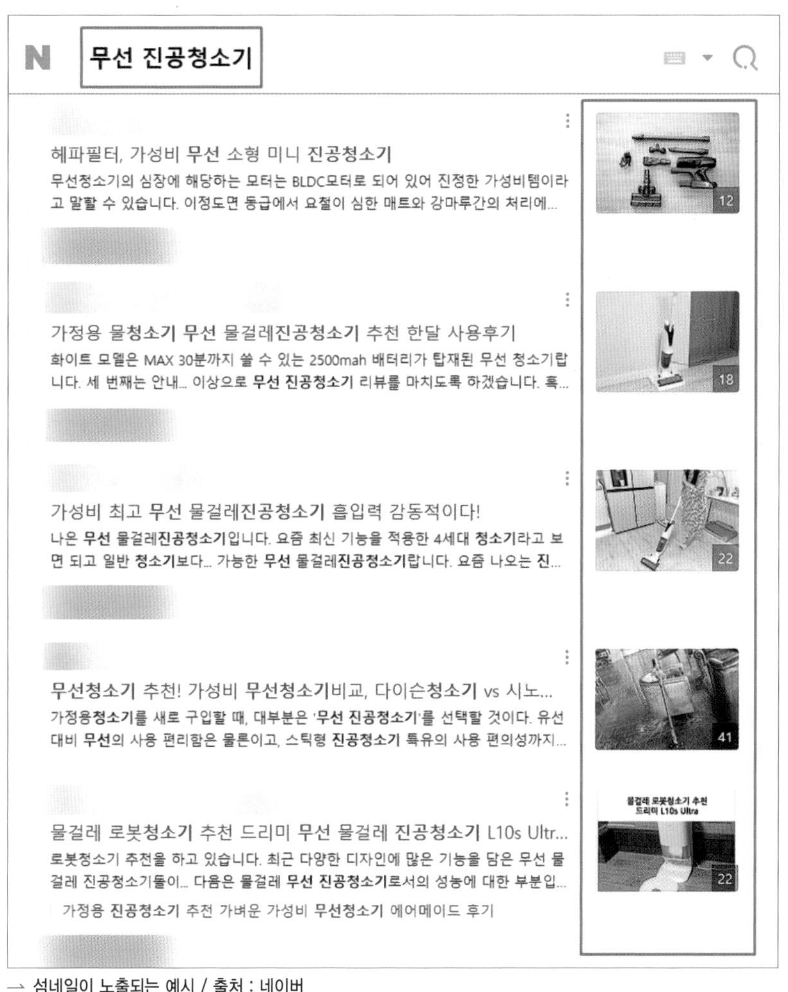

→ 섬네일이 노출되는 예시 / 출처 : 네이버

섬네일로 지정하는 방법은 불러온 사진 중에서 제목에 넣은 키워드와 가장 관련이 있는 사진을 대표 사진으로 설정해 주는 게 좋습니다.

예를 들면 〈남자 비비크림 추천〉이라는 키워드를 제목에 넣었다면, 비비크림 사진을 섬네일로 지정하는 게 제목과 사진 연관성이 생기고 정확도가 높아져서 네이버에 노출이 더 잘됩니다. 제목은 강아지인데 사진은 고양이가 되면 안 된다는 겁니다. 사진과 제목, 내용은 연관성이 있어야 한다는 거 잊지 마세요.

→ 사진을 클릭하고 대표 버튼을 누르면 섬네일 지정 완료

6-2

SNS 사진 불러오는 방법

저는 여행을 좋아하기도 하고 실제로 많이 다니기도 하기 때문에 자주 사용하는 기능이 바로 SNS 사진으로 블로그 포스팅을 하는 방법입니다.

내가 어디에 있더라도 얼마든지 미리 저장해둔 사진을 불러올 수 있기 때문에 포스팅을 자유롭게 할 수 있게 해주는 기능입니다. 의외로 너무 좋은 기능인데도 사용하는 사람들이 많이 없어서 알려 주는 거니 앞으로 자주 사용해 보시길 바랍니다.

❷ 을 누르면 아래 그림과 같이 3가지의 SNS 채널이 나옵니다. 저 같은 경우엔 가장 많이 사용하는 게 [네이버 MYBOX]고, 두 번째가 [인스타그램]입니다.

→ [SNS 불러오기] 버튼을 누르면 나오는 화면 / 출처 : 네이버

3가지 모두 사용하기 위해서는 블로그와 연동을 해주셔야 하는데 연동 절차대로 따라하면 연동 팝업창이 뜨고, [연결하기]를 누르면 자동으로 연결이 됩니다.

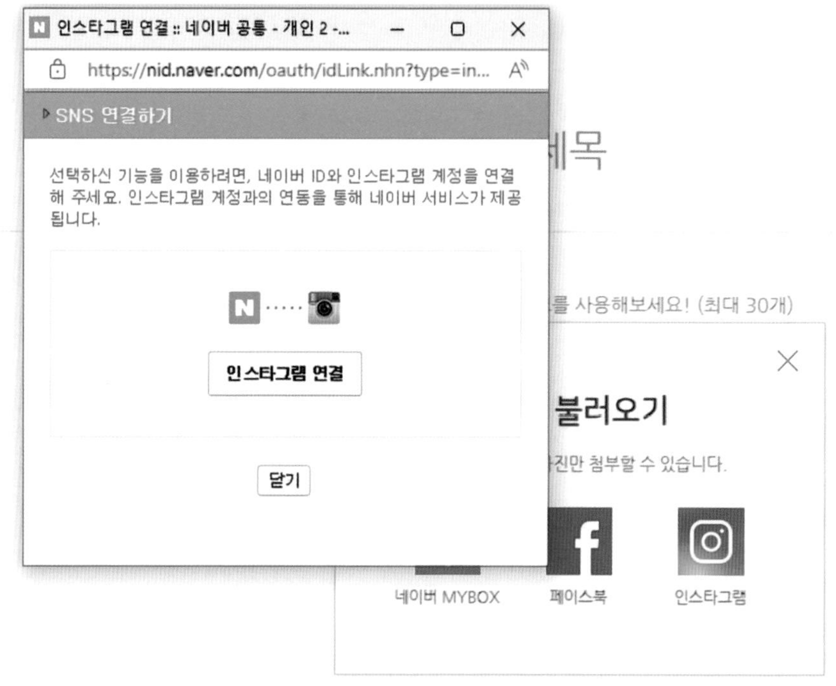

→ 네이버와 인스타그램 연결 화면 / 출처 : 네이버

연결이 끝나고 나서 불러오기를 하면 인스타그램에 업로드 해둔 사진들이 차례대로 뜨는데 여기서 내가 필요한 사진만 클릭해서 [선택 사진 추가]를 누르면 내 블로그 글쓰기 화면에 사진을 불러올 수 있습니다. 사용 방법은 아주 간단하니 직접 한번 해보는 걸 추천합니다.

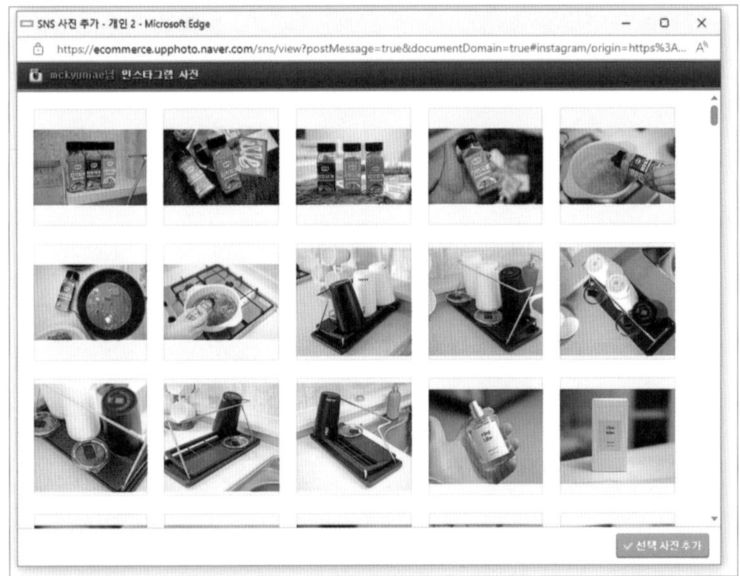

→ 인스타그램에 업로드한 사진을 불러오기 하면 나오는 화면

네이버 MYBOX 같은 경우엔 네이버 아이디만 있으면 기본 30GB를 제공합니다. 용량이 부족할 경우엔 비용을 지불하면 용량을 업그레이드 할 수 있습니다. 저는 월 1,650원을 지불하고 80GB를 사용하고 있습니다. 사진 관리만 잘하면 기본 제공되는 30GB로도 충분히 사용할 수 있으니 자주 관리하면서 사용하면 됩니다.

→ 정 비용을 지불하면 용량은 업그레이드 가능하다 / 출처 : 네이버

네이버 MYBOX는 PC 폴더도 연동되므로 PC를 사용하는 사람은 폴더를 공유해두면 됩니다. 연동해둔 폴더에 넣은 사진은 자동으로 네이버 박스에 연동되어 있어서 내가 어디에 있더라도 인터넷만 연결되어 있으면 사진을 불러올 수 있습니다. 번거롭게 외장하드에 보관해서 휴대할 필요가 없는 겁니다.

페이스북 역시 마찬가지로 연결해서 사용하면 됩니다.

SNS 불러오기 기능을 사용하면 번거롭게 외장하드에 사진을 저장해서 휴대할 필요가 없어서 여행이나 외부에서 급하게 포스팅해야 할 때도 사진이 없어 난감한 상황을 줄일 수 있겠죠. 미리 연동해두고 사용해 보는 걸 추천해 드리겠습니다.

6-3

동영상 불러오는 방법

블로그 상위노출 방법의 하나인 ❸ (동영상 업로드)은 되도록이면 리뷰를 남길 때 꼭 해주는 게 좋습니다. 네이버 블로그 글은 똑같은 키워드를 작성하더라도 상위 10위 안에 노출된 블로그 포스팅 중에 동영상이 포함된 포스팅을 슬라이드 방식으로 펼쳐줘서 검색자들의 클릭을 유도하게 만들어 줍니다.

그래서 이왕이면 짧은 동영상이라도 꼭 찍어두는 습관을 가지는 게 좋습니다.

슬라이드 방식은 다음 그림을 참고하면 되는데, 동영상이 들어 있는 포스팅과 아닌 포스팅은 노출에 확연한 차이가 있으니 넣어 주는 게 같은 조건이라면 상위 노출에 유리한 방법이 될 겁니다.

요즘은 동영상 편집 어플이 너무 잘 나와서 조금만 활용하면 짧은 영상이라도 멋진 영상을 만들 수 있습니다. 이왕 찍어서 올리는 영상이라면 1~2분 정도 시간 투자해서 좀 더 퀄리티있는 영상을 만들어 보세요.

N 한쪽 블루투스 이어폰

통합 VIEW 이미지 지식iN 인플루언서 동영상 쇼핑 뉴스 어학사전 지도 ···

다니엘윌리암스의 HogamSTYLE 인플루언서 21시간 전

한쪽 블루투스 **이어폰** 와일드 프로 클립형이어폰 바이크 후기

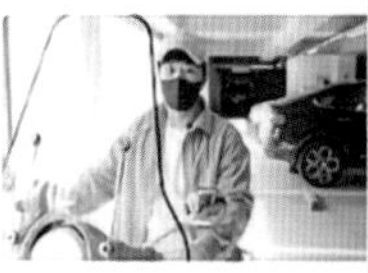

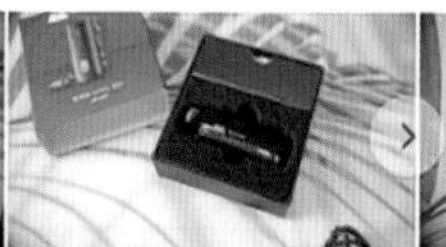

한쪽 블루투스 이어폰 와일드프로 클립형이어폰 바이크 후기 바이크를 타는 사람의 필수품 바이크를 탄지... 한쪽에만 이어폰을 꽂을수 있기 때문에 주변 소리도 같이 들을수 있어서 안전하게 사용할수 있습니다. 운동을...

동영상이 들어 있으면 검색한 키워드 상위 10개 글 중에서 무작위로 슬라이드 형식으로 펼쳐져 눈에 더 잘 들어오게 해준다.

[증정] 이름처럼 LG 윙에도 호환하기 좋은 **무선 블루투스 이어폰**, ...

특히 점차 옷차림이 두꺼워지는 시점이 되고 있음을 고려하면 이러한 선의 걸림이 없는 **무선 블루투스 이어폰** 제품들의 인기를 더욱 높아질 것 같습니다. 이처럼 사...

16.4 업데이트 후 **무선이어폰 한쪽**이 들렸다 안들렸다 하네요.

어제 16.4로 업데이트를 했는데, 바닥에 떨어뜨리지도 않고 고히고히 잘사용하던 **무선이어폰 한쪽**이 들렸다 안들렸다 합니다.ㅠ 그저께까지도 잘 사용했는데 말이죠,,, 참고로 사용 중인 **이어폰**은 젠하이저 CX plus SE...

에어팟 대체 **무선 이어폰** 없을까융?
블루투스 이어폰

한쪽 블루투스 이어폰 가능한 아크로 프로버즈 디자인도 깔끔해...

한쪽 블루투스 이어폰 가능한 아크로 프로버즈 디자인도 깔끔해서 굿 그전에 사용하던 블루투스 이어폰이... 잠자리에서도 옆으로 누워 유튜브를 볼 때가 많은데 이...

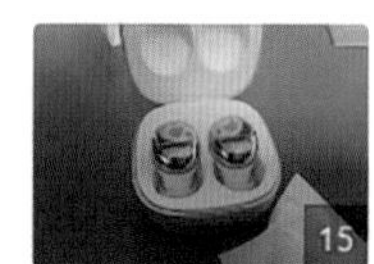

→ 동영상이 들어 있으면 상위 10개 글 중에 랜덤으로 펼쳐 보이게 된다 / 출처 : 네이버

동영상을 불러오는 방법은 간단합니다.

❸ 을 누르면 PC에 있는 동영상을 불러오는 [동영상 추가]가 있고 네이버 MYBOX에 저장된 영상을 불러오는 [네이버 MYBOX]가 있습니다.

둘 중 저장해둔 곳을 클릭하면 됩니다.

→ 동영상 불러오기 방법은 [동영상 추가], [네이버 MYBOX] 두 가지가 있다 / 출처 : 네이버

동영상은 한 번에 최대 10개를 동시에 불러올 수 있습니다.

업로드가 완료되면 대표 이미지가 5장 자동으로 나오는데 원하는 사진을 클릭하면 동영상 섬네일로 지정이 됩니다. 직접 섬네일을 넣고 싶을 경우 마지막에 있는 [사진 추가]를 눌러서 [직접 불러오기]를 해주면 됩니다.

그리고 동영상에도 따로 제목을 넣어주고 상세 내용을 작성한 다음 해시태그를 넣어 주면 됩니다. 해시태그는 영상과 전혀 관련 없는 걸 넣으면 안 됩니다.

예를 들어 〈블루투스 이어폰〉 동영상인데 〈부산 맛집〉 이런 식으로 넣으면 정확도가 떨어져서 노출에 영향을 받을 수 있으니 주의하길 바랍니다.

아래 그림을 참고해서 동영상 디테일 설정을 하면 됩니다.

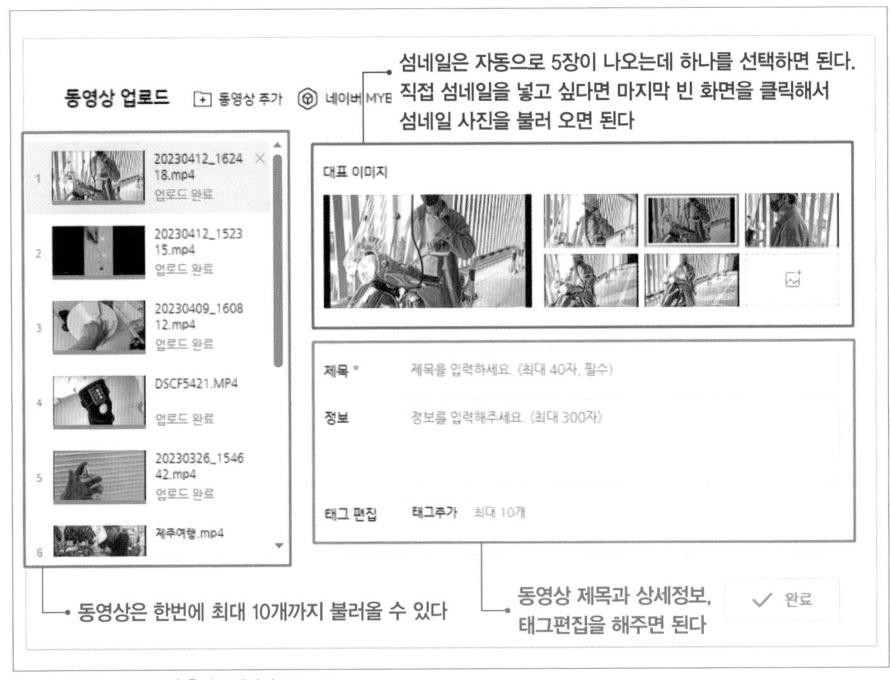

→ 동영상 업로드 화면 / 출처 : 네이버

동영상을 업로드 하고 나면 영상 제목과 내용이 포함되어 동영상을 재생할 수 있게 업로드가 완료됩니다. 어려운 게 아니니 직접 해보시길 바랍니다.

한쪽에만 이어폰을 꽂을수 있기 때문에 주변 소리도 같이 들을수 있어서
안전하게 사용할수 있습니다.
운동을 할때에도 너무 좋을거 같고 활용 범위는 상당히 넓다고 얘기 드리고 싶네요.
사용해 보세요.
후회 없는 선택이 될겁니다!

→ 블로그 포스팅 내에 동영상이 업로드된 모습

6-4

스티커 활용하는 방법

❹ ☺(스티커)은 블로그를 하다 보면 정말 자주 사용하게 되는 도구 중 하나입니다. 특히 여성들은 글을 귀엽게 쓰려고 스티커를 많이 사용하는데 센스 있게 사용하면 괜찮지만, 너무 과하게 스티커를 사용하게 되면 글이 가볍게 보일 수 있으니 잘 조절해서 사용하면 됩니다.

[스티커]를 누르면 기본으로 제공되는 스티커가 있긴 하지만 남들이 다 사용하는 스티커는 너무 흔하니 직접 구매를 해서 사용할 수도 있습니다.

검색창에 〈네이버 OGQ마켓〉을 검색해서 홈 화면에 접속되면 [스티커]를 누릅니다. 스티커 판매페이지로 넘어가는데 다양한 스티커 중에서 나의 블로그 주제에 잘 어울릴 거 같은 스티커를 골라서 구매하면 됩니다. 여행, 블로그, 리뷰 등 블로그 주제에 맞게 검색하면 원하는 스티커를 빠르게 찾을 수 있습니다.

→ 출처 : 네이버

→ 출처 : 네이버

스티커 가격은 1,500원으로 평생을 사용할 수 있으니 비싸다고 할 순 없을 거 같네요. 구매는 원하는 스티커를 발견했다면 네이버페이로 결제하면 됩니다. 저 같은 경우엔 스티커가 오히려 정신없어 보여서 잘 사용하진 않습니다.

제가 사용하는 스티커는 대부분 공정위 문구 스티커입니다. 체험단이나 협찬을 받게 되면 제품을 제공 받았다라는 문구를 필수로 삽입을 해야 하는데 매번 적기 귀찮아서 스티커로 대처하고 있습니다.

공정위 문구 스티커는 블로그를 운영하다 보면 수많은 체험단과 협찬을 받게 될 건데 항상 뭐라도 제공을 받았다면, 아래와 같은 공정위 문구는 필수이기 때문에 스티커를 구매해두면 정말 유용하게 사용할 수 있을 겁니다.

—— 본 포스팅은 —— 본인이 직접 구매&결제하여 솔직하게 작성된 글입니다.	—— 본 포스팅은 —— 협찬과 광고를 포함하여 작성된 글입니다.
—— 본 포스팅은 —— 업체로부터 무상으로 제품을 제공받아 작성된 글입니다.	—— 본 포스팅은 —— 업체로부터 소정의 원고료를 지원받아 작성된 글입니다.

→ 가장 일반적으로 사용되는 공정위 문구 스티커 / 출처 : 네이버

OGQ마켓 검색창에 〈공정위 문구〉를 검색하면 관련 스티커를 구매할 수 있습니다.

그리고 글을 작성할 때 가독성을 높이기 위한 스티커를 사용하는 것도 좋은 방법입니다. 블로그 글이 길어질수록 집중도가 떨어지므로 중간중간 단락을 나눠주는 역할을 해주는 포스팅 스티커가 유용하게 쓰입니다. 특히 리뷰를 작성할

때는 글 전체를 다 읽지 않더라도 어떤 내용인지 요약해서 보여주는 역할도 해줍니다.

→ 글을 대충 보더라도 어떤 내용을 전달하는지 선택적으로 볼 수 있게 해준다

제가 추천하는 스티커는 이 정도입니다. 종류는 너무나 많기 때문에 찾아 보고 괜찮은 스티커가 있다면 구매해서 사용해 보는 걸 추천해 드립니다.

6-5

인용구 활용하는 방법

❺ 66 (인용구)은 블로그 글을 맛깔스럽게 바꿔 주기도 하고 가독성을 높여 줍니다. 그래서 많은 사람이 가장 자주 사용하는 기능이 아닐까 하네요. 인용구 종류에는 여러 가지가 있는데 어떤 걸 사용하느냐에 따라 다양한 느낌을 만들 수 있어서 한 가지보다는 여러 가지를 조합해서 사용하는 게 좋습니다.

인용구에는 글자를 넣을 수 있는데 글자 크기와 색상은 변경이 가능합니다. 인용구 종류와 적용 예시는 다음 사진을 참고하고 사용해 보세요

인용구를 적용한 글과 안 한 글은 확연히 차이가 많이 나 보입니다. 너무 많은 인용구 사용보다는 적절히 사용하는 걸 추천합니다.

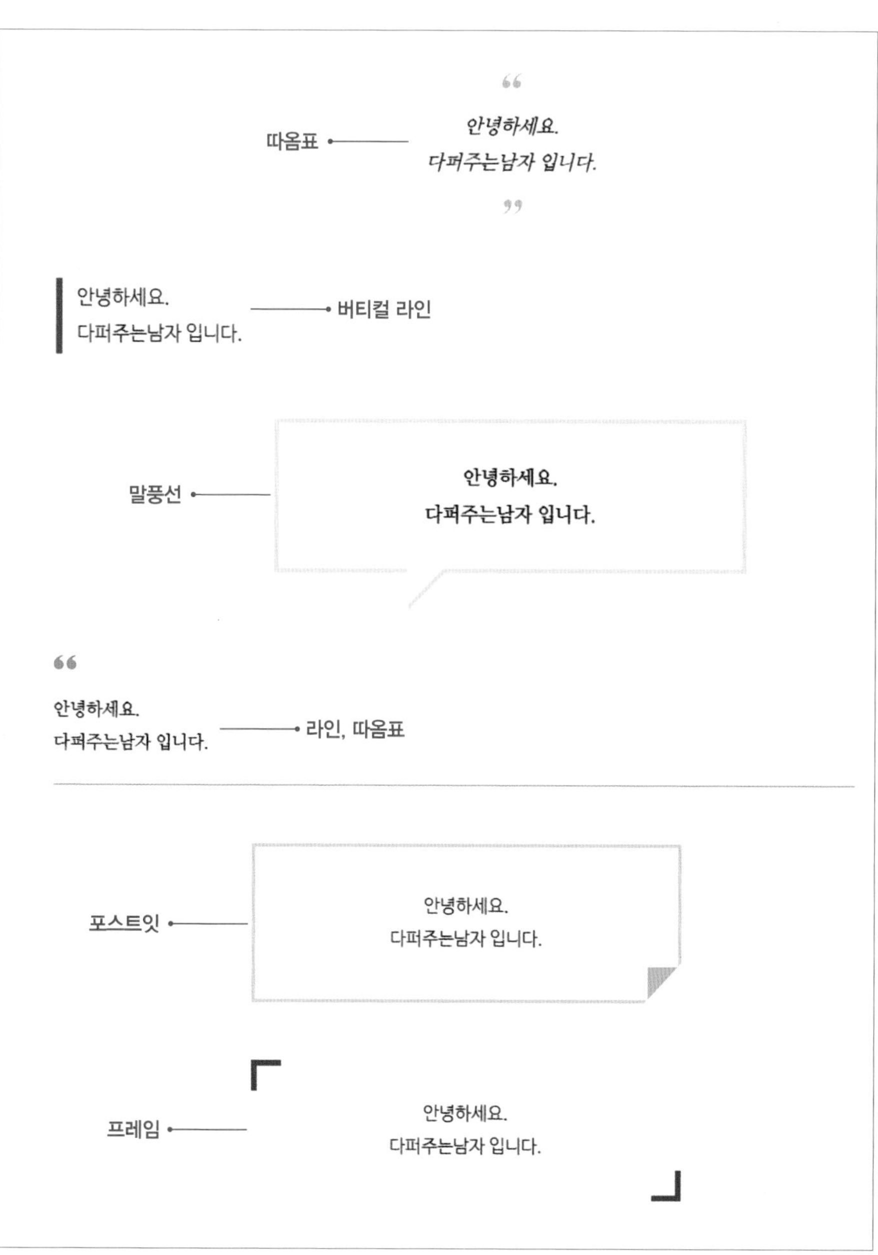

→ 인용구 종류는 총 6가지가 있다

6-6

구분선 활용하는 방법

❻ ―(구분선)은 블로그 포스팅이 글과 사진을 나열하는 방식이다 보니 사진과 글 내용이 서로 어떤 곳에 일치하는지 알 수 없을 때가 있습니다.

사진 내용을 정확히 전달하기 위해서 구분선을 주면 확실히 구분되고 보는 사람으로 하여금 글이 헷갈리지 않게 해주는 역할을 합니다. 구분선을 사용하는 사람도 있고 사용하지 않는 사람도 있는데 가독성을 높이기 위해서는 구분선 사용을 추천하고 싶네요.

구분선 종류는 총 8개가 있고 그중에서 원하는 걸 사용하면 되는데, 저는 주로 구분선1, 구분선2, 구분선4, 구분선5, 구분선6을 사용합니다.

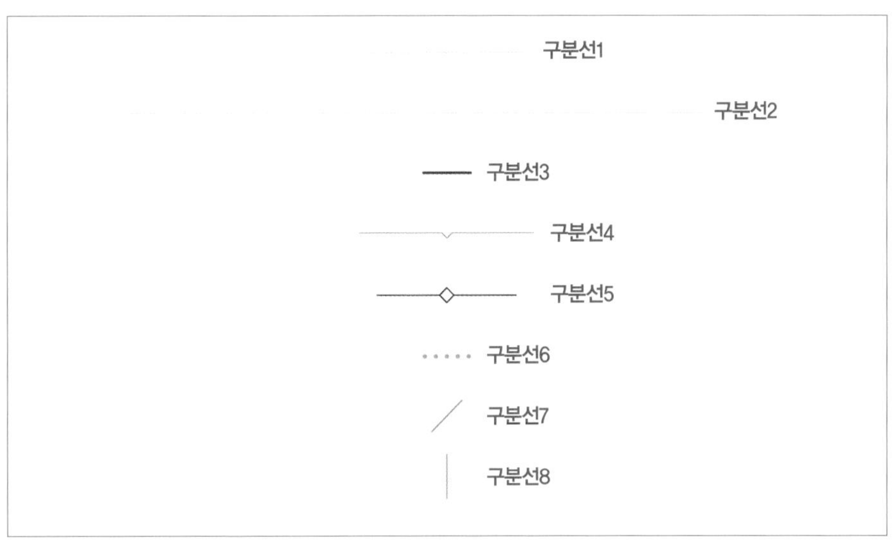

→ 구분선은 8가지가 있다 / 출처 : 네이버

전체적으로 분위기가 은은하고 밝아서 좋다

통창이 많은곳이라 그런지 분위기가 딱 제스타일이였습니다.
전체적으로 밝은 분위기라 따스한 봄 햇살을 그대로 느낄수 있었구요.
앉아서 기다리는 동안에도 기분 좋게 잡지 책 읽으면서 지루하지 않게 있었네요.
인테리어에 신경을 많이 쓰신거 같고
원장님 말씀 하시것만 들어 봐도 얼마나 직업에 자부심을 가지고 계신지 느껴지더라구요.

구분선b 사용예시

동시에 2명이 시술을 하니 시간이 많이 안걸린다!

보통 미용실에 가면 너무 정신이 없고
뭔가 다들 바쁜 느낌인데 수영역 미용실 박공헤어는
선생님들이 많이 계셔서 그런지 동시에 두명이서 함께 진행 해주시더라구요.
그래서 그런지 클리닉 받는데도 시간이 많이 안걸렸던것 같아요.
총 3번 제품을 바르는데 정말 금방 끝난것 같아요.

→ 구분선6을 블로그 포스팅 내에 사용한 예시 / 구분선으로 인해 사진과 사진 설명 내용을 연결할 수 있다

6-7

지도 등록하는 방법

❼ ◎(장소)을 추가해서 맛집이나 여행 등 지도 정보가 들어가야 하는 포스팅을 할 때 사용하면 좋은 기능입니다. 네이버는 정확한 정보를 좋아하기 때문에 내가 소개하는 리뷰에 정확한 정보를 많이 담아 내면 그만큼 좋은 글로 인식이 될 확률이 높아집니다. 그래서 위치를 정확히 넣어주는 게 아주 중요한 부분 중의 하나입니다.

[장소 추가]를 누르면 주소나 장소를 입력할 수 있습니다. 이어서 **[추가 → 확인]** 만으로 입력되니 맛집 글이나 자신의 가게를 알리고 싶을 때 사용하면 좋습니다. 장소는 한 번에 최대 5개까지 추가가 가능합니다.

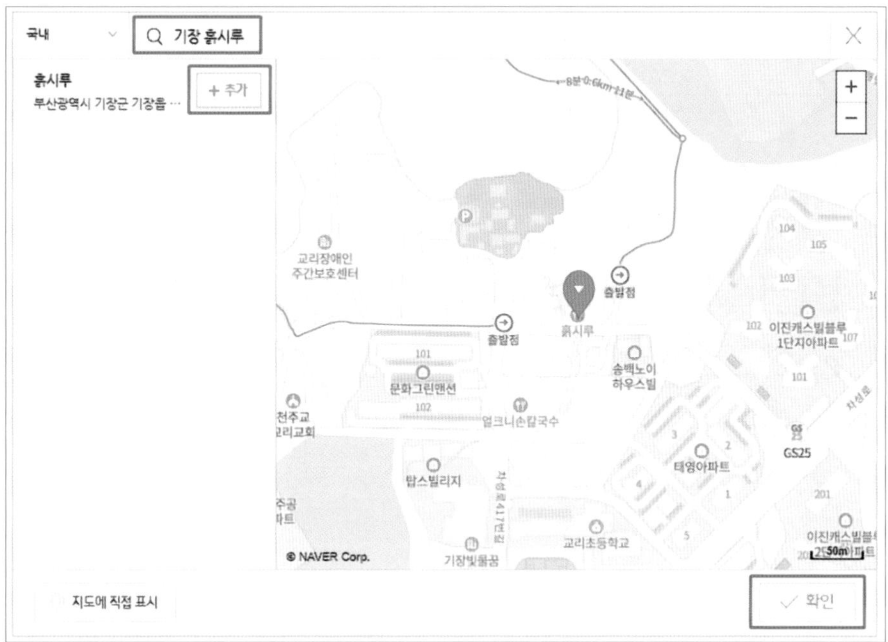

→ 주소나 장소를 입력하면 정보가 뜨는데 추가와 확인을 누르면 끝이다 / 출처 : 네이버

→ 그럼 포스팅 내에 이렇게 지도가 포함되게 된다 / 출처 : 네이버

6-8

외부주소 링크 넣는 방법

❽ 🔗(외부 링크)은 쇼핑몰 주소나 네이버 스마트스토어 링크 등 다양한 링크를 블로그 내에 첨부할 수 있는 기능입니다. 블로그 초반에는 사용을 자주 하지 않겠지만 체험단이나 협찬을 받게 된다면 업체에서 무조건 넣어 달라고 하는 것 중의 하나입니다.

그래서 체험단을 많이 하게 되면 매일 사용하게 될 겁니다. 링크 적용 방법은 간단합니다. [외부 링크]를 누른 다음 주소 입력창에 복사한 주소를 넣고 [돋보기]를 누르면 아래 해당 주소 섬네일이 나오게 됩니다.

그리고 [확인]을 누르면 블로그에 섬네일이 적용되고, 글 발행 후 해당 그림을 누르면 입력한 주소로 이동이 되는 겁니다.

체험단이나 협찬을 받게 되면 해당 업체는 자신의 제품 홍보가 목적이니 글을 읽고 나서 자신들의 쇼핑몰로 바로 이동하길 원합니다. 그래서 외부 링크를 꼭 넣어 달라고 하는 겁니다.

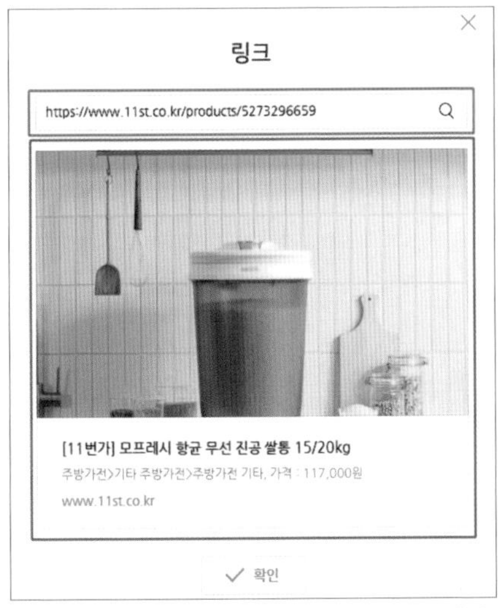

→ 외부 링크를 넣고 돋보기를 누르면 쇼핑몰 섬네일이 나온다

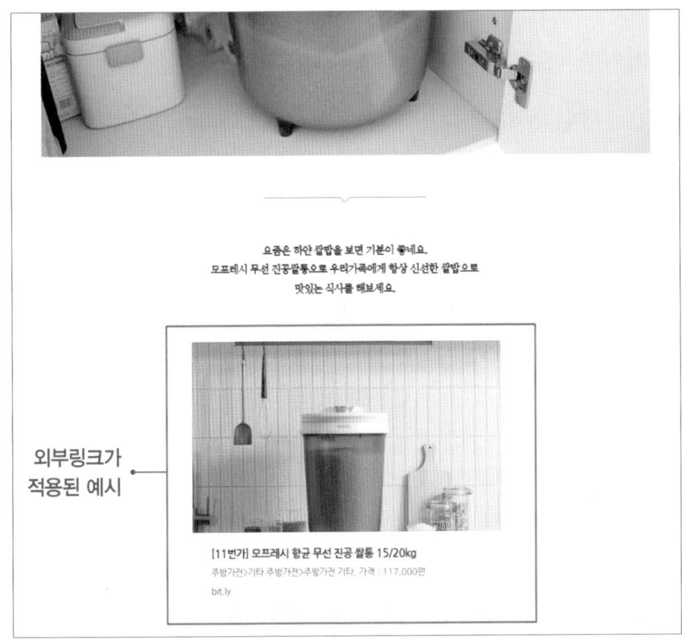

→ 외부 링크를 블로그에 적용한 예시

6-9

파일 업로드하는 방법

❾ [+](파일 업로드)은 파일을 공유할 때 사용하는 기능입니다. 저 같은 경우엔 사진을 보정할 수 있는 액션 파일 공유를 많이 했는데요.

블로그 포스팅을 보는 사람이 바로 다운을 받을 수 있기 때문에 공유해야 할 파일을 올려 두면 검색자들에게도 도움이 될 수 있겠죠.

파일을 업로드 하는 방법은 **[파일 → 파일 불러오기]**를 누르면 [내 컴퓨터], [네이버 MYBOX] 두 가지 방식을 선택할 수 있습니다. [내 컴퓨터]는 컴퓨터에 있는 파일을 선택해서 올리는 방식이고, [네이버 MYBOX]는 네이버 MYBOX에 업로드 되어 있는 파일을 장소에 상관없이 올릴 수 있는 방식입니다.

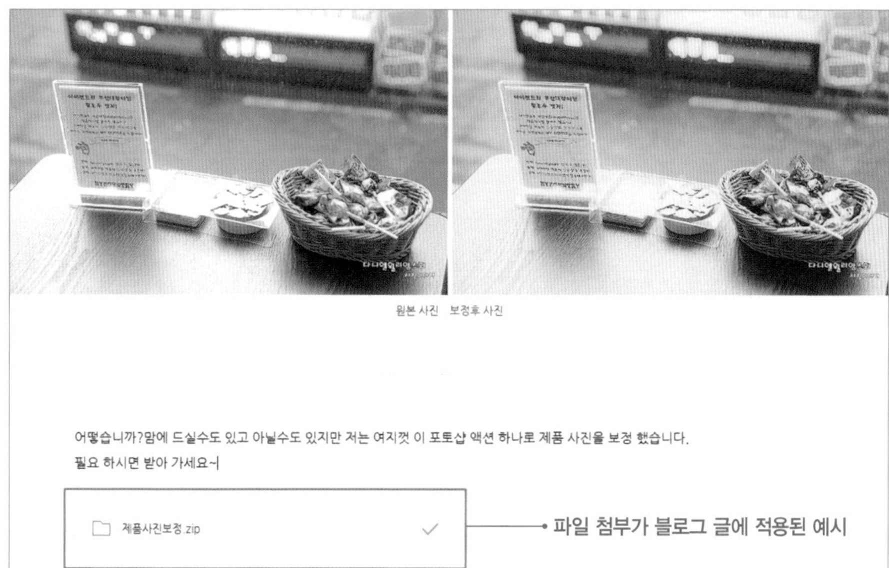

원본 사진 보정후 사진
어떻습니까?맘에 드실수도 있고 아닐수도 있지만 저는 여지껏 이 포토샵 액션 하나로 제품 사진을 보정 했습니다.
필요 하시면 받아 가세요~!
제품사진보정.zip
파일 첨부가 블로그 글에 적용된 예시

→ 블로그내에 파일추가로 파일 업로드 적용된 예시

→ 파일 추가는 두 가지 형식으로 업로드 할 수 있다 / 출처 : 네이버

6-10

일정, 소스 코드, 표, 수식, 블로그마켓 기능

⑩ (일정), ⑪ { } (소스 코드), ⑫ (표), ⑬ √□(수식) 기능은 블로그를 운영하면서 자주 사용하지는 않지만 알아두면 필요할 때 유용하게 쓰일 수 있으니 간단하게 설명하겠습니다.

⑩ 일정은 다이어트 도전이나 기록용을 블로그를 운영할 때 사용하면 됩니다. 일정을 입력하고 언제까지 도전할 건지 지정이 가능하고, 언제 어디를 갔었는지 기록 등 다양한 방식으로 사용하면 됩니다. 여행블로그에서 해외여행이나 국내여행 시 일정을 쉽게 전달하기 위한 용도로 사용하면 좋을 거 같네요.

다이어트 100일 챌린지 2023.4.19.(수) 오후 7:10 부터 2023.7.18.(화) 오후 8:10 까지	4월 19

→ 다이어트 일정을 적용한 예시

⑪ 소스 코드는 말 그대로 본문 글에 소스코드를 삽입하는 기능입니다.

⑫ 표는 마우스로 드래그하면 세 병합, 행 분할, 열 분할, 너비 맞춤 등 잘리지 않는 표를 만들 수 있습니다. 표를 클릭하면 속성도구가 나오는데 글자의 크기, 색상, 정렬, 표의 정렬, 배경색, 테두리, 스타일을 설정할 수 있습니다.

⑬ 수식은 수학 관련 글을 쓸 때 복잡한 수학 공식이나 기호를 빠르게 입력할 수 있습니다. 계산도 바로 가능한 계산기 기능도 있으니 자주 사용하지 않더라도 알아두면 좋습니다.

⑭ 블로그마켓은 블로그를 운영하면서 내 이웃들이나 검색을 통해서 내 블로그에 들어온 사람들에게 내가 판매 중인 물건을 판매할 수 있는 방식입니다. 대부분 스마트스토어로 판매 하지만 블로그마켓도 좋은 대안이 될 수 있습니다.

마켓을 운영하기 위해서는 개인사업자와 통신판매사업자가 있어야 합니다. 블로그 마켓의 가장 큰 장점은 스마트스토어와는 다르게 블로그 내에서 바로 판매가 가능하다는 강력한 장점을 가지고 있습니다. 내 이웃에게 상품을 보여줄 수 있고, 제목 키워드로 검색해서 들어온 사람들도 구매할 수 있어서 괜찮은 판매 방식 중 하나입니다.

아래 큐알코드의 [블로그마켓 플레이스]는 실제 블로그 글 속에 판매를 바로 할 수 있게 적용된 예시입니다. 재고 수량과 구매 버튼이 바로 뜨기 때문에 판매를 증진시킬 수 있을 겁니다. 혹시나 제품 판매를 고려 중이라면 블로그 마켓도 좋은 대안이 될 수 있으니 추천드립니다. 스마트스토어도 운영하고 블로그 마켓도 함께 하면 판매방식이 다양해지겠죠.

〈블로그마켓〉 플레이스 바로가기

CHAPTER 07

글쓰기 폰트 편집 기능 활용하는 방법

7-1

문단 서식 변경 방법

블로그 폰트는 가독성을 높이기 위한 아주 중요한 수단입니다. 블로그 글을 읽는 사람으로 하여금 피로감을 줄여주는 역할도 하기 때문에 크기 설정과 글자체를 다양하게 잘 활용할 필요가 있는 겁니다.

블로그 폰트를 다양하게 활용할 수 있는 기능이 너무 많아서 다음 그림을 보고 직접 따라하면서 기능을 숙지하는 게 가장 빠르게 이해가 갈 겁니다.

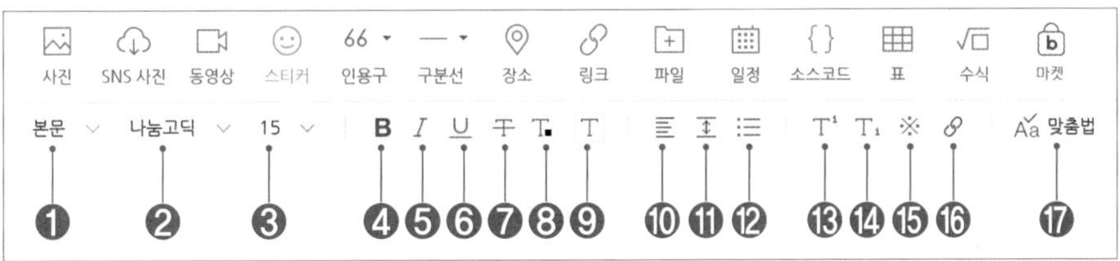

→ 출처 : 네이버

본문 내용의 가독성을 높이기 위해서는 소제목을 많이 활용하면 좋습니다.

❶ 본문을 클릭하면 본문, 소제목, 인용구가 나오는데 인용구는 따로 기능 버튼이 있어서 이곳에서는 사용할 필요가 없습니다. 본문과 내용 기능만 잘 활용하면 됩니다.

적용했을 때 소제목과 본문 내용이 확실히 구분되고 내용을 요약한 임팩트 있는 구절을 소제목에 넣음으로써 가독성을 충분히 높일 수 있습니다. 보기 좋게 편집하면 글을 보는 사람이 한눈에 편하게 볼 수 있는 포스팅을 완성할 수 있을 겁니다.

은은한 음악과 향기,온기가 맞아주는 숙소 — 소제목

본문

안팎으로 제주 감성을 찐하게 충전할 수 있는 숙소였어요! 아이와 신랑, 그리고 저까지 딱 셋이 묵기 더할 나위 없었어요. 이번에 아주 오랜만에 갔었는데 구조가 조금 더 편리하게 싹 바뀌어 있었어요! 자세히 보시라고 여러 각도로 찍은 사진 뿌려봅니다. 거실 소파가 예전엔 TV를 향해 있었는데 이제 마당을 향해 있어요. 제주 정원을 바라보며 지친 마음을 쉬어볼 수 있어요. 거실과 다이닝을 겸하는 공간 현관에 슬리퍼와 구두주걱도 깨알 마련되어 있답니다. 큰 창으로 제주 돌담과 정원이 들어와서 흡사 자연 속에 있는 듯해요. 투박한 손맛이 멋스러운 나무 식탁도 있는데 간식도 먹고, 야식도 먹고, 차도 마시고, 도서관에서 빌려온 책도 보고... 신랑은 새벽에 여기에서 일까지 했는데 넘 집중 잘 돼서 좋았다고 합니다. 다용도로 알차게 사용했던 테이블이죠.

→ 소제목과 본문이 구별되게 작성한 숙소 리뷰 예시

7-2

− □ ×

본문 폰트 변경 방법

❷ 나눔고딕 은 본문 글자인 폰트를 바꿀 수 있습니다.

글자체는 총 9가지가 있는데 내용에 따라서 어울리는 글자체로 작성하면 좋겠죠. 그렇다고 너무 정신없게 다양한 글자체를 섞어서 작성하면 오히려 가독성이 떨어질 수 있으니 2~3가지 정도를 조합해서 사용하는 걸 권장합니다.

글자체는 기본서체, 나눔고딕, 나눔명조, 나눔바른고딕, 나눔스퀘어, 마루부리, 다시시작해, 바른히피, 우리딸손글씨가 있습니다.

이 중에서 '다시시작해'와 '우리딸손글씨'를 메인으로 사용하는 건 추천하지 않습니다. 필기체라 전체적으로 적용을 하게 되면 너무 산만하고 가독성이 엄청 떨어집니다. 그리고 글쓰기 할 때마다 폰트가 나눔 고딕 기본체로 지정되어 있는데 매번 변경하기 귀찮을 겁니다. 폰트를 변경해서 고정해서 사용할 수 있는데 우측 상단 [발행] 옆에 점 3개를 클릭하면 [기본 서체 변경] 메뉴가 보입니다. 그럼, 기본 서체 설정 창이 뜨는데 여기서 바꾸고자 하는 폰트를 지정하고 크기, 색상, 정렬, 행간 등을 지정해 주면 됩니다.

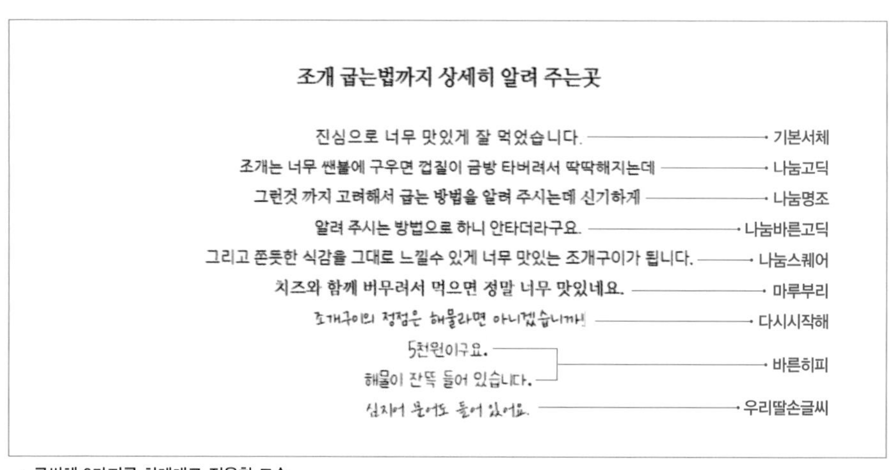

→ 글씨체 9가지를 차례대로 적용한 모습

→ 기본 서체 변경 화면 / 출처 : 네이버

7-3

글자 크기 변경 방법

❸ 15은 글자 크기를 설정하는 버튼입니다. 본문 애용 글자 크기는 15나 16을 추천해 드립니다. 각자의 취향에 맞게 크기는 설정하는 거지만 가독성을 생각한다면 15나 16이 가장 편안하게 읽어지는 크기라 보면 됩니다.

매번 글쓰기를 할 때마다 번거로운 수고를 덜려면, 서체 변경(7-2)과 같은 방법으로 크기를 지정해서 수정하면 됩니다. 그 외 **[관리 → 기본 설정 → 기본 서체 설정]**에 들어가서 변경하는 방법도 있습니다.

만약 내가 적는 주제의 글들이 나이가 있는 사람들이 타켓이라면 글자 크기를 크게 적용하는 게 오히려 좋을 수 있습니다.

7-4

글자 굵기, 기울이기 적용 방법

❹ **B** 은 글자체를 강조하고 싶을 때 굵기를 적용하는 버튼입니다. 전체적으로 똑같은 굵기보다는 중요한 문구에 굵기를 주면 글을 읽는 사람들이 전체적으로 글을 읽지 않더라도 글 내용을 대략적으로 알 수 있게 해주는 효과를 줍니다.

❺ *I* 은 글자체를 기울이는 버튼입니다.

이것 역시 강조하고 싶은 문구에 적용하면 눈에 잘 들어오게 하는 효과가 있겠죠.

7-5

글자 밑줄, 취소선 적용 방법

❻ U은 글씨 밑에 밑줄이 그어지게 하는 버튼입니다. 밑줄 긋고 싶은 글을 드래그한 다음 밑줄 버튼을 누르면 드래그한 글에 밑줄이 그어집니다. 취소하고 싶다면 밑줄 버튼은 한 번 더 눌러주면 됩니다.

❼ 干은 글자 중간에 줄을 긋는 버튼입니다.

밑줄과 마찬가지로 수정하고자 하는 글에 드래그한 뒤 버튼을 눌러주세요. 취소선이 설정됩니다. 취소선을 취소하고 싶다면 다시 한번 같은 버튼을 눌러주세요.

보통 이벤트, 행사를 진행하거나 기간이 정해진 글을 작성했을 때 해당 이벤트가 끝나고 나면 취소선을 적용합니다.

7-6

글자색, 글자 배경색 변경 방법

❽ T▪은 글자 색깔을 바꾸는 버튼입니다. 우선 글자색 바꾸기를 하고 싶은 글을 드래그하고 버튼을 누르면 색을 선택해서 바꿀 수 있습니다.

❾ T은 글씨 배경색을 선택하는 버튼입니다.

대부분 기능이 글씨체를 강조하기 위해서 사용되고 있습니다. 잘 활용하면 남들과 확연히 다르고 집중이 잘 되는 글을 작성할 수 있습니다.

부산 청사포조개구이 맛집은
재방문을 또 하고 싶어지게 만드는곳입니다. → 글씨크기 16 적용

사실 이런 감성을 담은곳이 잘 없어요.
넓고 바다 보이고 조개구이 맛있는곳 말이죠. → 글씨크기 24 적용

분위기가 너무 좋아서 밤에 오면 더 예쁘고 멋있는것 같아요. → 글씨 굵기 강조

조만간 또 오기로 하고 맛있게 먹고 나왔네요. → 글씨 기울이기 적용

조개구이 찾으시는분들은 한번 가보시길 바랍니다! → 밑줄 적용

~~부담없이 추가적인 밑반찬 주문을 해도 바로바로 주셔서 너무 좋았어요.~~ → 글씨 중간줄 적용

전복은 살아서 움직이고 심지어 조개들도 다 살아 있어서 → 글씨 색깔 적용

진짜 싱싱함이 느껴졌어요. → 글씨 배경색 적용

7-7

글자 정렬 설정 방법

⑩ ≡ 은 글자나 사진을 정렬하는 기능입니다. 블로그에 적는 글자나 사진을 왼쪽, 중앙, 오른쪽으로 정렬을 할 수 있습니다.

정렬을 어떻게 하느냐에 따라 가독성에도 영향을 미치고, 내 블로그 체류시간에도 영향을 미칩니다.

또한 모바일로 읽게 될 경우 원치 않은 곳에서 문장 끊김이 생길 수도 있으니 되도록 왼쪽 정렬을 추천합니다.

글 정렬을 한쪽엔 왼쪽 정렬, 또 한쪽에 오른쪽 정렬을 번갈아 작성하게 되면 읽는 사람으로 하여금 집중이 잘되게 하고 전문성 있어 보이니 적절하게 활용하면 됩니다.

7-8

글자 줄간격 조절 방법

⓫ [↕]은 글자 줄간격을 조절할 수 있는 기능입니다. 글 간격이 붙어 있으면 읽는 사람이 피로감을 느낄 수 있고 글자가 많을 땐 읽는 게 힘들기 때문에 조절을 잘해주면 좀 더 깔끔한 글을 완성할 수 있습니다. 글 간격은 최소 150 ~210까지 지정할 수 있고, 직접 입력을 할 경우엔 글 간격 제한이 없습니다. 똑같은 글이라도 글 간격에 따라서 가독성이 달라질 수 있습니다.

저는 글자수가 너무 많을 때 이 기능을 사용합니다. 글자수가 너무 많으면 읽는 사람이 피로감을 느낄 수 있어서 줄간격을 180 정도 주는 편입니다.

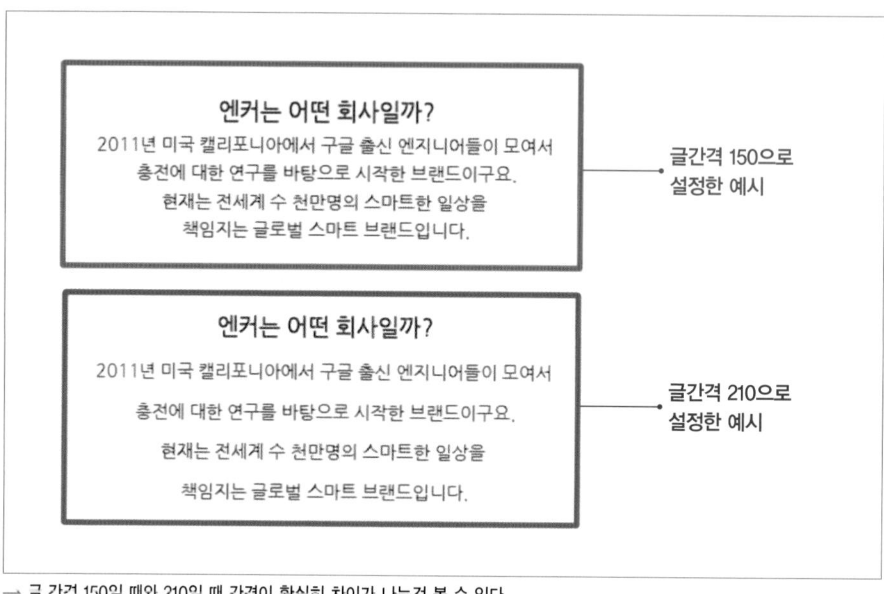
엔커는 어떤 회사일까?
2011년 미국 캘리포니아에서 구글 출신 엔지니어들이 모여서
충전에 대한 연구를 바탕으로 시작한 브랜드이구요.
현재는 전세계 수 천만명의 스마트한 일상을
책임지는 글로벌 스마트 브랜드입니다.
글간격 150으로
설정한 예시
엔커는 어떤 회사일까?
2011년 미국 캘리포니아에서 구글 출신 엔지니어들이 모여서
충전에 대한 연구를 바탕으로 시작한 브랜드이구요.
현재는 전세계 수 천만명의 스마트한 일상을
책임지는 글로벌 스마트 브랜드입니다.
글간격 210으로
설정한 예시

→ 글 간격 150일 때와 210일 때 간격이 확실히 차이가 나는걸 볼 수 있다

7-9

목록 열기 설정 방법

⑫ ☰은 보통 간결하게 요리 순서나 방법 등을 알려 줄 때, 한눈에 보기 편하도록 해주는 기능인데 두 가지의 버튼이 있습니다.

기호목록, 숫자목록 두 가지 중 하나를 선택해서 적용해주면 됩니다. 기호목록은 제품의 장점이나 단점들을 나열하거나 특징을 알려 줄 때 사용하면 좋고, 숫자목록은 요리 순서나 운동순서 등을 나열할 때 사용하면 좋습니다.

만약 목록을 사용하고 싶지 않다면 드래그 지정 후, 목록 해제를 누르면 취소되어서 원래의 본문 글로 자동수정 됩니다. 취소도 간단하니 적용과 취소를 둘 다 해 보고 편의에 따라 작성하는 걸 추천합니다.

재료 준비와 만들기

1인분 기준

엔초비 4조각, 블랙 올리브 4알, 통마늘 4알, 다진 마늘, 양파 조금, 파스타면, 올리브유, 페페론치노, 바질

- 엔초비 3조각 정도를 꺼내어 다져주세요. 블랙올리브와 마늘도 컷팅하시고요.
- 파스타 면도 삶기 시작합니다.
- 올리브유를 두르고, 다진 마늘과 커팅된 마늘을 볶아주세요.
- 마늘향이 올라오면, 다진 양파, 엔초비, 올리브를 넣고 또 볶습니다.

→ 목록버튼 적용 모습

재료 준비와 만들기

1인분 기준

엔초비 4조각, 블랙 올리브 4알, 통마늘 4알, 다진 마늘, 양파 조금, 파스타면, 올리브유, 페페론치노, 바질

1. 엔초비 3조각 정도를 꺼내어 다져주세요. 블랙올리브와 마늘도 컷팅하시고요.
2. 파스타 면도 삶기 시작합니다.
3. 올리브유를 두르고, 다진 마늘과 커팅된 마늘을 볶아주세요.
4. 마늘향이 올라오면, 다진 양파, 엔초비, 올리브를 넣고 또 볶습니다.

→ 숫자목록 적용 모습

7-10

위첨자, 아래첨자 적용 방법

⓭ T¹은 기본 글씨 기준으로 위첨자는 글씨가 위로 적용되고, ⓮ T₁은 아래첨자는 아래로 적용됩니다. 좀 더 보기 좋은 문구를 만들 때 사용하는 기능이지만 사실 거의 사용을 안 합니다. 저도 블로그를 운영하면서 딱 두 번 정도 이 기능을 사용해본 거 같네요.

간혹 넓이의 단위를 나타내는 제곱미터(㎡), 킬로미터(㎢) 등을 표시할 때 유용하게 쓰일 수 있으니, 자주 사용하지 않더라도 알아두면 좋습니다.

그리고 사용하라고 만들어 둔 기능이니 다음의 예시 그림처럼 문구를 좀 더 예쁘게 꾸미고 싶은 사람이라면 사용해 보세요.

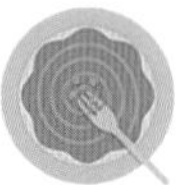

위첨자 적용 —— 엔초비 파스타 —— 아래첨자 적용

anchovy pasta recipe

한국에 멸치젓이 있다면, 이탈리아엔 엔초비라죠. 뼈를 제거한 멸치를 소금과 올리브에 절여 만듭니다.
풍문에 그렇게 짭쪼롬하면서 고소하다고 하는데, 저도 안먹어 봐서 이번 기회에 도전해 봅니다.

→ 위첨자와 아래첨자를 동시에 적용한 문구 예시, 문구가 특별해 보이긴 한다

7-11

특수문자 열기

블로그 글을 작성하다 보면 한 번씩 글을 구분하기 위함이나 강조하기 위해서 특수문자를 사용하는 경우가 있습니다. 그럴 때 다른 곳에서 찾지 마시고 네이버 글쓰기에 있는 기본 기능을 사용하면 아주 간단하고 쉽게 특수문자를 마음껏 사용할 수 있습니다.

글쓰기 메뉴에 있는 ⑮ ※을 누르면 다음 그림과 같이 뜹니다. 총 7가지의 특수문자 메뉴가 있으니 직접 버튼을 눌러 보시고 하나씩 적용하면 금방 적응할 수 있을 겁니다.

의미 없는 문자의 반복은 검색 결과에 안 좋은 영향을 받아 반영이 안 될 수도 있으니 과도한 사용은 안 하는 게 좋습니다.

→ 특수문자 적용 예시 / 출처 : 네이버

7-12

링크 입력 열기

⑯ 🔗은 블로그를 운영하면서 정말 자주 사용하게 되는 기능입니다.

기본적으로 외부 링크를 올릴 때 링크 주소를 그대로 올려도 되지만 사진이나 그림, 글씨에 링크를 적용해서 사진을 클릭하면 적용해둔 링크로 이동하게 하는 기능입니다. 글씨, 사진, 그림 동일하게 링크는 적용됩니다.

다음 그림을 보고 순서에 맞게 따라해 보세요. 자주 사용하는 기능이니 기억해 두었다가 잘 사용해 보세요. 해당 기능 예시는 글씨에 적용한 모습입니다.

링크 적용은 글자 뿐만 아니라 사진을 드래그해서 적용할 수 있습니다. 숫자 순서대로 진행하면 됩니다. 사진과 그림에도 똑같이 적용할 수 있으니 다양하게 활용하면 됩니다.

→ 글씨를 작성 후 해당 글씨 드래그 후 링크 적용

→ 적용 후 글씨를 클릭하면 링크로 이동

7-13

맞춤법 검사

⑰ Aa은 블로그 글을 작성하고 나서 중요한 부분 중의 하나인 맞춤법 검사입니다.

맞춤법을 틀려도 큰 문제가 될 건 없지만 내 글을 읽는 사람에겐 맞춤법이 틀리면 굉장히 거슬릴 수도 있으니 글 작성 후 꼭 맞춤법 검사를 한번 해주는 게 좋습니다.

이건 버릇을 들여놓으면 글 발행 후 맞춤법 틀린 부분이 발견되어도 번거롭게 수정할 필요가 없는 거죠. 맞춤법 검사 하는 방법은 간단합니다.

글을 다 작성 후 발행 전 맞춤법 검사 버튼을 눌러 주면 다음 그림과 같이 맞춤법이 틀린 부분이 몇 개인지 나오고 하나하나 수정을 할 수 있게 해줍니다.

분명 잘 적었다고 생각해도 많이 나오게 될 겁니다. 그러니 맞춤법 검사는 필수로 해주세요.

→ 맞춤법 검사 버튼을 누르면 나오는 화면 / 출처 : 네이버

CHAPTER 08

전문 기자처럼 글 쓰는 방법

8-1

블로그에 가볍게 글 작성해 보기

초반 블로그에 글을 작성할 때 가장 많이 하는 실수가 아무도 검색하지 않는 일기 같은 일상 글을 올리는 건데 이런 글보다는 키워드를 넣어서 작성하는 글이 블로그 성장에 더 도움이 됩니다.

네이버에서도 공식적으로 이렇게 나와 있습니다.

"10개의 일상 글 보다는 1개의 정확한 정보를 담은 글이 좋다"라고 말이죠. 그래서 초반에 글을 작성할 때는 최대한 힘을 빼고 정보가 정확히 담긴 글을 작성하는 게 좋습니다. 예를 들어 하루의 일과를 적는 일기가 아니라, 식당에 밥을 먹으러 가서 사진을 찍어 온 다음 그 식당에 대한 정보를 담은 리뷰를 적는 게 좋다는 거죠.

일상에서 하는 일을 블로그로 옮긴다고 생각하면 되는 겁니다. 식당에 가서 밥을 먹거나 여행을 가서 좋은 관광지를 들르거나 숙소에서 숙박하거나, 집에 있는 이미 사용 중인 제품들까지 모든 게 블로그에는 소재가 될 수 있습니다. 어디를 가더라도 사진을 찍어오는 습관을 들여놓으면 블로그에 글을 작성할 소재가 풍성해지는 겁니다.

다시 한번 강조해서 전달하고 싶습니다. 초반부터 내가 어떤 주제를 가지고 운영하겠다라는 생각을 하지 마세요. 그럼, 블로그 글을 작성하는 게 점점 힘들어지고 시간이 지나면 블로그 글 하나 작성하는데 숙제 같은 느낌이 들어서 하기 싫어집니다. 하고 싶은 걸 다 해보세요. 그 속에서 내가 잘하는 걸 찾으면 되는 겁니다.

블로그 주제는 내가 잘하는 걸 찾았을 때 바꿔도 늦지 않습니다. 초반에는 무조건 내가 블로그에 싫증을 내지 않고 꾸준히 할 수 있는 기반을 만들어야만 시간이 지나서 수익화도 할 수 있고 체험단이나 협찬도 받을 수 있습니다.

그동안 수많은 수강생이 저의 강의를 들었지만, 처음부터 주제를 정하고 운영하면 90% 이상은 그만둔다는 걸 느꼈습니다. 이건 꼭 인지해두고 운영하길 바랍니다.

나는 할 수 있을 거라고 생각할 수도 있겠지만 초반에 열정이 있을 때야 가능한 이야기지 시간이 지나서 매일매일 똑같은 주제의 글을 작성해야 한다면 이것만큼 힘든 일이 없는 겁니다.

요리를 주제로 설정하고 운영한다고 생각해 보세요. 매일 요리를 해야 하는데 그게 가능하겠습니까? 굉장한 스트레스가 될 수밖에 없는 겁니다. 그러니 초반에는 하고 싶은 걸 가리지 말고 다 해보는 게 가장 현명한 방법입니다.

앞에서 글쓰기의 다양한 기능을 설명했으니, 이제는 글쓰기 스킬을 배워보겠습니다.

8-2 — □ ×

블로그 글 빠르게 적는 방법

블로그 글을 작성할 때 빠르게 작성할 수 있는 방법은 여러 가지가 있습니다. 모든 걸 나열할 수 없으니 제가 사용하는 방법을 알려드리도록 할게요. 먼저 순서입니다.

1. 그날 적어야 할 사진을 한 번에 다 업로드 한다.
2. 사진마다 적어야 할 내용과 부합하게 구분선으로 미리 구분해둔다.
3. 제목을 작성한다.
4. 제목에 작성한 키워드를 복사해둔다.
5. 구분선으로 미리 나눠둔 사진에 관련 내용을 작성한다.
6. 필요에 따라서 기승전결로 4~5번 정도 제목 키워드를 붙여넣기로 넣어준다.

현재까지 제가 사용하는 방식입니다. 그동안 정말 다양한 방법을 사용해 봤지만 앞에 언급한 방법이 가장 빠르게 글을 작성할 수 있습니다.

사진을 미리 다 구분해 두었기 때문에 해당 사진 위에 그 사진에 대한 내용만 적어내면 글 하나 작성하는데 빠르게는 15~30분이면 충분합니다. 사진은 최소 10장 기준으로 잡으면 되고, 구분선은 최소 8개 이상은 만든다고 생각하고 나눠주면 됩니다.

구분선마다 3~5줄 정도의 내용을 적게 되면 글 전체적으로 봤을 때 글자수가 1,000자 이상은 충분히 적어지니 정확한 정보만 잘 담아낸다면 충분히 양질의 글이 될 수 있는 겁니다. 처음엔 헷갈릴 수 있겠지만 몇 번 이런 식으로 작성하다 보면 금방 익숙해져서 글 작성하는 데 어려움도 없어지고 시간도 절약될 겁니다.

e50ML
1.69FL. OZ.
사진을 한번에 다 불러온 다음
구분선으로 미리 나눠두면
글 작성하기가 너무 편해진다.

→ 사진과 사진 사이에 구분선을 먼저 넣어 두면 글 작성 속도가 빨라진다

• • • • •

뚜껑이 정말 고급스럽죠.
고급진 사각형 병 모양에 둥근 뚜껑의 조합이 부드러운 남성의 느낌이 강하게 납니다.
디자인만 보면 최근 본 향수중에 개인적으로는 손가락안에 꼽을만큼
맘에 드네요.

구분선 아래에
해당 사진 내용을 적으면
가독성이 좋아지고
글 적는 게 빨라진다

• • • • •

→ 구분선으로 나눠두었기 때문에 글 작성하기가 굉장히 쉬워진다

위 방법으로 작성한
블로그 포스팅 예시 보러 가기

8-3

전문 기자처럼 글 쓰는 방법

블로그를 계속 운영하다 보면 한 번씩 이런 생각이 들 때가 있습니다.

"왜 내 글은 이렇게 형편없어 보이고 전문성이 없어 보일까?" 사람은 적응하는 동물입니다. 계속해서 반복적인 학습을 하다 보면 익숙해져서 새로운 걸 추구하게 되죠. 블로그도 마찬가지입니다.

항상 똑같은 패턴으로 글을 작성하다 보면 어느 순간 내 포스팅이 형편없어 보이게 됩니다. 이건 누구나 똑같이 겪는 현상입니다. 그래서 이런 글 패턴을 가장 쉽게 바꾸는 방법이 템플릿을 활용하는 겁니다.

→ 출처 : 네이버

블로그 [글쓰기]에 들어 가면 오른쪽 상단에 [템플릿]이 있습니다.

템플릿을 선택하면 다양한 카테고리에 어울리는 총 19개의 템플릿을 볼 수 있습니다. 이미 만들어진 템플릿이라 누구나 사용을 할 수 있으니, 자신의 블로그에 잘 어울리는 템플릿을 파악한 후 쓰기를 권합니다. 템플릿 내에서 글자와 사진만 교체해서 사용하면 됩니다.

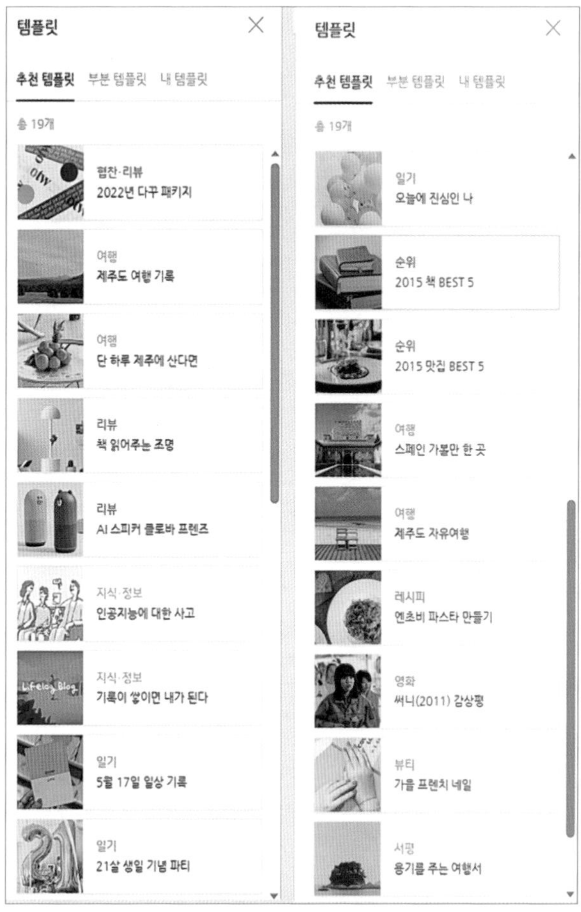

→ 총 18개의 템플릿이 제공된다 / 출처 : 네이버

그럼 예시로 [여행 템플릿]을 한번 불러와 보겠습니다. 템플릿은 글을 쓰고 난 뒤에 적용할 수 없으므로 반드시 글을 쓰기 이전에 템플릿을 설정해야 합니다.

나홀로
제주도 2박 3일

13~14	JUN	2021

제주행 왕복 티켓
₩ 120,000

오랜만에 제주를 다녀오기 위해 계획을 세웠다. 이번 티켓팅은 남는 한 자리만 구매해서 그런지 싼가격에 구할 수 있어서 좋았다. 하지만 나홀로 여행은 처음인지라 떠나기전에 많이 긴장이 됐었다. 하지만 막상 여행을 가보니 혼자 열심히 돌아다니느라 긴장할 틈도 없었고, 6월 제주도는 따뜻한 날씨로 마냥 나를 반겨주었었다. 무엇보다 스케줄을 내가 원하는대로 정하니 그 점이 참 좋았네. :)

Love the life you
Live.
Live the life you
Love.
”

그리고, 가져갔던 책에서 읽었던 글귀 한 구절이 오래토록 기억에 남아 블로그에도 사부작 남겨보려 한다. ' Love the life you live. Live the life you Love. 당신이 살고 있는 인생을 사랑하고, 당신이 사랑하는 인생을 사세요.' 유명가수 밥 말리(Bob marly)의 말이다. 온전한 자신의 인생을 사랑하고 또, 사랑하는 인생을 살아가는건 결코 쉬운것이 아님을 알기에 깊이 생각에 잠기게 되었었다. 그래도 이런 글귀는 긍정적인 마인드 셋업에 좋으니 자주 읽고 마음속에 새겨놓도록 하자.

→ 여행 템플릿을 불러온 화면 / 출처 : 네이버

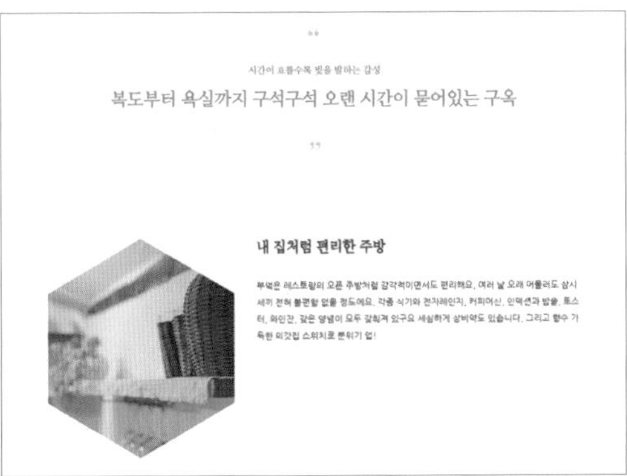

→ 또 다른 여행 템플릿을 불러온 화면 / 출처 : 네이버

어떤가요? 굉장히 새로워 보이죠? 이렇게 불러온 템플릿에 내가 작성하고자 하는 사진으로 교체해주고 글을 수정하면 아주 멋진 포스팅이 완성됩니다. 사진을 교체하는 방법은 기존에 불러온 사진 더블클릭을 하면 교체할 수 있고요.

기존 글자를 지우고 내가 작성하고자 하는 글을 적으면 끝입니다. 만들어진 템플릿을 골라서 적용만 하면 되기 때문에 잘만 활용한다면 남들과 다른 멋진 포스팅이 완성될 겁니다. 그리고 부분 템플릿으로 글에 포인트를 줄 수 있습니다. 부분 템플릿도 총 11개의 양식이 있으니까 기존 템플릿과 조합하여 쓰는 걸 추천합니다.

→ 부분 템플릿을 누르면 11개의 부분 템플릿을 제공한다 / 출처 : 네이버

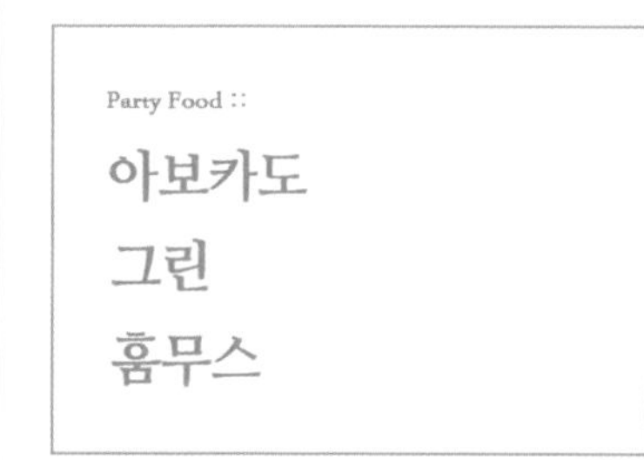

훔무스 (HUMMUS)

훔무스는 아랍어로 '병아리콩'이라는 뜻이며, 정식 아랍 명칭인 '훔므스 비타히나(حمّص بطحينة)'는 병아리콩과 타히니소스라는 의미이다. 삶은 병아리콩을 으깬 후 타히니소스, 올리브오일, 레몬주스, 소금, 마늘 등과 함께 버무려, 딥 소스나 스프레드 형태로 요리한다.

→ 부분 템플릿 예시 / 출처 : 네이버

© Patrice_Audet, 출처 Pixabay

사그라다 파밀리아 성당

Sagrada Familia

스페인의 바르셀로나에 있는 가우디가 설계한 성당.
1883년 가우디가 주임 건축가가 된 후 1884~91년에 크리프타를 건조. 그러나 이후 전임자 빌라르의 설계를 크게 1926년 사망할 때까지 공사를 계속해서 네 개의 특이한 탑을 세웠다.

→ 부분 템플릿 예시 / 출처 : 네이버

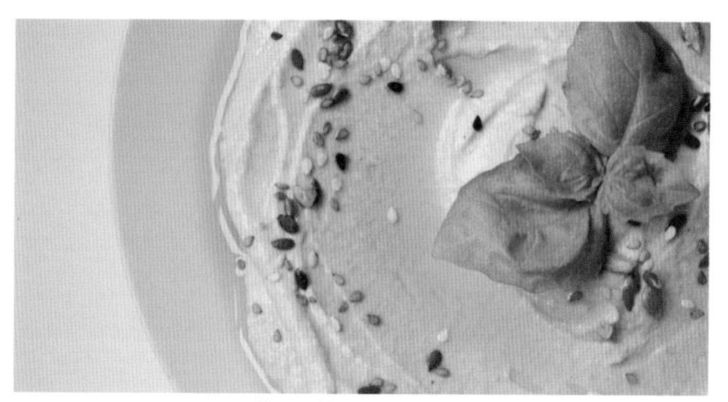

중동지역의 대중음식 중 하나인 홈무스(Hummus)

차가운 물에 병아리 콩을 삶아 믹서기로 갈거나 으깬 후 여기에 타히니소스를 넣고, 다진 마늘과 소금, 레몬주스와 병아리 콩을 삶은 물을 조금 첨가하여 섞어주세요. 섞은 재료를 큰 그릇이나 믹서기 통에 넣고 올리브 오일을 조금씩 천천히 첨가하면서 다른 재료와 어우러질 때까지 섞으면 완성.

→ 부분 템플릿 예시 / 출처 : 네이버

라스베가스의 두얼굴

→ 부분 템플릿 예시 / 출처 : 네이버

Newyork Time Square 2017

타임스퀘어 Times Square
브로드웨이, 7번가, 42번가가 교차하는 곳에 형성되었으며 초기에는 롱에이커스퀘어로 알려졌으나, 1903년에 뉴욕타임스가 이곳으로 이전해 오면서 현재의 이름으로 개칭되었다.

→ 부분 템플릿 예시 / 출처 : 네이버

우선 병아리콩부터 준비한다.

1

마른 병아리콩은 베이킹소다를 넣어 그릇에 담아
하룻밤 물에 담가 놓습니다.
물을 제거한 뒤 차가운 흐르는 물에 씻어냅니다.

2

마늘과 소금을 함께 넣고 믹서에 갈아주세요.
여기에 익힌 병아리콩, 참깨 페이스트, 레몬즙을
같이 넣고 크림 상태가 될 때까지 갈아줍니다.
취향에 따라 레몬즙과 소금을 첨가할 수 있어요.

그리고 나머지 재료도 마저 준비하자

→ 다양한 부분 템플릿을 추가하면 더 풍성한 포스팅을 만들 수 있다 / 출처 : 네이버

템플릿으로 글을 완성하고 나만의 템플릿으로 저장해두면 다음에 글을 작성할 때 불러오기해서 나만의 템플릿으로 계속 사용할 수 있습니다. 남들이 사용하지 않는 템플릿을 다양하게 만들어 보시길 바랍니다. **[내 템플릿 → 현재 글 추가]**를 누르면 저장이 됩니다.

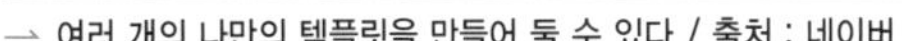
→ 여러 개의 나만의 템플릿을 만들어 둘 수 있다 / 출처 : 네이버

나만의 템플릿 활용 예시 보러 가기

8-4

블로그에 필요한 사진 쉽게 찾는 방법

블로그를 운영하다 보면 정보성 포스팅을 작성할 때 사진이 없어서 인터넷이나 무료 이미지 사이트에서 캡처를 많이 하게 됩니다.

그러다 보면 어쩔 수 없이 이미지 저작권에 대해 엄청 신경이 많이 쓰이게 됩니다.

제가 정말 많이 받아본 질문이 "사진을 펴 올 때 출처를 남겨야 하나요?", "네이버에 있는 아무런 사진을 가져와도 되나요?" 같은 질문들을 수도 없이 많이 받습니다. 블로그에 있어서 사진은 정말 중요한 부분 중의 하나입니다.

내가 제목에 작성한 키워드와 사진 내용이 일치해야 정확도가 높아지고, 연관성이 생겨서 노출에 더 좋은 영향을 끼칠 수가 있으니까요. 블로그 기능 내에 내가 원하는 사진을 얼마든지 불러올 수 있는 기능이 있습니다.

먼저 블로그에 있는 사진을 사용할 수 있는 기능을 설명해 드리기 전에 무료 이미지 사이트 중에서 여러분들이 알면 좋은 3곳을 알려 드리도록 하겠습니다. 제가 많이 사용하는 사이트이고, 특정 사진들이 많은 곳이라 활용도가 높을 겁니다.

첫 번째, 푸디스피드

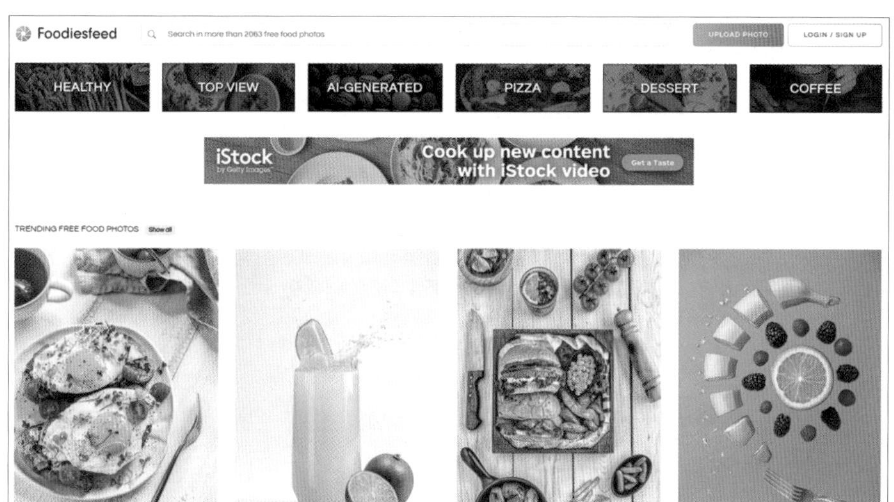

→ 출처 : 푸디스피드

푸디스피드가 좋은 게 음식 사진들만 있는 곳입니다. 요리 블로거들이 정보성 글을 적을 때 굉장히 중요한 게 사진이죠. 요리 같은 경우는 퀄리티가 굉장히 중요하기 때문에 이런 사진은 매우 유용합니다. 정말 퀄리티가 높은 사진들이 많은 곳입니다. 카테고리가 나눠져 있고 피자에 관련된 것만 보고 싶으면 클릭만 해주시면 됩니다.

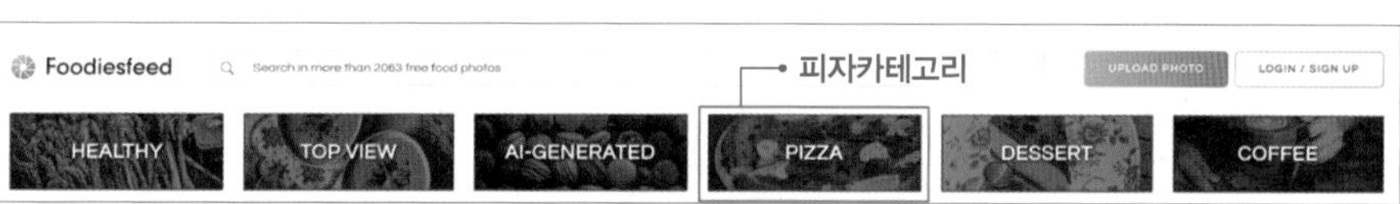

→ 출처 : 푸디스피드

그럼 다양하고 퀄리티 있는 피자 사진들 마음껏 사용을 할 수가 있습니다.

→ 출처 : 푸디스피드

다운을 받는 방법은 간단합니다. 사진 위에 마우스를 올리면 [프리 다운로드] 버튼이 나오는데 그걸 클릭하면 됩니다. 그럼, 아래와 같이 해당 사진 페이지가 나옵니다. 이곳에서 다운로드를 눌러 주면 사진이 내 PC에 저장이 되고 사용을 할 수 있는 거죠.

→ 출처 : 푸디스피드

피자에 관련된 정보성 포스팅을 할 때, 직접 사진을 찍기 힘들 때, 사용하면 되겠죠. 다운을 받으면 아래와 같이 고퀄리티의 사진을 무료로 사용할 수 있는 겁니다. 저작권에 대한 문제도 없으니 다양하게 활용해 보세요.

많은 사람이 사용할 수 있는 사진이라 중복사진으로 블로그에 안 좋은 영향을 주는 게 아니냐는 질문을 할 수도 있는데 다운을 받을 때마다 사진 메타 값이 변하기 때문에 전혀 문제 될 게 없습니다. 그러니 안심하고 사용하면 되는 겁니다.

무료 이미지 사이트를 많이 돌아다녀 봐도 이렇게 퀄리티가 높은 사진을 찾기가 힘들 겁니다. 그러니 요리 주제를 가진 사람이나 건강 쪽으로 운영하는 사람들은 이곳에서 사진을 다운 받아 사용하면 사진에 대한 걱정은 없어질 겁니다.

두 번째, burst.shopify.com

검색창에 위와 같이 영어로 검색해야 사이트를 찾을 수 있습니다. 다른 무료 이미지 사이트랑 크게 다를 거 없이 보이지만 이곳에는 카테고리가 다 나눠져 있습니다.

burst.shopify.com

→ 출처 : burst.shopify.com

그리고 사진 퀄리티가 푸디스피드처럼 굉장히 높은 곳입니다. 요가를 주제로 하는 사람은 요가 카테고리를 누르면 요가에 대한 사진만 나오기 때문에 어렵게 검색할 필요가 전혀 없습니다.

→ 출처 : burst.shopify.com

정보성 포스팅은 사진을 직접 찍기가 어려워서 대부분 무료이미지 사이트를 이용해 캡처한 사진을 가지고 포스팅을 작성하게 됩니다. 사진을 구한다는 게 너무 힘든 일인데 이런 무료 이미지 사이트를 이용하면 손쉽게 해당 주제에 맞는 사진을 구할 수가 있어서 상당히 편리하죠. 특히 비즈니스나 건강 정보 등 당장 사진을 찍기 힘든 주제의 블로그는 이런 사이트를 활용하면 글 적는 데 어려움이 없어질 겁니다.

세 번째, 픽사베이

픽사베이는 사진을 가져오기 위해서 들어오는 곳이 아니라 무료 동영상을 다운 받을수 있기 때문에 자주 방문하는 곳입니다.

픽사베이

메인 화면 카테고리에 보면 [비디오]가 있습니다. [비디오]를 클릭하면 다양한 주제의 영상들을 다운 받을 수 있습니다.

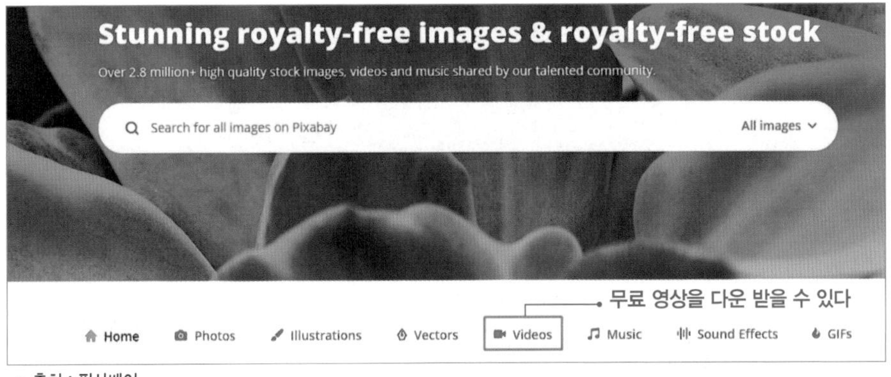

→ 출처 : 픽사베이

정보성 포스팅 작성할 때 동영상이 들어가면 슬라이드 형식으로 노출이 될 수 있어서 동영상을 필수로 넣게 되는데 정보성 포스팅은 사진도 직접 찍어서 쓴 글이 아니라서 당연히 동영상도 직접 찍을 수 없겠죠. 그럴 때 이곳에서 관련 영상을 다운받아 포스팅에 업로드 하면 내 글이 슬라이드 방식으로 노출이 되면서 더 돋보일 수 있다는 겁니다.

당연히 정보성이 주를 이루는 키워드의 글을 적게 되면 다른 사람들은 동영상을 넣을 수 없어서 사진으로만 글을 작성하게 되는데 나만 동영상이 들어 있다면 노출에 더 유리해질 수밖에 없는 겁니다. 픽사베이에서 영상을 찾아 잘 활용해 보시길 바랍니다.

아래 예시는 비디오 카테고리에서 커피를 검색해서 나온 결과물입니다. 4k 영상부터 다양한 길이의 영상들이 나옵니다. 커피에 관련된 영상만 나오기 때문에 이곳에서 마음에 드는 영상을 다운로드 받아 내 블로그 포스팅에 넣으면 되겠죠. 이왕이면 영상이 들어가는 것이 좋으니 꼭 사용해 보세요. 상위노출이 남들보다 훨씬 더 유리하게 적용될 겁니다.

→ 출처 : 픽사베이

이것 외에도 무료 이미지 사이트는 엄청나게 많습니다. 그중에서 가장 퀄리티가 좋고 잘 사용할 수 있는 곳을 알려드린 거니 위 3개 정도만 알고 있어도 충분히 포스팅하는데 어려움은 없을 겁니다. 그리고 이렇게 무료 이미지 사이트에 들락날락하면서 다운 받기 귀찮은 사람들은 네이버를 사용하면 됩니다.

이는 네이버 자체 기능으로 무료 이미지 사이트에 방문하지 않더라도 바로 사진을 불러올 수 있어서 훨씬 더 빠르게 글을 작성할 수 있게 해줍니다. 블로그에 〈레몬 효능〉에 대해서 글을 작성한다고 예를 들어 보겠습니다.

레몬이 당장 집에 있다면 정보성 포스팅이라도 직접 찍은 사진이 좋으니 여러 장을 찍어서 올릴 수 있지만 대부분 레몬이 없을 경우, 여러분은 무료 이미지 사이트에서 레몬 사진을 가져올 겁니다. 그런데 네이버 글감 기능을 활용하면 번거롭게 무료 이미지 사이트에 가서 사진을 가져올 필요가 없습니다. 아래와 같이 글을 작성하고 사진을 하나하나 불러오도록 하겠습니다.

사진을 한 장씩 넣기 편하도록 7가지의 효능에 대해서 미리 작성해 봤습니다.

레몬 효능에 대해서 알아보자

레몬은 높은 비타민 C 함유량과 다양한 생리활성 물질을 포함하고 있어, 다양한 건강효과를 가지고 있습니다.

면역력 증진

레몬의 비타민 C 함량은 면역력을 강화하여 감기와 같은 질병으로부터 보호합니다.

소화 개선

레몬에 함유된 구연산은 소화를 촉진하고, 소화불량, 복통, 구역질 등을 완화하는데 도움을 줍니다.

감기 예방

레몬차나 레몬 주스에는 항산화제와 항염작용 물질이 많이 포함되어 있어, 감기 예방에 효과적입니다.

→ 작은 제목 사이사이에 사진을 불러오면 된다

블로그 글쓰기에서 오른쪽 맨 위에 보시면 [글감]이라는 탭이 있습니다. 그곳에서 [사진]을 누르면 바로 사진이 뜨게 되는데 이곳에서 검색을 통해 원하는 사진을 불러오면 되는 겁니다.

→ [글감]을 누른 후 [사진]을 누르면 보이게 되는 화면 / 출처 : 네이버

검색창에 〈레몬〉을 입력하면 우리가 알고 있는 무료 이미지 사이트에 레몬 사진이 이곳에서 모두 검색이 됩니다. 따로 사이트에 방문할 필요가 없습니다. 사진의 방향도 지정해서 원하는 사이즈를 다운로드할 수 있고, 무료 이미지가 중요하므로 라이선스에 무료만 체크를 해주면 됩니다.

→ 방향을 설정하면 가로와 세로가 긴 사진만 받을 수 있다 / 출처 : 네이버

→ 라이선스에는 무료에만 체크를 해주면 된다 / 출처 : 네이버

〈레몬〉을 검색하면 엄청나게 많은 사진이 보이는데 여기서 마음에 드는 사진을 클릭하면 글쓰기 화면에 바로 사진이 업로드됩니다. 가장 좋은 건 따로 출처 표시를 하지 않아도 자동으로 출처가 달립니다. 번거롭게 하나하나 출처를 달 필요가 없어서 편리합니다.

이런 식으로 사진을 넣길 원하는 곳에 커서를 두고 사진을 클릭하면 다양한 사진을 쉽게 첨부할 수 있습니다. 그럼 정보성 글을 작성하는데 어려움이 사라지게 되는 겁니다.

면역력 증진
레몬의 비타민 C 함량은 면역력을 강화하여 감기와 같은 질병으로부터 보호합니다
사진 책 영화 TV 공연·전시 음악
출처가 자동으로 입력이 된다

→ 블로그 글쓰기 화면 / 사진을 클릭하면 바로 글쓰기에 업로드된다 / 출처 : 네이버

그리고 사진 옆에 보면 [책], [영화], [TV] 등 다양한 탭이 있는데 이것 역시 정보를 블로그에 올릴 수 있는 기능입니다.

출처 : 네이버 →

검색창에 〈곡성〉을 검색해서 예시로 보여드리겠습니다.

아래와 같이 〈곡성〉으로 검색해서 나온 결과를 클릭하면 블로그 글쓰기에 바로 업로드가 됩니다. 글을 발행하고 검색 배너를 클릭하면 해당 관련 사이트로 이동하게 되는 겁니다. 책소개를 주로 하는 블로그는 책 정보가 정말 중요한데 이런 정보를 불러올 수 있으니 너무 편리한 겁니다. 영화 주제도 마찬가지고 음악도 마찬가지입니다. 다양한 검색 기능들을 기본으로 제공하고 있으니 앞으로 잘 활용해 보세요.

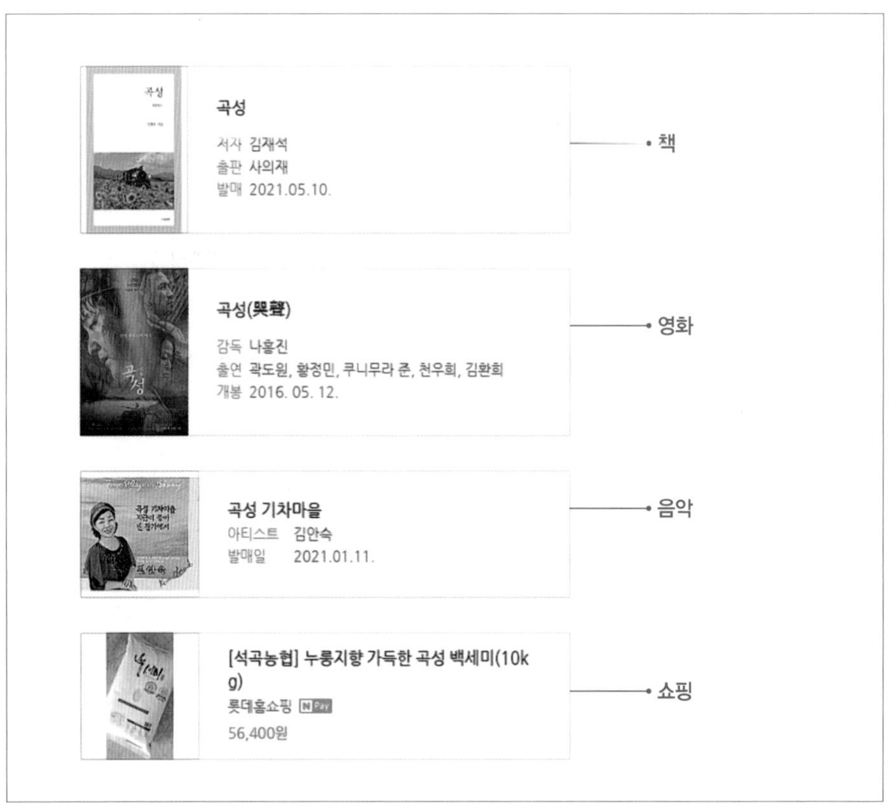

→ 책, 영화, 음악, 쇼핑을 곡성으로 검색해서 글쓰기에 업로드한 화면 / 출처 : 네이버

8-5

블로그 글감 찾는 방법

블로그 글감을 찾는 방법도 여러 가지가 있습니다. 블로그를 어느 정도 운영하다 보면 더는 소재가 없어서 글 작성하는 게 너무 힘들어지는 시기가 있습니다.

블로그를 너무 하기 싫어지는 시기를 블태기라고 하는데, 하루하루 글 적는 게 숙제처럼 느껴지고 현타(현실 자각 타임)가 오다보니 이때 가장 많이 그만두게 됩니다. 블로그는 소재를 쉽게 구할 수 있어야 이런 블태기를 잘 극복할 수 있습니다.

각 주제별로 모든 소재의 정보를 얻을 수 있는 것은 네이버 지식백과입니다. 이미 다양한 정보들이 자세히 있기 때문에 주제에 상관없이 내용을 참고하면 됩니다. 네이버 지식백과에는 490만 개의 표제어와 730만 개의 이미지가 있을 정도로 방대한 정보들이 넘치는 곳입니다. 내가 작성하고자 하는 키워드를 입력하면 그에 맞는 정보를 얻어 낼 수 있는 곳이죠.

거의 모든 정보가 있다고 보면 됩니다. 네이버 지식백과를 검색해서 들어가면 카테고리 보기가 있는데 이곳을 누르면 주제별 카테고리인 대주제가 나오고 이 중 하나를 누르면 더 세분화된 주제를 보여 줍니다.

예를 들어서 생활/취미/스포츠를 클릭하면 그 속에 관련된 세부 카테고리가 여러 가지 나오는데 이걸 또 누르면 더욱 세분화된 카테고리가 나오는 방식입니다.

표제어 수

4,890,708

이미지 수 7,388,380
동영상 수 68,640
전문가 수 6,154
백과 수 4,537

→ 상상을 초월할 정도로 정보가 많은 곳이다 / 출처 : 네이버

→ 네이버 지식백과에 들어가면 카테고리 보기가 있다 / 출처 : 네이버

→ 대 주제를 클릭하면 세분화된 카테고리를 또 나눠준다 / 출처 : 네이버

네이버 지식백과는 내가 당장 적어야 할 게 정해져 있다면, 검색을 통해서 적어야 할 키워드에 맞는 정보를 얻으면 되고, 적을 게 전혀 없을 때는 카테고리로 검색해서 적으면 좋을 거 같은 정보를 얻으면 됩니다.

예를들어 **[생활/취미/스포츠 → 임신/출산/육아]**를 클릭하면 여기서 또 표제어가 나열되는데, 네이버 지식백과에서는 평소에 전혀 생각하지 못했던 정보를 엄청나게 많이 얻을 수 있기 때문에 많이 이용해 보시길 바랍니다.

→ 너무 다양한 글 소재가 있어서 행복한 곳이다 / 출처 : 네이버

카테고리 검색으로 들어오면 이렇게 다양한 표제어들이 나열됩니다. 이곳에서 평소에는 전혀 알지 못했지만, 사람들이 관심을 가지고 있는 정보들이 엄청나게 많이 있으니 조회수를 확인하고 '이걸 적으면 좋겠다'라는 정보를 내 블로그에 참고해서 적어내면 되는 겁니다. 사람들이 관심을 가지는 정보를 참고해서 키워드만 잘 찾아 작성하면 아주 쉽게 정보성 포스팅 하나가 나올 수 있겠죠.

아래 그림을 보면 글 하나에 200만 명이 넘는 사람들이 봤다는 걸 알 수 있습니다. 저런 식의 괜찮은 정보들은 얼마든지 있으니 모든 블로그 주제 상관없이 공통으로 이곳에서 정보를 얻으면 블로그 운영에 도움이 될 겁니다.

✓주간조회순 · 최신순 · 가나다순 ⤡ 이미지 갤러리

중이염 - 증상이 좋아져도 치료는 끝까지! 담기
중이염이란 병 이름 정도는 누구나 다 들어봤을 것입니다. 대부분 별 문제가 없이 좋아지는 병이지만 잘못하면 심하게 고생할 수도 있는 병이므로 미리 알아두면 도움이 됩니다.
아는 만큼 쉬워지는 육아 이... | 217 | 299,021

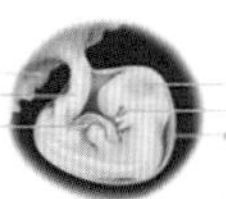

임신 4~7주 - 입덧과 함께 엄마 몸에 변화가 일어나요 담기
• 태아 키 : 약 2cm~4cm • 태아 몸무게 : 약 1g 태아는 이미 성별, 피부색, 머리카락 모양 등 대부분의 유전형질이 결정되어 있는 상태입니다. 머리가 몸 전체의 1/3을 차지하며 눈의 색소 침착도 확실해집니다.
+1 차병원 임신정보 | 1,292 | 2,155,293

열성경련 - 대개는 저절로 멎으니 당황하지 마세요! 담기
아무리 강심장을 가진 엄마라도 아이가 갑자기 눈을 뒤집고 입에서 거품을 내며 손발을 덜덜 떨며 불러도 불러도 아무런 반응이 없으면 어쩔 줄 모르게 됩니다. 처음에는 아이가 어떻게 되는 것은 아닐까 걱정스러워 경황이 없지만 경련이 멎으면서 아이가 정신이 들고 엄마도 정신이 들면 혹시 우리 아이가 간질이 아닐까 고민하기 시작합니다.
아는 만큼 쉬워지는 육아 이... | 260 | 139,520

"혼자서 걸을 수 있어요!" 담기
[주요 발달 목표] | 큰 근육 운동발달, 작은 근육 운동발달, 언어발달, 감정조절력 | • 생후 12개월에 철분결핍성 빈혈검사 하기 | | • 혼자서 걸을 수 있는지 여부 확인하기 | | • 콩 집기 등의 손 조작이 가능한지 확인하기 | | • 간단한 말 이해하는지 확인하기 | 생후 11~16개월은 아기...
아기발달 백과 | 2014. 3. 31. | 194 | 458,438

→ 표제어도 조회수를 알 수 있어서 관심을 받는 글인지를 파악할 수 있다 / 출처 : 네이버

네이버 지식백과 글을 참고할 때 주의해야 할 게 있습니다.

간혹 네이버 지식백과에 있는 글을 그대로 복사해서 붙여넣기 하는 사람이 있는데 절대 그렇게 하면 안 됩니다. 이 문서는 많은 사람이 참고할 수 있는 문서이고, 이미 네이버에 올려져 있는 내용이라 유사문서에 필터링될 확률이 상당히 높은 글입니다. 그래서 말투나 순서, 내용추가 등 내 블로그에 맞게 변경은 필요합니다. 이 부분만 주의하면 문제 될 건 없습니다.

네이버 지식백과에서 정보를 얻고 무료 이미지를 글감에서 검색하면 내가 직접 사진을 찍지 않아도 내용과 사진이 있으니 블로그 글을 너무 적기 싫을 때 충분히 글 하나 정도는 금방 작성할 수 있을 겁니다. 포스팅하는 게 너무 힘들 때 네이버 지식백과가 오아시스 같은 역할을 해줄 겁니다.

NAVER 지식백과 통합검색 카테고리 보기

생활 수칙

단백질, 엽산, 칼슘의 섭취를 늘린다
태아의 뇌세포가 폭발적으로 늘어나고 DNA가 합성되는 시기이므로 질 좋은 단백질과 엽산을 섭취하는 것이 좋습니다. 엽산은 시금치, 녹색채소, 참외, 콩, 잡곡류, 동물의 간, 굴, 연어 등이 많이 들어 있으며, 엽산제를 복용하지 않는다면 제철 음식을 통해 섭취를 늘리도록 합니다. 또한 태아의 골격이 형성되는 시기이므로 칼슘도 충분히 섭취합니다. 칼슘은 우유, 멸치, 뱅어포, 치즈 등에 풍부합니다.

※ 임산부 엽산제 지원 : 보건소 등록 임산부로서 임신일로부터 임신 3개월까지 지급
정부 지원 정책 자세히 보기 >>

입덧 때는 좋아하는 음식을 소량씩 섭취
입덧은 4~8주경에 나타나 16주경까지 지속됩니다. 공복 상태에서 입덧이 심하게 나타나므로 적은 양이라도 좋아하는 음식 위주로 조금씩 섭취해 속을 비우지 않도록 합니다. 입덧 증세를 유발하는 냄새를 피하며, 자꾸 토한다고 음식을 멀리만 하지 말고 먹어 보려고 노력하는 것이 중요합니다.

입덧이 심한 경우 과거에는 구토를 없애는 약이 쓰이곤 했으나 일부 약은 기형을 유발할 수도 있습니다. 적당한 수분 공급도 중요하므로 소량의 물을 자주 마시는 것이 좋습니다. 만약 입덧이 너무 심해서 물도 마시기 힘든 경우 탈수로 인하여 입원치료가 필요할 수도 있습니다. 심할 경우 수액요법, 영양요법, 항구토제 등을 고려해볼 수 있습니다.

충분한 물과 섬유소 섭취로 변비 예방
장의 기능이 떨어져 변비에 쉽게 걸릴 수 있는 시기입니다. 아침에 일어나자 마자 물을 한 컵 이상 마시는 습관을 갖도록 합니다. 장 운동이 활발할 수 있도록 아침을 거르지 않도록 합니다. 섬유소가 풍부한 야채와 과일을 충분히 섭취합니다. 스트레스가 쌓이지 않도록 즐거운 마음으로 생활하는 것도 변비 예방에 도움이 됩니다.

→ 내용을 그대로 복사해서 작성하면 안 된다 / 출처 : 네이버

8-6

챗 GPT 활용 블로그 글감 만들기

챗 GPT 열풍으로 한 번쯤은 들어 봤을 겁니다. 시대가 변해가고 있으니 블로그를 하는 사람들도 다양한 시도는 필요하죠. 그중 하나가 바로 챗 GPT라고 생각합니다.

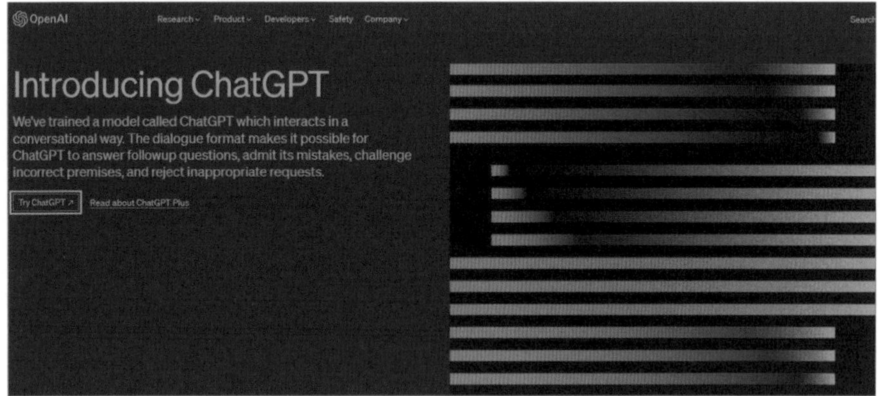

→ 챗 GPT 첫 화면 / 출처 : Chat GPT

그럼 챗 GPT가 블로그에 어떻게 활용할 수 있을지 알아보겠습니다.

→ 출처 : 네이버

네이버에 〈챗GPT〉를 검색하면 앞의 사진과 같이 챗GPT가 나오는데 클릭해서 들어 가줍니다. 그리고 오른쪽 상단에 있는 회원가입을 하고 로그인하면 됩니다. 구글 아이디가 있다면 쉽게 가입이 가능합니다.

로그인하고 나면 아래와 같이 화면이 나오는데 이곳에서 [Chat GPT]를 누르면 이용할 수 있습니다.

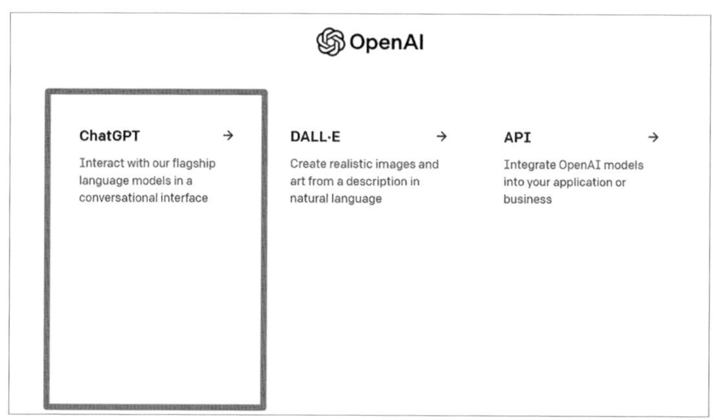

→ 출처 : Chat GPT

영어로 되어 있어서 복잡하게 느껴질 수 있지만 대화창에 한글로 질문을 해도 답변이 되니 어렵지 않게 사용할 수 있을 겁니다.

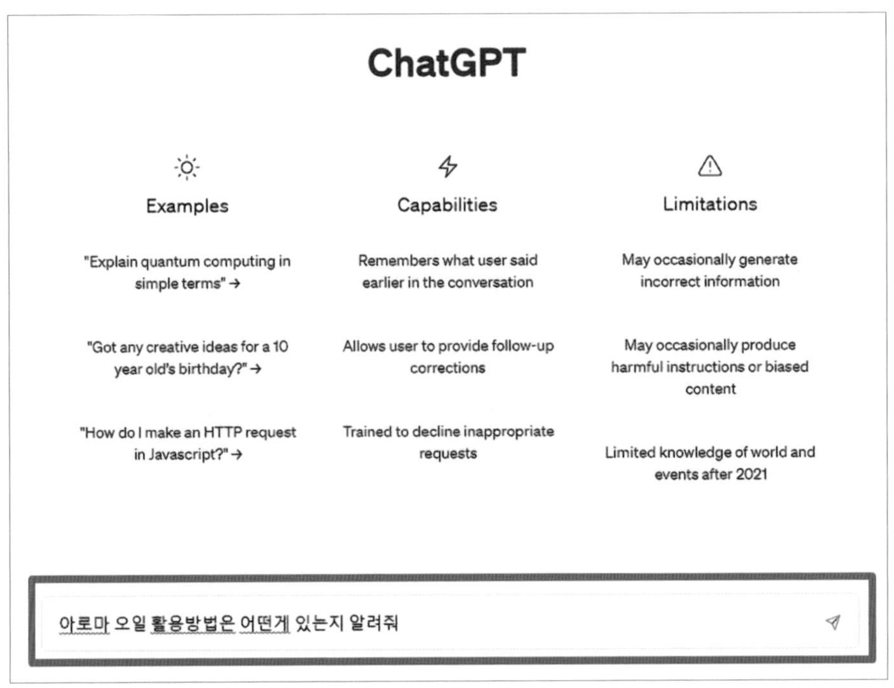

→ 질문 창에 한글로 질문을 해도 답변을 준다 / 출처 : 챗 GPT

그럼, 블로그에는 어떻게 활용하면 좋을까요?

제가 다양한 실험을 해보고 직접 챗 GPT에서 받은 답변으로 포스팅해보면서 나온 결론은 아직은 정보성을 위한 포스팅에만 적용하는 게 좋을 거 같습니다.

예를 들어서 삼성이나 LG처럼 전 세계에서 알려진 브랜드 제품들은 비교적 정확한 정보를 전달해주는데 중소기업이나 국내기업들에서 나온 제품은 전혀 다른 답변을 하기 때문에 잘못된 정보로 블로그 글을 작성할 수 있으니 주의가 필요할 거 같습니다. 그리고 챗 GPT는 2021년 9월 이전의 정보를 가지고 있으니 이 부분도 생각하고 질문을 해야 합니다.

예를 들어서 질문 창에 "갤럭시 S23 스펙을 자세히 알려줘"라고 입력하면, 〈갤럭시 S23〉의 정보는 글로벌 기업인 삼성 제품이지만 챗 GPT가 생성된 2021년 이후 모델이라 아직 데이터가 없다고 나옵니다.

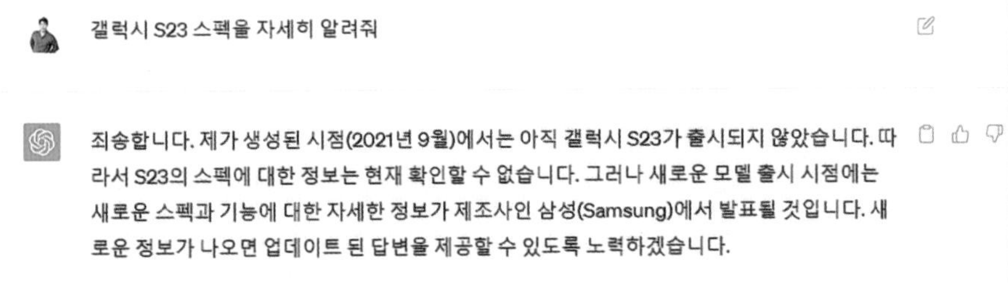

→ 2021년 9월 이후 정보는 아직 담아내질 못한다 / 출처 : 챗 GPT

그래서 이런 정보들보다는 쉽게 접할 수 있는 정보를 얻는 게 가장 현명한 질문 방식인 겁니다.

예를 들어서 건강 주제를 가진 블로그에 정보성을 적기 위해서 질문을 하는 거죠. "눈 경련이 일어나는 이유가 뭘까?" 이런 식입니다. 그럼 블로그 제목은 〈눈 경련 이유와 원인〉 이런 식으로 작성이 가능하겠죠. 이런 정보들은 정확한 정보를 전달해주기 때문에 활용하기가 너무 편합니다. 이렇게 받은 답변을 활용하면 너무 쉽게 글 작성이 가능해집니다.

원칙적으로는 복사, 붙여넣기를 하면 안 되지만 네이버 메모장에 복사해서 수정을 거친 다음 다시 블로그로 붙여넣기는 해도 괜찮습니다. 이건 네이버에서도 권장하는 방식이니 메모장을 활용하세요.

눈 경련이 일어나는 이유는 뭘까?

눈 경련은 일시적인 눈 근육의 비정상적인 수축으로 인해 발생하는 증상입니다. 이는 근육 또는 뇌와 관련된 여러 가지 원인으로 발생할 수 있습니다.

1. 스트레스: 스트레스는 눈 근육의 수축을 유발할 수 있습니다. 긴장 상태가 지속되면 뇌와 근육 간의 신호 전달에 문제가 생길 수 있으며, 이는 눈 경련의 원인이 될 수 있습니다.
2. 뇌 손상: 뇌와 관련된 문제로 인해 눈 경련이 발생할 수 있습니다. 예를 들어 뇌졸중, 뇌전증, 뇌손상 등이 있습니다.
3. 피로: 눈이 지나치게 피로한 상태에서도 눈 경련이 발생할 수 있습니다. 컴퓨터나 스마트폰 등의 화면을 오랫동안 사용하거나, 긴 시간동안 운전을 하면 눈의 근육이 지칠 수 있으며, 이는 눈 경련을 유발할 수 있습니다.
4. 뇌종양: 드물게 뇌종양이나 뇌종양 수술 후에 눈 경련이 발생할 수 있습니다.
5. 기타 요인: 눈에 직접적인 자극, 혈당 조절 장애, 뇌염, 감염병, 뇌병증 등이 눈 경련의 원인이 될 수 있습니다.

위와 같은 이유로 인해 눈 경련이 발생한다면, 해당 원인에 대한 적절한 치료를 받아야 합니다. 눈 경련이 지속되거나 심하다면 반드시 의사의 진료를 받는 것이 좋습니다.

→ 건강 정보성을 적기 위해서 받은 답변 예시 / 출처 : 챗 GPT

만약 제품 리뷰를 해야 한다면 해당 상품명으로 질문을 하는것보다는 해당 상품군으로 질문을 하는 게 블로그에는 쓸모 있는 답변이 될 수 있습니다.

예를 들어 아로마 오일 리뷰를 해야 한다면 제품명보다는 "아로마 오일 활용 방법은 어떤 게 있는지 알려줘."라고 아로마 오일로 질문을 하면 됩니다. 그럼, 제품 리뷰를 하는 거지만 거기에 맞게 내용을 추가 할 수 있게 되는 겁니다.

아로마 오일 활용방법은 어떤게 있는지 알려줘

아로마 오일은 다양한 방법으로 사용될 수 있습니다. 여러 가지 방법 중 일부를 아래에 나열해 보았습니다.

1. 디퓨저를 사용하여 방에 향을 퍼뜨리기 - 디퓨저는 아로마 오일을 공기 중에 뿌려주는 장치입니다. 디퓨저에 물과 함께 몇 방울의 아로마 오일을 넣으면 방안 전체에 좋은 향기가 퍼집니다.
2. 직접 흡입하기 - 아로마 오일을 한 두 방울 손바닥에 떨어트려, 양 손으로 문질러서 향을 흡입할 수 있습니다. 이 방법은 집중력을 향상시키거나 스트레스를 해소하는 데 도움이 될 수 있습니다.
3. 마사지 오일로 사용하기 - 마사지 오일에 아로마 오일을 몇 방울 더해 마사지를 할 때 사용할 수 있습니다. 아로마 오일은 마사지의 효과를 더욱 향상시키는 데 도움이 됩니다.
4. 목욕탕에 더하기 - 목욕탕에 몇 방울의 아로마 오일을 더해 냄새와 함께 몸과 마음을 편안하게 해줄 수 있습니다.
5. 스팀 인헐레이션 - 뜨거운 물에 몇 방울의 아로마 오일을 넣고, 수건으로 머리와 얼굴을 덮은 뒤, 샴푸를 이용해 인헐레이션 할 수 있습니다. 이 방법은 콧물, 감기, 기침 등 호흡기 관련 증상을 완화하는 데 도움이 됩니다.

→ 질문을 어떻게 하느냐에 따라서 블로그에 쓸모 있는 정보를 얻을 수 있다 / 출처 : 챗 GPT

앞으로 챗 GPT는 계속해서 발전하게 될 겁니다. 최대한 잘 활용해서 블로그 글감 소재를 다양하게 찾아보길 바랍니다.

8-7

클릭을 부르는 제목에 넣으면 좋은 단어

대부분 블로그를 운영하는 사람이라면 제목 정하는데 상당히 어려움을 호소합니다. 가끔 글을 적는 거라면 얼마든지 창의적인 제목을 만들 수 있겠지만 매일 글을 적다 보면 더 이상 좋은 아이디어가 떠오르지 않을 때가 있습니다. 키워드는 찾았는데 제목을 막상 적으려고 하니 어떤 말들을 적어야 할지 몰라서 제목 정하는 데 시간을 많이 허비하게 되기도 하고요.

그러다 보니까 자꾸 수식어를 넣게 되는데 그렇게 되면 제목만 길어지고 굉장히 지저분해 보입니다.

> "전망 좋고 입에 넣으면 살살 녹는 부산 소고기 맛집 후회 없는 선택이 될 겁니다."

제목에서 '부산 소고기 맛집'을 좀 더 눈에 띄게 하고 싶다고 해서 제목을 엄청나게 길게 적는 사람이 생기게 되는 거죠. 하지만 이런 식으로 제목을 작성하게 되면 제목 길이만 길어질 뿐 상위노출에 좋은 영향을 주진 못합니다.

수식어를 너무 많이 넣게 되면 오히려 상위노출에 안좋은 영향을 주게 되고 제목을 길게 적게 되어서 검색자들에게 오히려 더 눈에 안 띄게 됩니다. 실제로 네이버에서 검색해보면 눈에 정말 안 들어오는 걸 알 수 있습니다. 그러니 앞으로는 이런 식으로 적지 말고 간결한 단어로 한눈에 들어오게 적어 보길 바랍니다.

검색자들이 좀 더 클릭할 확률이 높아지는 단어들

첫 번째. 숫자

검색자들은 한글 키워드로 검색을 하기 때문에 대부분 한글로 제목이 되어 있습니다. 그중에 숫자가 섞여 있다면 확실히 눈에 잘 들어옵니다. 예를 들어서 〈블루투스 이어폰〉을 검색을 했을 때 한글로 되어 있는 제목보다 숫자가 들어가 있으면 눈에 확실히 더 잘 들어옵니다.

검색자들이 블루투스 이어폰을 검색한 이유가 분명히 있을 것이고, 수많은 글 중에서 어떤 걸 클릭할지는 검색자의 선택입니다. 보통 최상단에 떠 있는 사람 글만 보고 나가는 게 아니라 여러 가지를 보게 되죠. 검색자가 궁금한 부분이 풀릴 때까지 계속해서 글을 보게 되는 겁니다.

그중 제목에 숫자가 있다면 확실히 눈에 들어오기 때문에 클릭할 확률이 높아지는 겁니다. 이건 무조건 그렇다가 아니라 수많은 글 중에서 내 글이 더 눈에 잘 보이게 하기 위함인 겁니다.

N 블루투스 이어폰

2022 최신형 노이즈캔슬링 블루투스 무선**이어폰**추천

기존에 사용하던 **이어폰**을 간만에 사용해보니 노이즈가 좀 거슬렸다 **블루투스 이어폰** 바꿀 때도 된 것 같고언제나 요런 가전은 언박싱 하는 재미가 있어서이어프로 ...

블루투스 **이어폰**, 한 눈에 보는 주요 특장점!

심플하고 이쁜 디자인의 에이투픽 라이트(**블루투스이어폰**)은 Apple iTunes 플랫폼 및 에어팟 시리즈에서 사용되고 있는 고품질 음향 전용 코덱입니다...

pi7 s2 블루투스 **이어폰** 구매!

간략한 청음 후기론 **블루투스 이어폰**이 물론 100만원대 유선폰에 비할건 아니지만 **블루투스** 기술로 이정도의 해상력과 공간감을 보여준다는게 대단한거 같습니다 ...

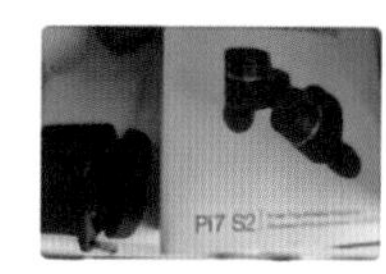

RE 저도.. 들을때마다, 코드리스 주제에.. 어떻게?! 라며 감탄합니다.

RE 축하드립니다 최근에 가장 들어보고 싶은 코드리스인데 다들 극찬하시더군요 ㅎㅎ

akg k702 같은 성향의 **블루투스 헤드폰** 있을까요?

블루투스 헤드폰들은 저음 강한 v자 성향 **헤드폰**들이 많아보이네요. 제가 좋아하는 소리는 플랫하면서 고음쪽 열려있는 소리입니다. 딱 akg k702 비슷한 **블루투스 헤드폰** 추천부탁드립니다.

→ 숫자가 제목에 있으면 눈이 한 번 더 가게 된다 / 출처 : 네이버

두 번째. 이유

한국 사람치고 '이유'라는 단어를 궁금해하지 않는 사람이 없죠. 그만큼 사람들의 궁금증을 폭발시키는 단어입니다. 예를 들어서 목이 자꾸 잠겨서 고민인 사람이 네이버에서 검색했다고 했을 때, 검색 문장에 '이유'가 들어간 제목이 있다면 당연히 클릭하고 싶어지게 됩니다.

내가 목이 자주 잠기는 그 이유가 궁금해질 수밖에 없는 겁니다. 그래서 이런 단어가 들어가게 되면 제목도 간결해지지만 사람들 눈에 훨씬 더 잘 들어오기 때

문에 궁금증을 폭발시켜서 클릭을 할 수 있게끔 만드는 거죠. 이건 이슈 키워드에도 당연히 적용할 수 있습니다.

예를 들어서 제목이 〈손석구가 요즘 뜨는 이유〉라면 왜 뜨는지 궁금하게 되는 원리라고 생각하면 됩니다. 검색자들은 손석구를 검색했는데 제목에 〈손석구가 요즘 뜨는 이유〉라는 글이 있다면 한 번이라도 클릭하고 싶게 되겠죠. 그래서 이유라는 단어를 자주 써주시면 좋은 겁니다. 그리고 이런 단어를 쓰면 제목을 확실히 줄일 수 있어서 군더더기 없이 깔끔한 노출도 생각할 수 있습니다.

아래 예시 사진 두 번째 글처럼 제목을 길게 적어 봐야 눈에 잘 들어오지 않고 오히려 복잡해 보여서 무슨 말인지 모르는 경우가 많습니다. 하지만 짧지만, 이유라는 단어가 들어가면 첫 번째 글 제목처럼 훨씬 더 눈에 잘 들어오고 제목은 간결해져서 검색자들이 읽기 더 편해지겠죠.

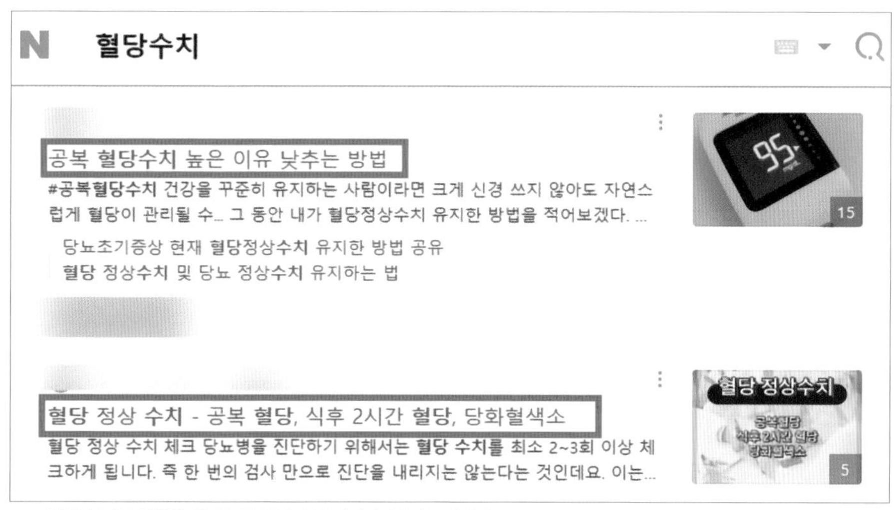

→ 이유를 넣어서 작성한 제목은 궁금증을 증폭시킨다 / 출처 : 네이버

세 번째. 방법

방법이라는 단어를 보면 뭔가 TIP이 가득할 것으로 보이죠.

〈새집증후군 해결 방법〉 새집증후군을 해결할 수 있는 방법이니까 분명히 TIP이 있을 거라고 생각을 하게 되는 겁니다. 이런 식으로 방법이라는 단어가 들어가도 사람들의 이목을 끌어낼 수 있다고 생각하면 됩니다.

네 번째. 영어

아무래도 한글만 나와 있는 것보다 그 한글 속에 영어가 섞여 있다면 눈에 더 잘 들어오게 됩니다.

〈오버핏 맨투맨〉으로 검색했다고 가정을 해봅시다. 그럼 대부분의 제목이 한글로 되어 있지만 그중에서 영어가 들어간 건 한 번 더 눈에 들어오게 됩니다.

아무래도 한글로 된 것은 그냥 지나치게 되더라도 영어가 있는 제목은 멈추게 될 수밖에 없게 되는 거죠. 그러니 제목을 작성할 때 먼저 내가 작성할 키워드를 네이버에 검색해보고 영어로 된 제목이 거의 없다면, 내가 작성할 제목에는 영어를 넣는 걸 고려해도 된다는 겁니다.

영어를 조금 섞어서 적겠다고 생각하면 좀 더 남들의 이목을 집중시킬 수 있는 제목을 만들 수 있을 겁니다.

N 오버핏 맨투맨

"STONE ISLAND" 2컬러 스톤아일랜드 **오버핏 맨투맨** 스웻셔츠

그럼에도 불구하고 데려온 녀석은 "컴포터블 핏"이라는 새로운 디자인으로 출시된 모델이에요. 저 생소한 워딩은 스톤에서 그냥 붙인 거고 기존 **맨투맨**에서 **오버핏**...

디스커버리 맨투맨 여성 **오버핏 맨투맨** 추천 장단점 착용리뷰 (+...

디스커버리 맨투맨은 세미오버핏으로 나와서 핏을 딱 잡아주기 보다는 내가 원하는 실루엣으로 연출할 수.. 같아요 맨투맨 특유의 각 잡히고 부해보이는 **오버핏 맨투**...

수프라 (SUPRA) 저스디스 Y매거진 화보 속 스트릿 패션 바시티자...

w @lloh2r 남녀공용으로 누구나 잘 어울리는 아이템이라 여기저기 스타일링 하기도 편하고 **오버핏 맨투맨** 코디할 때 활용도가 높을 것 같더라고요~ 메타와이드 ...

디스커버리 바시티 **맨투맨 오버핏** 여성 봄코디 추천~

깔끔한 오버핏 여성 맨투맨 하나 소개하려고요~ 캘리그라피 타이포 맨투맨 99,000원 오늘 제 코디는 다가올... 최근에 맨투맨 쇼핑한 적 없는데 이번 디스커버리 오...

→ 영어를 적절히 섞어서 작성하면 눈에 더 잘 들어온다 / 출처 : 네이버

다섯 번째. 원인

건강 쪽에 주제를 가진 블로그들이 사용하면 좋은 단어입니다. 눈 떨림이 심한 사람이 〈눈 떨림〉이라고 검색했다고 생각해 봅시다.

이걸 검색했다는 건 검색한 사람이 현재 겪고 있는 증상이겠죠. 그럼 원인이 어떤 건지 당연히 궁금해할 수밖에 없을 겁니다. 하지만 검색은 〈눈 떨림〉으로 했기

때문에 눈 떨림을 제목에 넣은 사람들 글이 검색되는데 그중에서 '원인'이라는 단어가 들어간 사람의 글이 더 궁금해 집니다.

단순하지만 효과가 좋은 단어이니 자주 사용해 보세요.

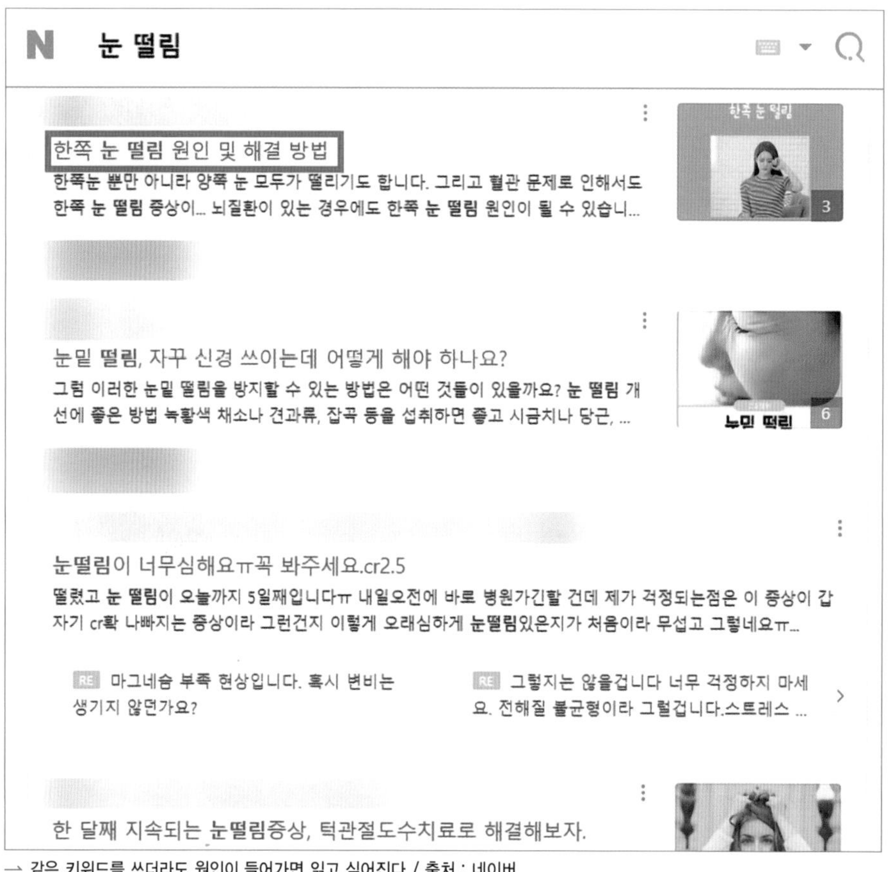

→ 같은 키워드를 쓰더라도 원인이 들어가면 읽고 싶어진다 / 출처 : 네이버

여섯 번째. 총정리

이슈 글을 많이 적는 사람은 '총정리'라는 단어를 쓰면 제목이 간결하고 깔끔

히 정리가 됩니다. 이 단어를 넣게 되면 정보에 대한 모든 걸 정리해 놓은 것 같은 느낌이 들기 때문에 조회수가 높아집니다.

〈주택청약 순위 조건 총정리〉 이렇게 제목을 적었다면 깔끔하게 보이기도 하지만, 주택청약 순위 조건에 대한 모든 것들이 담겨 있는 것 같은 느낌이 들게 되죠.

→ 총정리 단어 하나로 모든 게 해결될듯하게 보여지게 된다 / 출처 : 네이버

이런 식으로 이목을 집중시킬 수 있는 단어는 많이 있습니다. 앞으로는 글을 적을 때 수식어를 붙여서 너무 길게 적지 말고 이런 단어를 사용하면 깔끔하게 제목이 정리될 겁니다.

CHAPTER 09

블로그 인맥 만드는 방법

9-1

블로그 인맥이 블로그에 주는 영향력

처음 블로그를 운영하면 방문자를 모으기가 상당히 힘이 듭니다. 그럴 때 나에게 가장 도움을 많이 주는 것이 바로 [서로이웃]입니다.

블로그에서 서로이웃은 인스타그램의 팔로워와 같은 개념이라 보면 됩니다. 검색을 통해서 내 글을 보러 오는 게 아니라 서로이웃은 내가 글을 발행하면 블로그 홈에서 이웃 새 글에 올라오기 때문에 검색하지 않더라도 보이게 됩니다.

그래서 초반에는 서로이웃이 최대한 많으면 좋습니다. 초반 부족한 방문자를 서로이웃들이 충분히 채워줄 수 있으니까요. 블로그에 서로이웃은 품앗이 같은 개념이라 내가 댓글을 달아 주면 상대방도 내 블로그에 댓글을 달아 주게 됩니다. 나와 진성으로 소통을 할 수 있는 서로이웃을 지정해두고 하루에 한 번씩 서로 방문해주고 댓글을 달아 주는 거죠.

→ 블로그 홈에 글을 발행하면 자동으로 보이게 된다 / 출처 : 네이버

그럼 당연히 방문자로 카운트가 되기 때문에 방문자를 늘리는데 초반에는 많은 도움을 받을 수 있습니다.

저는 블로그 초창기 서로이웃들과 정말 열심히 소통하면서 재밌게 블로그를 했었는데 오프라인 모임도 하고 다양한 인맥을 만들었습니다. 주기적으로 피크닉이나 아이들과 갈 수 있는 곳에 함께 가는 등 다양한 소통을 했었던 거 같아요. 평소에는 내가 가질 수 없는 인맥이 많이 생길 수 있는 매력이 있습니다.

변호사, 의사 등 전문직에 종사하는 분들과도 인맥을 만들었고, 주부, 직장인 등 평소에 인연을 맺기 힘든 분들과 인맥을 만들어서 많은 도움을 받으며 블로그를 운영했습니다.

서로이웃이 좋은게 비록 온라인에서 만나긴 했지만 뭔가 끈끈한 정이 생겨 정말 내 일처럼 도와 주게 됩니다. 예를 들어 오프라인에 매장을 오픈해서 도움이 필요할 때 가장 먼저 발 벗고 나서 도와주는 사람들이 서로이웃이라는 거죠.

그래서 단순히 방문자를 늘리기 위해서 서로이웃을 만든다는 생각보다는 살면서 맺기 힘든 다양한 직군의 사람들과 인연을 맺는다고 생각하면 더 애정을 가지고 블로그를 운영할 수 있을 겁니다. 내가 글을 작성하면 가장 먼저 댓글을 달아주는 사람도 서로이웃입니다. 그러니 초반 블로그 운영을 할 때는 [서로이웃 추가]를 귀찮다고 생각하지 말고 최대한 많이 만들어서 운영하시길 바랍니다.

9-2

이웃과 서로이웃 만드는 방법

서로이웃이 좋은 건 알았으니 이제 서로이웃을 어떻게 만드는지도 알아야겠죠. 서로이웃은 처음엔 일면식도 없으므로 어색할 순 있지만 소통을 하면서 친해지면 됩니다. 그런데 내가 아무것도 하지 않으면 서로이웃이 생기기는 힘듭니다.

내가 먼저 상대방에게 다가가야 하는데 어떻게 해야 할지 막막할 때, 가장 빠르게 이웃 늘리는 방법을 알려 드릴게요. 먼저 나와 같은 주제를 가진 사람의 블로그를 찾는 게 우선입니다.

왜냐하면 아무래도 같은 주제를 가진 블로그를 서로이웃으로 두면 어떤 식으로 글을 적는지, 사진은 어떻게 찍고, 어떤 키워드를 적는지를 자주 접할 수 있어서 블로그 운영에 많은 도움이 됩니다. 먼저 네이버에 내 주제와 관련된 키워드로 검색하고 상위에 노출된 사람들 블로그에 들어가서 [서로이웃]을 신청하면 됩니다. 그리고 이웃 커넥트를 노출해둔 블로그가 있을 겁니다.

그곳에서 한명 한명 클릭하면 해당 블로그로 들어가지는데 똑같은 방식으로 서로이웃 신청을 걸어 주면 되는겁니다. 처음엔 힘들게 느껴질지 모르겠지만 어느 정도 이웃 수가 늘어나면, 자연스럽게 다양한 사람에게 서로이웃 신청을 먼저 받아 볼 수 있게 될 겁니다.

그러니 힘들다 생각하지 말고 당연히 거쳐 가야 하는 과정이라 생각하고 하면 기분 좋게 서로이웃이 많이 만들어질 겁니다.

→ 육아 교육 인플루언서-별밤쌤 블로그 이웃커넥트 예시

그리고 두 번째 방법은 블로그들이 모인 사이트를 이용하는 건데요.

바로 '블로그차트'라는 사이트입니다. 이곳에는 대한민국 블로그들이 다 모여 있다고 생각하면 됩니다. 이곳에 가입을 하고 주간차트와 테마차트에 보면 다양한 주제가 있습니다. 그곳에서 나와 같은 주제를 클릭하면 현재 잘하고 있는 블로그 순위가 나오는데 한명 한명 들어가보면 됩니다. 내 블로그 주제와 같은 주제를 찾기 힘들면 이 방법을 사용해 보세요.

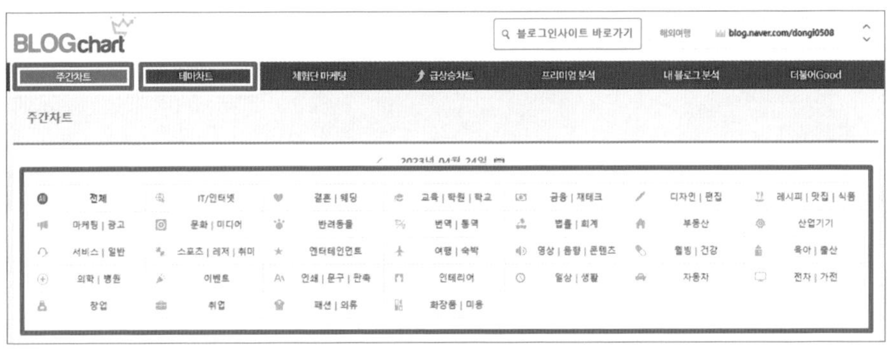

→ 블로그차트에 다양한 주제가 있으니 활용하면 된다 / 출처 : 블로그차트

마지막으로 서로이웃은 찐 소통이 필요하므로 아무래도 소통을 잘하는 사람과 맺으면 원활한 소통이 가능해집니다. 그래서 소통을 잘하는 사람을 찾는 게 중요하죠. 소통을 잘하는 블로거를 찾으려면 위에 알려드린 방법으로 다른 사람의 블로그에 방문해서 포스팅을 보고 댓글을 단 사람에게 서로이웃을 맺는 게 좋습니다. 댓글을 남기는 사람은 소통을 잘하고 있는 거기 때문에 나와 서로이웃을 맺어도 똑같이 소통을 잘해줄 확률이 높습니다. 소통을 잘하는 사람과 서로이웃을 해야 스트레스 안 받고 할 수 있을 겁니다. '나는 댓글을 달았는데 왜 저 사람은 안 달아주지?'라는 생각도 안 하게 될 겁니다.

9-3

이웃 관리하는 방법

블로그는 이웃 관리도 상당히 중요합니다. 현재 저의 이웃 수는 15,471명입니다.

activity
블로그 이웃 **15,471** 명
글 보내기 **24** 회
글 스크랩 **6,191** 회

서로이웃은 최대 5,000명까지만 만들 수 있고 그 이상은 서로이웃이 아닌 나에게 이웃을 신청한 사람들로 카운트됩니다. 그래서 저의 이웃 수는 5,000명이 아닌 15,471명이 될 수 있었던 겁니다. 즉 서로이웃이 다 차서 더 이상 받을 수 없더라도 서로이웃 신청이 들어오면 [거절]해서 자동으로 [나를 추가한 이웃]으로 돌릴 수 있는 겁니다. 그래서 소통을 잘하는 블로거와는 5,000명이 다 차더라도 소통을 하지 않는 서로이웃을 이웃으로 돌리고 새롭게 서로이웃을 받으면 됩니다.

[내 메뉴 → 관리 → 기본 설정 → 내가 추가한 이웃]

이렇게 들어가면 서로이웃 관리페이지가 나옵니다.

이곳에서 [그룹 추가]를 누르면 폴더를 생성할 수 있는데 어떻게 관리할지는 직접 설정하면 됩니다. 저 같은 경우는 '찐소통블로거', '소통하지않는블로거', '사업자블로거' 등으로 세분화해서 관리 중입니다. 이렇게 분류해서 관리하게 되면 좀 더 확실히 찐 소통이 가능하고, 서로이웃이지만 소통하지 않는 블로그는 따로 분류해 두면 관리가 쉬워요. 이웃 관리를 잘하는 것도 하나의 스킬입니다.

블로그가 성장하면서 이웃 수가 많아질수록 이웃 수만 보고 협찬이 들어 오기도 합니다. 그리고 소통하는 이웃이 많을수록 나중에 블로그 마켓이나 다른 사업을 하게 되어도 도움을 많이 받을 수 있을 거예요. 그러니 서로이웃은 꼭 신경써서 관리해야 합니다.

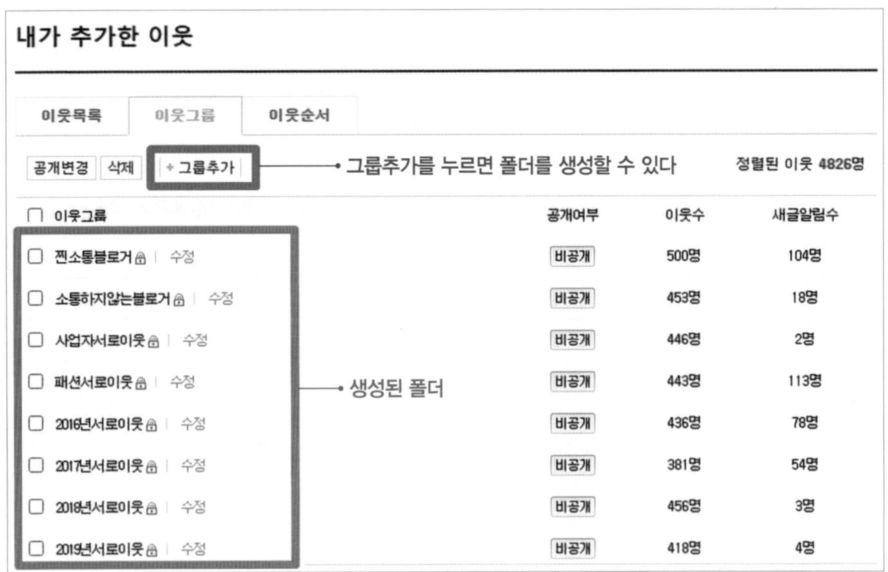

→ 서로이웃을 디테일하게 관리하면 소통이 더 쉬워진다 / 출처 : 네이버

CHAPTER 10

벤치마킹으로 한 단계 성장

10-1

블로그는 벤치마킹이 중요하다

블로그만큼 벤치마킹이 중요한 곳은 없는 듯합니다. 초반에는 뭐가 뭔지 잘 모르다 보니 아무말이나 적게 되는데, 시간이 지나면서 다른 사람들의 글을 보다 보면 내 글이 한없이 초라하게 느껴지는 시기가 있습니다. 뭔가 변화를 주고 싶은데 어떻게 해야 할지도 모르고 막막해집니다.

이럴 때 가장 쉽게 변화할 수 있는 방법은 네이버에 상위노출되고 있는 다른 사람의 글 양식을 그대로 따라 해보는 겁니다. 내용을 따라 하는 게 아닙니다. 글 양식을 따라 해보는 겁니다. 인용구는 어떻게 사용하고 있으며 사진 배열이나 지도, 동영상 위치 등 모든 걸 그대로 해보세요. 몇 번 따라 하다 보면 나도 모르는 사이에 글 양식이 익숙해지고, 자연스럽게 변화가 생길 겁니다. 이렇게 벤치마킹한다고 해서 문제가 될 건 없습니다. 오히려 자신감이 생기게 될 거예요.

10-2

같은 주제 블로그 롤모델 찾는 방법

블로그를 좀 더 전문적으로 운영하고 싶어질 때 롤모델을 몇 명 선택해두면 내 블로그가 성장하는 데 많은 도움이 됩니다. 나와 같은 주제를 가진 운영을 잘하는 블로거를 롤모델로 삼으면 더 좋겠죠. 나의 롤모델을 설정해두고 글 작성 방식이나 사진 찍는 구도까지 하나씩 따라 하다 보면 어느 순간 나만의 방식을 찾게 되고, 누가 봐도 전문가다운 글로 보이게 되면서 빠르게 성장하고 있다는 걸 느낄 수 있을 겁니다.

그럼 내 주제와 똑같으면서 운영을 잘하는 상위 1%의 블로거를 찾는 게 중요합니다. 지금부터 롤모델을 찾는 방법을 알려 드리도록 하겠습니다.

나와 같은 주제를 가진 롤모델을 찾는 방법 중 가장 쉬운 건 바로 '블로그차트'를 이용하는 겁니다. 블로그차트 사이트에 들어가면 주간차트가 있습니다. 이곳에 들어가면 다양한 주제가 나오는데 나와 같은 주제를 클릭하면 해당 주제 상위 10

등까지의 블로그 순위가 나옵니다.

예를 들어서 [패션]을 클릭하면 패션을 운영하는 블로그 순위가 뜹니다. 그리고 블로그 주소를 클릭하면 해당 블로그로 이동이 되는데, 이런 식으로 하나씩 찾아보면서 내 컨셉 방향과 맞는 상위 1% 블로그를 찾으면 됩니다. 롤모델이 있고 없고의 차이가 엄청나게 많이 나게 됩니다.

이 블로그는 도대체 어떻게 운영하고 있길래 이런 협찬을 받는지, 어떤 키워드를 주로 사용하고 제목은 어떤 식으로 적는지, 그리고 정보성 포스팅은 주제에 맞게 어떤 식으로 적는지 등 다양한 정보를 얻을 수 있습니다.

각 블로그마다 컨셉이 다르고 운영하는 방식이 다르니 2명 정도 정해 놓고 비슷하게 운영만 해도 도움이 많이 됩니다. 잘하는 사람은 그만한 이유가 있으니까요.

→ 주간차트 클릭 후 내 주제와 같은 주제 카테고리를 클릭하면 된다 / 출처 : 블로그차트

전체랭킹	블로그 URL	메인 카테고리	순위증감	최고랭킹
1 -	blog.naver.com/qn	패션|의류	1 -	1 MAX
2 ▲1	blog.naver.com/hu	패션|의류	13 ▲2	3 MAX
3 ▲1	blog.naver.com/cl	패션|의류	34 -	12 MAX
4 ▲1	blog.naver.com/y	패션|의류	37 ▼2	10 MAX
5 ▼3	blog.naver.com/kmgu	패션|의류	45 ▼33	6 MAX
6 -	blog.naver.com/qntmxj	패션|의류	46 ▼2	40 MAX
7 -	blog.naver.com/bor	패션|의류	54 ▼2	42 MAX
8 -	blog.naver.com/araf	패션|의류	55 ▲2	44 MAX
9 ▲9	blog.naver.com/eun	패션|의류	64 ▲89	15 MAX
10 -	blog.naver.com/ssd	패션|의류	89 ▲5	15 MAX

→ 상위 10위까지의 주제에 해당하는 블로그가 나온다 / 출처 : 블로그차트

CHAPTER 11

블로그 수익의 시작 체험단과 협찬

11-1

국내에 있는 체험단 사이트 150곳 소개

저는 블로그를 하면서 가장 재미를 느끼게 된 곳이 바로 체험단입니다.

초반에는 정말 답답하게도 체험단은 절대하면 안 된다는 고정관념으로 인해 블로그 운영을 1년이 넘는 시간 동안 단 한 번도 체험단을 하지 않았습니다. 지금 생각하면 너무 미련했고 아무 의미 없이 블로그를 운영했던 거 같아요.

그렇게 1년간 방문자를 모으기 위한 글만 적다 보니 운영 기간은 길어지는데 그때까지도 뭘 해야 할지 모르겠더라고요. 사실 할 수 있는 게 아무것도 없었습니다. 조금만 더 빨리 체험단을 시작했다면 좀 더 빠르게 수익화를 이룰 수 있었는데 그 시기를 너무 늦게 시작한 겁니다. 그래서 저는 여러분께 최대한 빠르게 체험단을 시작해보라고 권하고 싶습니다.

체험단은 수익화를 위한 첫 단계라고 생각하면 됩니다.

내 블로그에 리뷰라는 게 없으면 협찬은 받기 힘듭니다. 입장을 바꿔 놓고 내가 광고주라고 생각을 해보세요. 리뷰 하나 없는 블로그에 제품을 믿고 맡길 수 있을까요? 저라면 절대 안 줄 거 같습니다. 그래서 블로그에 최대한 리뷰를 많이 쌓는 게 중요한 겁니다. 내 돈을 안 들이고 많은 리뷰를 축적할 수 있는 방법이 체험단인 겁니다. 우리나라에는 체험단 사이트가 생각했던 거 보다 훨씬 더 많습니다. 그동안 제가 모아둔 데이터만 봐도 150군데가 넘는데 지금도 계속해서 신규 사이트가 생기고 있으니 마르지 않는 우물이라고 생각하면 될 거 같습니다.

쇼핑을 좋아하는 사람은 하루에 몇 번씩 쇼핑 사이트에 들어가서 장바구니에 담아두잖아요. 그걸 체험단 사이트로 바꿔서 매일 쇼핑하듯이 신청하면 됩니다. 생각만 해도 즐겁지 않나요?

체험단 사이트에는 정말 없는 게 없습니다. 주제별로 제공되는 제품이나 서비스가 하루 종일 봐도 다 못 볼 정도로 많이 있습니다. 제품부터, 풀빌라, 맛집, 미용실, 가전제품 등 매일매일 쏟아지는 체험단으로 신청하는 재미가 쏠쏠한 곳이라고 생각하면 됩니다.

한 가지 예를 들어서 여성들은 미용실에 가서 시술 한번 받으면 몇십만 원은 지출되는데, 그걸 체험단으로 대신하면 비용을 줄일 수 있는 겁니다. 이렇게 아껴진 비용은 여유자금이 되니 한 달 경비만 아껴도 엄청난 지출을 막을 수 있는 겁니다.

블로그를 시작했다면 한 달간 꾸준히 글을 작성해 보세요. 하루에 글 한 개씩 적는 게 힘들지만 한 달 정도는 힘들어도 해보는 걸 추천해 드립니다. 한 달간 글을 작성할 때 되도록이면 리뷰를 작성하세요. 일기 형식으로 글 작성은 안 하는 게 좋습니다. 리뷰가 있어야 체험단에 빠르게 선정이 될 수 있으니까요.

150곳의 체험단 사이트를 표로 만들었습니다. 참고하시고 다양한 체험단에 도전해보세요.

150곳의 체험단 사이트

[레뷰] 국내 체험단 1위

레뷰는 국내에서 규모가 가장 큰 체험단 사이트입니다. 하루에 새롭게 업데이트되는 체험단만 수백 개가 되는 곳이라 가장 먼저 이곳에서 시작하는 걸 추천해 드립니다.

레뷰의 장점은 체험단이 많기도 하지만 선정 기준이 비교적 공평한 곳이라 방문자가 적어도 선정이 잘 되는 곳입니다. 특히 선정되고 나서 마감 일자를 잘 지키고 가이드대로 리뷰를 잘 남기는 블로그는 다음에 선정이 더 잘되는 곳이니 최대한 정성껏 리뷰를 작성해야 합니다. 한 가지 팁을 드리자면 초반에는 신청자가 많이 없는 곳을 공략하는 게 좋습니다. 첫 신청자는 아무래도 진행했던 리뷰가 없어서 선정이 잘 안될 수 있으니 남들이 하지 않는 걸 집중적으로 공략해서 리뷰를 계속 남기는 방향을 잡는 게 현명합니다.

그렇다고 내가 하고 싶은 걸 하지 말라는 게 아니라 원하는 것도 신청하면서 남들이 안 하는 것도 같이 신청하라는 겁니다. 저도 처음엔 비누부터 시작했습니다. 가볍게 시작하는 걸 추천합니다. 선정이 안 된다고 실망하지 말고 꾸준히 신청하는 게 포인트입니다. 한번 선정되기 시작하면 정신없을 정도로 계속해서 선정되니까요. 모든 체험단이 똑같지만, 사이트 내에 카테고리별로 볼 수 있습니다.

저는 블로그 주제가 패션이라 패션 카테고리에 있는 체험단은 모두 신청하고 그 외 카테고리에서 신청합니다. 내 블로그 주제 비중을 높여 가려면 이 방법이 가장 좋습니다. 체험단에 선정이 되면 남들보다 더 열심히 사진을 찍고 리뷰를 남겨 보세요. 그러면 앞으로 선정이 더 잘될 겁니다.

여행을 좋아하는 사람들에게 체험단 신청 팁을 드리자면 먼저 내가 가고자 하는 해당 지역을 검색해서 숙소를 먼저 신청합니다. 체험단 사이트는 엄청나게 많으니 여러 곳에서 신청하세요. 그리고 그중에서 숙소가 하나 선정이 되면 일정에 따라 나머지 신청한 숙소는 모두 취소를 합니다. 그다음 해당 지역 맛집을 신청해서 선정되면 숙소와 식당이 해결되는 겁니다.

2박 3일이면 숙소가 2곳이 필요할 거고 1박이라면 한 군데만 선정이 되면 됩니다. 저는 이런 식으로 제주도 여행을 비행기 푯값만 지불하고 3박 4일을 다녀왔습니다. 렌터카부터 식당, 숙소, 모두 해결이 된 거죠. 체험단을 내 생활에 맞게 잘 활용하면 됩니다.

요리를 하는 사람은 요리에 어울리는 그릇이나 조리를 할 수 있는 오븐같은 걸 신청하고 요리 재료도 같이 선정되면 요리할 때, 해당 그릇이나 도구를 함께 사용하면서 한번 촬영할 때 훨씬 더 퀄리티 있는 리뷰를 여러 개 찍을 수 있습니다. 한 번에 끝낼 수 있게 연계해서 신청해도 좋다는 겁니다. 그렇게 연계해서 신청이 가능할 만큼 체험단이 있냐고 물어볼 수도 있는데 다 있습니다. 여러 사이트를 찾아보면서 연계할 수 있는 게 뭐가 있을까 생각하면서 신청을 해보세요.

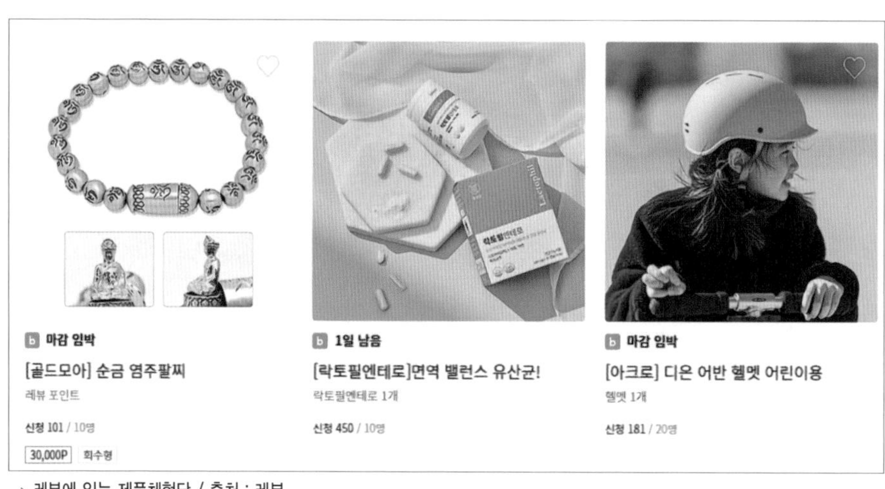

→ 레뷰에 있는 제품체험단 / 출처 : 레뷰

숙소 체험단 / 출처 : 레뷰 →

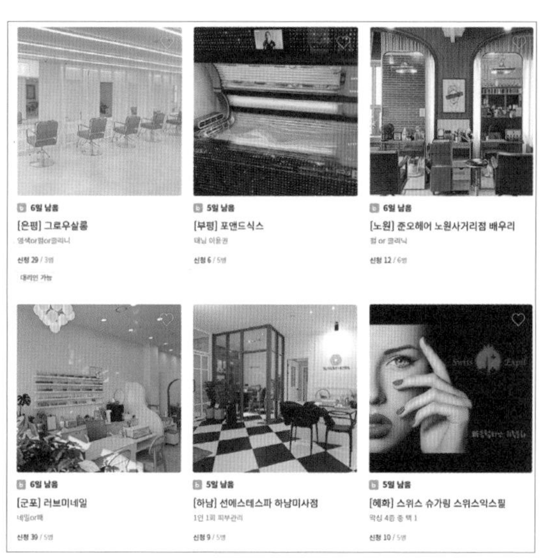

뷰티 체험단 / 출처 : 레뷰 →

레뷰 사이트가 좋은 이유 중 하나가 프리미어 체험단이 있습니다. 블로그 하루 방문자가 3,000명 이상이 되면 블로그 프리미어에 신청해서 선정되면 활동할 수 있고, 네이버 인플루언서라면 네이버 인플루언서에 신청이 가능해집니다. 선정되어서 활동하게 되면 그전에는 체험만 하던 방식에서 소정의 원고료를 추가로 받을 수 있어서 수익에 도움이 되게 됩니다.

다음 그림을 보면 사각형에 금액이 적혀 있는 걸 볼 수 있습니다. 제품을 제공하고 거기에 추가로 2만 원을 받을 수 있다는 표시입니다. 열심히 해서 프리미어 체험단에도 도전해 보세요.

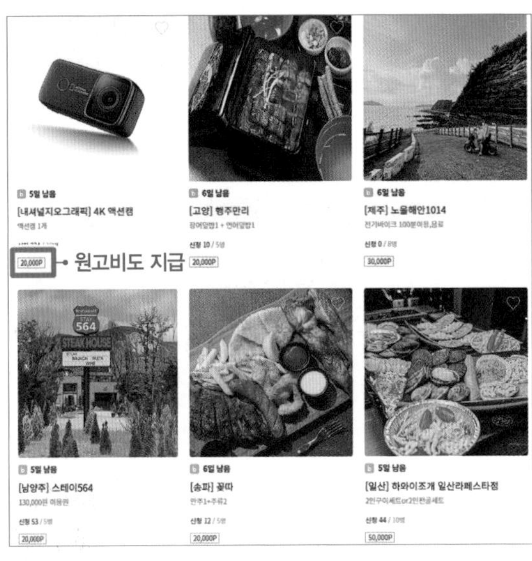

→ 프리미어 체험단 / 출처 : 레뷰

오늘부터라도 열심히 신청해 보세요. 신청 기준은 내 블로그에 글이 하나도 없는데 신청하는 게 아닙니다. 적어도 리뷰가 10개 이상은 있어야 하니 10개가 채워지면 선정이 안 되더라도 꾸준히 계속 신청해 보시길 바랍니다.

다퍼주는남자가 만든 체험단 사이트

키플랫체험단은 제가 꼭 만들어 보고 싶었던 사이트입니다.

기존 체험단 사이트들은 블로그 지수가 낮거나 방문자가 없는 블로그들은 선정이 잘 되지 않기 때문에 그런 양극화를 해결해 보고자 제작한 사이트입니다.

누구나 블로그 글을 퀄리티 있게 작성하면 철저히 "스마트블록" 키워드를 적용하기 때문에 방문자가 없어도 블로그 지수가 낮아도 선정이 될 수 있도록 제작했습니다.

네이버에 "키플랫체험단"을 검색하면 됩니다.

→ 키플랫체험단은 다퍼주는남자가 만든 체험단 사이트입니다

깔끔한 인터페이스와 선정 후 리뷰어와 광고주가 서로 연락할 필요 없이 선정된 캠페인에서 바로 예약할 수 있는 버튼이 있어 예약 후 날짜와 시간에 맞춰 방문만 하면 되는 편리한 기능이 있습니다.

블로거의 입장에서 기능을 많이 만들었기 때문에 체험단을 진행하는 데에 불편함이 없을 겁니다.

11-2

협찬은 어떻게 받을 수 있을까?

협찬은 체험단과 비슷하지만, 대상이 다르다고 보면 됩니다.

체험단은 내가 신청해서 다른 블로거와 경쟁을 통해 선정되어야만 할 수 있는 거지만, 협찬은 직접 이메일이나 댓글을 통해서 제안받는 겁니다. 즉 협찬 같은 경우엔 내가 승낙만 하면 바로 진행이 된다는 차이점이 있습니다. 그리고 가장 좋은 건 제안이 올 때 대부분 원고료도 함께 옵니다.

저를 예로 들면 보통 제안이 올 때 원고료를 포함해서 오는 경우도 있고 원고료를 얼마를 줘야 할지 먼저 물어보는 경우가 있습니다. 보통은 이메일로 먼저 리뷰를 어떻게 해야 하는지와 제공되는 제품이 어떤 건지 그리고 원고료는 얼마인지 구체적으로 제안이 옵니다. 제가 승낙을 하면 바로 진행이 되는 거죠.

추가 내용은 하기 표 참고 부탁드리며 상세 내용은 추후 가이드라인 전달시 안내 예정입니다.

노트북 컨슈머 제품	
진행 내용	*) 컨슈머 제품 블로그 포스팅1건진행 *** 포스팅 오픈 일정: 4월 25일** - 날짜는 고객사에 의해 미세 변동될 수 있습니다. * 자세한 내용은 섭외 확정시 추가안내와가이드라인,개별 이미지 파일을 전달드리겠습니다. *** 초안은 반드시 워드 파일**에 작성하여 으로 전달 * 고객사 원고 컨펌 후 오픈 일정 안내
필수 조건	- 블로그 포스팅 1건 업로드 - 필수 키워드 / 해시태그 삽입 필수 **- 제품 체험이 없는 정보형 콘텐츠 작성** **- 본인 블로그 스타일에 맞춰 내용 수정 후 초안 전달** - 원고 컨펌 후 오픈 일정에 맞춰 업로드 - 원고 오픈 후 통계 수치(누적 포스팅 조회수) 요청시 전달 * 총 1번 요청드립니다. - 콘텐츠 유지기간 : 3개월 이상 필수
포스팅 비용	블로그 포스팅 1건 업로드 기준 **원고료 ₩30,000** (3.3% 제세 없이 원고료 전부 입금) *제세는 없으나 추후 사업소득으로 신고되는 점은 참고 부탁드립니다.
포스팅 일정	(섭외 확정 안내 및 가이드라인 발송시 일정 전달 예정)
입금 일정	**프로젝트 종료 후 50일 이후의 당월 15일/30일에 일괄적으로 입금** 예정 / 콘텐츠 오픈 후 입금정보 요청

제품 체험 및 리뷰	
진행내용	- 제품 체험 및 리뷰 * 자세한 내용은 추후 가이드라인 파일 전달드리겠습니다.
필수조건	- 블로그 포스팅 1건 업로드 - 관련 URL 삽입 - 필수해시태그/이미지코드(콘텐츠 방문자 수 조회 코드) 삽입 - 원고 컨펌 후 업로드
포스팅 비용	블로그 포스팅 1건 업로드 기준 원고료: 100,000(3.3%제세 후 입금) + 제품 증정
포스팅 일정	콘텐츠는 워드파일에 작성하여 으로 전달주시면 컨펌 후 오픈 일정 안내
입금일정	프로젝트 전체 종료 50일 이후 일괄적으로 입금 예정으로 자세한 입금일정은 추후 안내

→ 어떤 걸 제공하고 원고료는 얼마를 주는지 적혀 있다

그동안 제가 가장 많이 받아본 원고료는 포스팅 글 하나에 65만 원입니다. 그 당시 업체와 계약을 해서 꾸준히 작성했었는데 한 달 원고료만으로 1,000만 원을 넘게 받았었습니다. 물론 이런 큰 금액을 매번 받아 볼 수 있는 건 아니지만 블로그의 영향력도 이 정도는 된다고 생각하면 될 거 같네요.

그럼 이런 협찬은 아무에게나 줄까요? 당연히 아닙니다. 협찬을 받기 위한 조건은 그동안 경험치로 이야기하자면 몇 가지가 있습니다.

> 네이버에 상위노출이 잘 되는 블로거.
>
> 브랜드 컨셉에 맞게 사진을 잘 찍는 블로거.
>
> 브랜드 컨셉에 맞게 전문적으로 내용을 잘 적는 블로거.
>
> 네이버 인플루언서.
>
> 블로그 방문자가 많은 블로그.
>
> 전문적인 리뷰가 많은 블로그.

위 조건 외에 다양한 조건들이 있겠지만 대부분의 협찬을 주는 업체 입장에서는 위 조건이 중요한 지표 중의 하나입니다. 원고료를 지급하는데 대충 선별해서 보내진 않는다는 겁니다. 그래서 협찬받기 위해서는 리뷰가 많아야 하고 정성스럽고 전문적이게 리뷰를 많이 쌓아 두어야 하는 겁니다. 이런 리뷰를 내 돈 안 들이고 작성할 수 있게 해주는 곳이 체험단이라는 겁니다.

협찬받기 위해서 체험단으로 블로그의 노출 순위를 조금씩 높이는 게 가장 중요합니다.

체험단을 꾸준히 해야 하는 이유이기도 하고 체험단 글도 전문적으로 작성을 해야 하는 이유이기도 한 거고요. 블로그에 들어가면 리뷰 글을 대충대충 적고 사진도 대충 찍어서 올리는 사람이 많습니다. 입장을 바꿔서 생각해 본다면 그런 사람에게 원고료까지 지급하면서 제품을 맡기고 싶을까요? 이왕이면 사진도 잘 찍고 글도 성심성의껏 상세하게 적는 사람에게 우선 순위 둘 수밖에 없습니다. 광고주 입장에서 생각하면 답은 뻔하게 나옵니다.

저는 그동안 받아본 협찬 중에 가장 고가의 제품은 180만 원짜리 노트북이었습니다. 물론 이런 고가의 제품과 원고료를 지급하는 협찬은 포스팅을 2~3번 정도 해야 하는 조건이 포함되어 있지만, 안 할 이유가 없는 거죠.

협찬받은 노트북리뷰 보러 가기

그 외에도 협찬은 그동안 1,000건이 넘도록 받았습니다. 한 달 평균으로 보통 하루에 2~3건 정도의 협찬을 받은 겁니다. 그런데 협찬이 들어온다고 무조건 수락을 할 필요는 없습니다. 나에게 도저히 맞지 않는 건 과감히 거절도 해야 합니다. 까다로운 협찬도 많으므로 돈에 눈이 멀어서 무조건 다 받다 보면 오히려 스트레스를 받을 수 있으니 나에게 맞는 걸로 잘 가려 가면서 받아야 합니다.

그리고 한 가지 알아야 할 것은 블로그를 운영만 한다고 무조건 협찬이 들어오질 않습니다. 계속 얘기하지만 내가 광고주라고 생각하면 답이 뻔하죠. 블로그를 만들고 대충 작성한 글을 일주일에 하나씩 포스팅 올리면서 협찬을 바라는 건 욕심이라는 겁니다.

나는 분명 열심히 잘하고 있는 거 같은데 협찬이 정말 안 들어온다는 사람도 있어요. 그런 사람에게 협찬에 대해서 한 가지 팁을 주자면 내 주제와 같은 협찬을 많이 받는 블로거들과 친하게 지내세요.

블로그 방문해서 댓글도 달아 주고 소통하다 보면 찐 이웃이 될 수 있는데 앞으로 협찬 제안 받으면 나도 같이 추천해달라고 하면 됩니다. 보통 광고주는 개별적으로 제안을 하는데 제안을 한 블로거가 추천해 주는 건 신뢰하고 진행하는 경우가 많습니다.

이렇게 우회적인 방법으로 광고주들과 인연이 되면 계속해서 진행하게 되는 겁니다. 이런 업체들이 하나둘씩 쌓이게 되면 꾸준한 협찬으로 진행할 수 있게 됩니다.

그리고 또 한 가지 방법은 직접적으로 제안을 해보는 방법이 있습니다. 저 같은 경우엔 정말 해보고 싶은 협찬이 있다면 직접 소통해서 제안을 합니다.

이런 제안 역시 두 가지로 나눌 수 있습니다.

내 블로그가 상위노출이 너무 잘되고 협찬 진행을 엄청 많이 한 블로그라면 단독으로 제안을 해도 되고, 그런 조건이 없는 블로그라면 나와 같은 주제를 가진 블로거 중에 잘하는 사람을 섭외해서 그룹으로 나와 함께 엮어서 제안하는 겁니다. 그럼 잘하는 블로거들과 묶여 있으므로 진행을 함께 할 수 있습니다. 여태껏 직접 제안을 많이 했었는데 생각보다 승낙률이 높아서 가장 추천하는 방식이기도 합니다.

PPT 같은 경우엔 미리캔버스처럼 무료 사이트가 많으니 제작하는데 어려움이 없을 겁니다. 하나 만들어 두면 계속 사용할 수 있으니 꼭 해보시길 바랍니다.

다퍼주는남자 마케팅

체계적인 서비스를 통한,
브랜드 파워 강화 및 매출 상승

STEP 01 블로그 협찬제안

STEP 02 정밀 분석을 통한 브랜드 포지셔닝

STEP 03 블로그 협찬 진행 방향

STEP 04 해당 마케팅 상품 진행

STEP 05 결과 공유 및 향후 마케팅 전략 수립

→ 실제 제안을 보낼 때 사용한 자료 중 일부 캡처 화면

CHAPTER 12

돈이 되는 블로그 주제 설정

12-1

주제에 대한 부담감을 버려라

블로그에서 주제만큼 중요한 건 없습니다. 그렇다고 블로그를 개설해두고 바로 주제를 정해서 운영할 필요는 없습니다. 왜냐하면 블로그 주제를 처음부터 정해 놓고 해봐야 운영 도중에 나와 맞지 않는 경우도 많고, 글 소재가 힘든 주제로 시작했다면 글 하나 적는 것도 힘들어서 도중에 그만두게 되니까요.

사람들은 직장생활에 스트레스를 받거나 일상이 지루하다 보니 블로그에서는 내가 평소에 하지 못하는 이상적인 주제를 선택하게 됩니다. 예를 들면 여행이나 푸드 같은 걸로 말이죠. 평소에 잘하진 못하지만 블로그로 여행하면 잘할 거 같다는 착각이 들거든요. 하지만 평소에도 잘하지 못하는 여행을 블로그를 시작했다고 해서 여행 진행이 잘 될 거 같나요?

주제는 언제든지 내가 원하면 변경을 할 수 있으니까 크게 고민하지 마세요.

블로그는 하나의 주제만으로 운영하는 게 가장 이상적인 건 맞습니다. 네이버가 추구하는 방향도 이와 일치를 하지만 딱 하나의 주제만으로 운영하는 블로거는 거의 없다고 보면 됩니다. 그만큼 블로그 주제는 한 가지로 유지하기 힘든 구조입니다. 저 역시도 패션 인플루언서로 블로그를 운영 중이지만 100% 패션 글을 적고 있지 않습니다. 매일 패션으로 글을 작성한다는 건 거의 불가능에 가깝죠.

그래서 다양한 주제를 함께 해야 합니다. 메인 주제는 여러 주제 중에서 가장 비중이 높기만 하면 됩니다. 저는 한 달 기준으로 패션 50%, 뷰티 20%, 여행 10%, 제품리뷰 20%로 작성합니다. 주제를 4개로 가져가는 거죠. 이 중 가장 많은 리뷰를 남긴 주제는 제품리뷰입니다. 오히려 패션보다 높은 비중을 차지하지만, 블로그는 최근 글 위주로 비중을 보여주기 때문에 최근에 가장 많이 작성하고 있는 패션이 메인 주제인 겁니다. 9년간의 운영 기간 중 패션으로 주제를 바꾼 지는 5년 전이니까 당연히 그전에 제품리뷰를 했던 글이 더 많을 수 있는 거죠.

저 역시 블로그를 운영한 지 4년 후부터 패션을 메인 주제로 바꿔서 운영했습니다. 제가 중간에 주제를 바꿨다고 해도 누구 하나 저에게 패션 블로거가 아니라고 지적하는 사람은 없습니다. 비중을 나눠서 운영하는 이유는 패션만 운영한다면 매일 글을 작성할 수 없기 때문이죠.

블로그는 지속성이 상당히 중요하기 때문에 매일 글을 작성하기 위해서는 그만큼 다양한 소재거리가 필요한 겁니다. 그래서 다양하게 운영하지만 내 메인 주제 비중을 높여서 큰 주제는 벗어나질 않는다는 거죠. 이건 상당히 중요합니다. 만약 나는 죽어도 한 가지 주제로 운영하겠다면 해도 됩니다. 가장 이상적인 방향이기도 하니까요. 하지만 저는 처음에는 하고 싶은 걸 다 해보시라고 전하고 싶습니다.

여행, 맛집, 제품, 비즈니스, 경제, 엔터테인먼트, 육아 등 블로그에 있는 모든 주제를 할 수 있는 대로 다 해보세요. 그리고 어느 정도 운영하다가 나와 정말 잘 맞는 주제가 생겼을 때 확실한 주제를 가지고 저처럼 비중을 높여 운영해 보시길 바랍니다. 블로그는 대가가 없으면 운영하는 도중에 딜레마에 빠지게 됩니다. 도대체 뭘 위해서 블로그를 하고 있는지 모르게 되는 겁니다. 바쁜 시간 쪼개 가면서 어렵게 글을 작성하는데 아무런 대가가 없다면 글 적는 게 너무나 힘들고 의미도 없어지기 때문입니다. 그러니 초반부터 각을 잡고 한가지 주제로 하려는 생각을 접어두고, 글 하나를 적더라도 의미 없는 육아일기 같은 글보다는 집에 있는 제품이나 다녀온 여행지, 맛집 같은 정보를 전달하는 리뷰를 작성해 보세요. 그렇게 딱 한 달간만 운영하고 계속 체험단을 신청하면서 제품이나 서비스를 지속적으로 제공 받는 게 블로그를 그만두질 않고 운영하는 가장 쉬운 방법입니다.

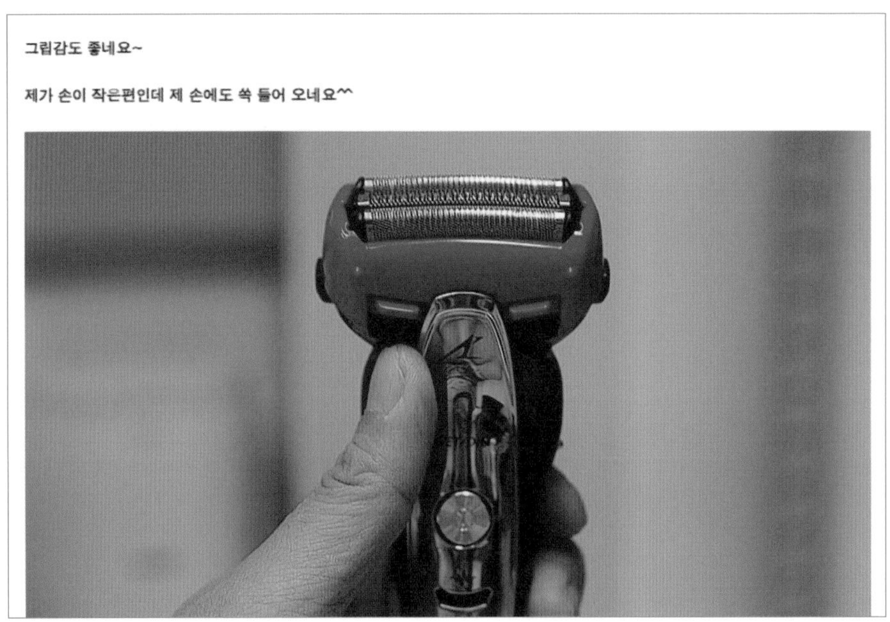

→ 이미 사용하고 있던 면도기 리뷰

저는 초반에 블로그 운영할 때 집에 있는 제품들과 여행지로 리뷰를 했었습니다. 꼭 돈을 들여서 리뷰를 할 필요가 없다는 거죠. 집에서 이미 사용하고 있던 면도기나 캠핑장에 놀러 간 김에 찍어온 사진, 식당에 먹으러 간 김에 찍어온 사진 등으로 하나씩 블로그 리뷰수를 늘려나간 겁니다.

이렇게 리뷰가 쌓이게 되면 자연스럽게 체험단이 선정되기 시작합니다. 그럼 더 이상 내 돈을 들여가면서 리뷰를 남기지 않아도 되는 겁니다. 아니 돈을 들여서 리뷰를 남길 시간이 없어질 겁니다. 받은 체험단이나 협찬만으로도 매일매일 글을 작성할 수 있게 될 거니까요. 그만큼 체험단은 끊임없이 선정될 겁니다.

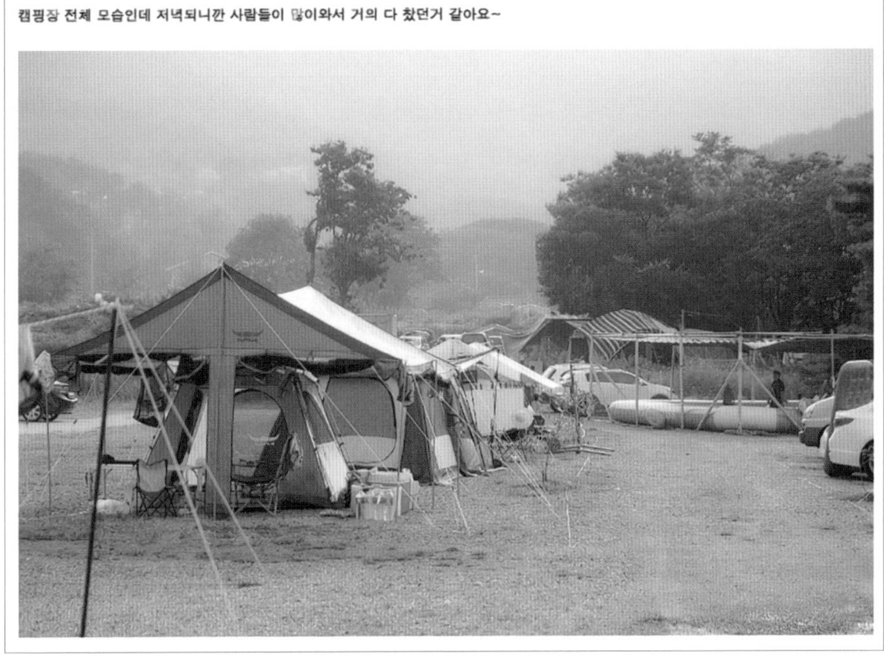

→ 캠핑장을 방문한 김에 사진을 찍어 남긴 리뷰

주제는 정말 어이없게도 내가 전혀 해보지 못한 곳에서 적성이 맞을 때가 있습니다. 제가 그렇습니다. 패션이라곤 살면서 단 한 번도 생각해 본 적이 없었는데, 이렇게 다양한 체험단을 하다 보니 평소에 내 돈을 들여서는 생각해 보지 못했던 패션 쪽에 적성을 찾았습니다. 체험단을 하지 않았다면 패션을 주제로 할 생각조차 못했을 겁니다.

주제에 대해서 초반에는 크게 신경을 쓰지 말라고 하면 이런 질문을 하게 됩니다. '블로그 주제가 다양하면 블로그에 안 좋은 영향을 주지 않나?', '체험단과 협찬을 많이 하면 블로그에 안 좋지 않나?' 당연히 궁금할 수 있는 질문입니다.

답변을 먼저 드리면 둘 다 걱정을 할 필요가 전혀 없습니다. 원칙적으로 말하자면 블로그의 순수 목적은 검색자들에게 정확한 정보 전달과 직접 경험한 솔직한 리뷰를 작성해야 하는 게 맞습니다. 체험단이나 협찬을 받아 작성되는 리뷰는 좋은 이야기만 하게 되니 솔직한 리뷰가 될 수 없다고 생각할 수 있습니다. 하지만 이미 네이버 블로그는 상업성을 가진 지 오래되었고, 이제는 네이버도 손을 쓸 수 없을 만큼 대부분의 블로거는 다양한 체험단과 협찬을 제공받아 작성하고 있습니다.

그래서 지금은 네이버에서도 직접 체험단을 운영하고 있습니다. 브랜드커넥트라는 걸 만들어서 양질의 체험을 할 수 있도록 제공해주고 있죠. 결론을 이야기하자면 체험단이나 협찬을 계속 받아 매일 글을 작성하더라도 블로그에 어떠한 악영향을 주진 않습니다. 오히려 글을 더 자주 발행함으로써 블로그 성장에 좋은 영향을 주는 겁니다. 다만 체험단 리뷰라도 포스팅을 작성할 때 최대한 경험에 중심을 두고 정확한 정보를 남기는 게 중요합니다.

식당에 체험하러 갔다면 이 식당에 대한 정확한 정보인 메뉴, 영업시간, 전화번호, 주차장 여부/공간 등 검색하는 사람들이 궁금할 수 있는 정보들을 담아내는 거죠. 한가지 주의할 점은 휴대전화 번호는 개인정보이기 때문에 될 수 있으면 매장 전화번호를 적는 게 좋습니다.

그리고 무턱대고 솔직한 리뷰를 하겠다고 식당에 방문해서 안 좋은 점을 리뷰하면, 오히려 해당 업체로부터 신고당해서 블로그 글이 게시 중단됩니다.

솔직한 리뷰는 영업 방해, 악의적인 리뷰로 판단되어서 내 블로그에 안 좋은 영향을 주는 시대입니다. 안좋다고 판단하는 건 나만 그럴 수 있다는 데 있으니 조심하는 게 좋죠.

상위 1%의 블로거들도 매일 작성하는 글 중 거의 100%가 협찬이나 체험단으로 작성하고 있습니다. 주제 역시 한 가지가 아닌 여러 가지를 가져가지만 그중 메인 주제의 비중을 높게 가져가는 거죠. 그러니 협찬이나 체험단 글만 작성한다고 블로그에 안 좋을 거라는 생각은 하지 않아도 됩니다.

12-2

블로그 운영 목적과 목표를 정해야 한다

블로그를 시작했다면 왜 블로그를 운영하는지 목적이 있어야 합니다. 수익을 만들기 위함인지 사업을 홍보하기 위함인지 아니면 내가 가진 정보를 적어서 책을 출판하고 싶은지 등 많은 목적이 있을 수 있겠지요. 이 중에서 50% 이상은 부가적인 수익을 올리기 위함일 겁니다.

지금 이 책을 읽고 있는 사람이라면 블로그를 시작하는 목적이 비슷할 겁니다. 블로그의 목적은 크게 두 가지로 나눠집니다. 본업 외에 부업 개념으로 수익적인 부분을 바라고 있거나, 지금 하고 있는 사업에 홍보 수단으로 이용하고 싶을 겁니다.

만약 위 두 가지에 해당한다면 네이버 블로그를 하는 게 맞습니다. 하지만 블로그를 통해서 책을 내고 싶거나 하고 싶은 내용을 전달하고 싶다면 차라리 '브런치'를 하는 걸 추천해 드립니다. 브런치에서 작가로 등록 후에 하고 싶은 이야기를 마음껏 펼쳐서 그걸 토대로 책을 출판하는 게 가장 이상적인 방법입니다. 이러듯 블로그를 하려는 목적이 정해지면 운영 방법은 그에 맞게 하면 되는 겁니다.

월 200만 원의 부가적인 수익을 올리고 싶다면 그에 맞게 단계적인 세부 목표도 설정해두고 운영하면 좀 더 체계적인 운영이 가능해집니다.

'첫 달은 체험단 선정을 통해서 생활에 들어가는 지출을 30만 원 정도 줄여 보겠다.'

이런 식의 세부 목표가 있다면 블로그를 하는 데 의미가 있고 재미를 붙여 나갈 수 있어서 쉽게 그만두질 않을 겁니다.

사업자 블로그의 방향

사업자 블로그를 운영하는 사람은 개인 블로그처럼 다양한 걸 하는 것보다는 사업과 관련된 글을 작성하는 게 이상적인 방향입니다. 방문자를 신경 쓰다 보면 정체성을 잃어버리기 쉬우므로 될 수 있으면 사업과 관련이 있는 정보를 전달하는 게 좋다는 말입니다. 단 한 명이 내 글을 봐주더라도 내 사업과 연계가 되게 운영되어야만 합니다. 그래야 사업이 성장을 할 수 있습니다.

블로그만큼 비용을 들이지 않고 사업을 홍보할 수 있는 채널은 많지 않습니다. 요즘은 유튜브가 대세가 되긴 했지만, 영상이 전달할 수 있는 영역과 글이 전달할 수 있는 영역은 확연히 구분되니까요. 유튜브는 진입장벽이 아직은 힘든 게 사실입니다. 영상을 촬영하고 편집 과정을 거쳐 하나의 영상을 만드는 데에만 많게는 며칠씩 걸리기도 하고 그 영상이 조회수가 일어나질 않으면 노력 대비 성과가 거의 없게 되니까요. 그리고 가장 중요한 건 콘텐츠 자체를 사업적으로 운영을 하면 사람들이 안 봐준다는 치명적인 단점이 존재하죠. 획기적인 기획과 촬영기법 등 다양한 진입장벽이 단점이기도 합니다. 그래서 가볍게 언제든지 마음만 먹으면 바로 작성할 수 있는 블로그만큼 좋은 홍보 수단이 없는 겁니다.

사업자 블로그는 하루에 방문자가 50명이 들어와도 효과를 볼 수 있는 곳입니다. 왜냐하면 내 사업에 관련된 글을 계속 작성했기 때문에 50명밖에 안 되는 조회수라도 모든 조회수가 내가 판매하는 물품이나 내용에 관심이 있는 사람들이기 때문입니다. 쉽게 이야기하면 내 물건을 구매할 가능성이 높은 사람이라는 거죠. 단순히 방문자를 늘리기 위해서 관련도 없는 조회수가 높은 글을 계속 발행을 해봐야 내 사업에 아무런 관심도 없는 사람들이기 때문에 의미가 없는 겁니다. 차라리 한 명이 보더라도 관심이 있는 사람이 보는 게 낫다는 겁니다.

음식물 분쇄기를 설치하는 업체를 예를 들어 보겠습니다. 대부분의 사람은 음식물 분쇄기를 설치하기 위해서 가격도 궁금하고 내가 사는 지역에 설치하는 곳이 있는지도 알아봐야 해서 유튜브보다는 블로그를 검색해서 보게 됩니다. 그렇게 글을 보다가 마음에 드는 게 있으면 해당 업체로 연락하게 되는 겁니다. 이런 글들이 수십 개 수백 개가 쌓여 있다면 내 사업자 블로그를 찾는 사람은 점점 늘어나게 되고 문의 전화가 늘어나는 걸 느끼게 될 겁니다. 다음 음식물 분쇄기 글 예시를 보면 답이 있습니다. 이런 제품 리뷰를 보는 사람들은 어떤 이유에서 보는 걸까요? 당연히 음식물 분쇄기에 관해서 관심이 있어서 보는 겁니다. 당장 구매하지 않더라도 잠재적 고객이 될 수 있는 거죠. 그리고 글 내용에 구미를 당기게 만드는 내용들이 많고 구매 결정을 염두에 둔 사람이 내 글을 본다면 블로그에 적어둔 연락처를 보고 문의 전화가 올 수도 있는 겁니다. 이렇게 사업자 블로그는 방향을 확실히 잡고 운영할 필요가 있습니다.

음식물처리기를 생각 하고 계셨던분들은
꼭 이번 기회에 설치 해보세요.
할일까지
면 42만원에 구입할수 있습니다.

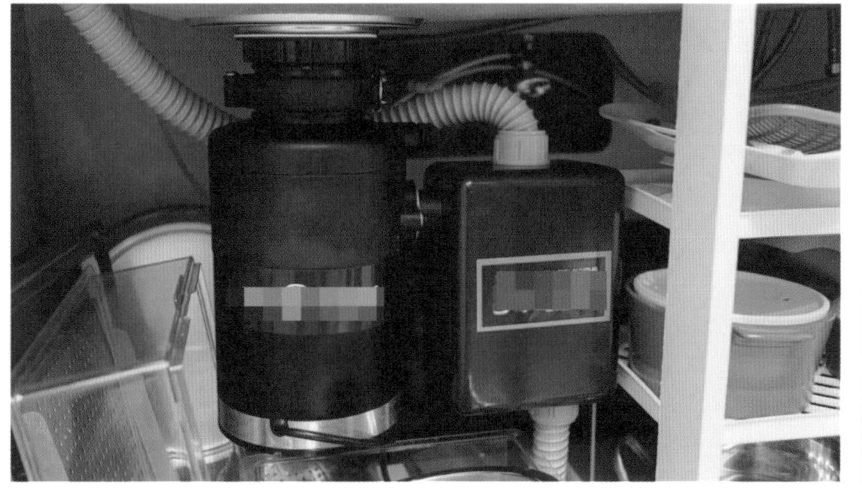

→ 찾고자 하는 제품의 가격이나 설치 정보를 손쉽게 알 수 있는 곳이 블로그이다

개인 블로그의 방향

개인 블로그는 사업자 블로그와는 다른 방식으로 운영이 되어야 합니다. 당연히 수익이 목적이라면 방문자를 많이 들어 올 수 있게 다양한 조회수가 일어날 수 있는 이슈 포스팅을 작성해야 하고, 좀 더 전문적으로 성장시키고 싶다면 한 가지 주제를 메인으로 삼아서 내가 어떤 주제를 가지고 운영하고 있다는 걸 확실히 보여줄 필요가 있습니다. 남들이 잘하고 있고 돈이 된다고 나도 똑같이 돈이 되고 잘 되는 게 아닙니다.

12-3

돈이 되는 주제는 뭐가 있을까?

다음 그래프는 네이버 블로그 상위 1천 개의 대한 평균 조회수 데이터입니다. 단순 조회수가 많다고 돈이 되는 건 아니지만 상대적으로 조회수가 없는 주제보다는 그만큼 기회가 더 많은 건 사실입니다. 뭐든지 트래픽이 몰리는 곳에 돈도 몰립니다. 이 중에서 일상, 생각은 포괄적인 주제라 메인 주제로 가져가는 건 추천하지 않습니다.

블로거들 입장에서는 체험단에서 나오는 체험 목록을 봐도 공급이 많은 곳은 바로 알 수가 있습니다. 패션, 뷰티, IT, 인테리어, 요리, 육아, 맛집, 여행, 상품리뷰 등의 주제는 항상 홍보하고자 하는 광고주들이 넘치는 주제로 제품이나 서비스를 얻으면서 운영하고자 한다면 앞의 주제들이 좋습니다. 단순 조회수로 애드포스트 수익만 얻겠다면 다른 주제를 해도 괜찮지만, 제품이나 서비스를 얻으면서 할 수 있는 주제를 메인으로 가지고 그 외의 주제는 조회수를 높이는 부주제로 해도 됩니다.

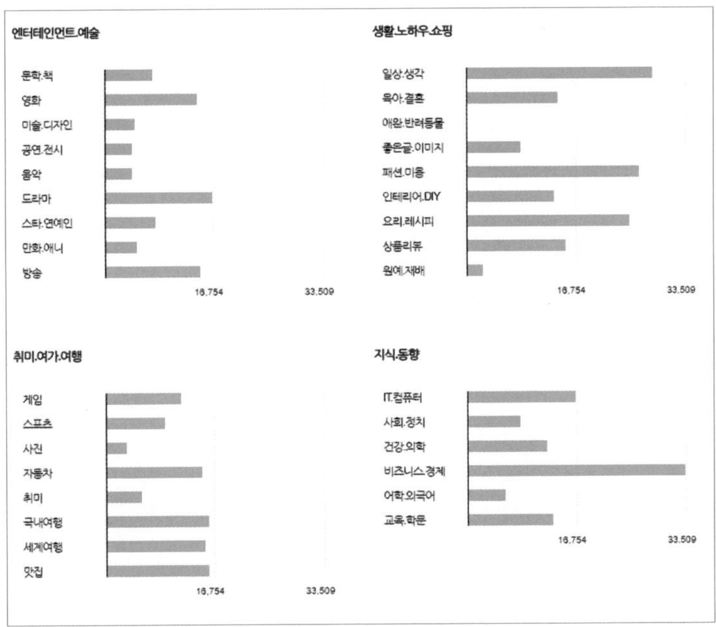

→ 상위 1천 개 블로그의 평균 조회수 데이터 / 출처 : 네이버

예를 들면 메인 주제는 요리이지만 스타, 연예인이나 영화같이 폭발적인 조회수를 일으킬 수 있는 주제를 부주제로 가져가면 되는 겁니다. 그럼 체험단, 협찬도 받아보면서 조회수도 함께 받아 볼 수 있는 겁니다. 영화를 메인으로 가져가게 되면 조회수는 일어날지 모르지만, 체험단이나 협찬을 받기에는 너무 힘든 주제입니다. 수익을 생각한다면 블로그의 기본은 체험단과 협찬입니다.

조회수만 올려서 수익을 본다는 건 너무나 힘든 일이고 매일 비슷한 조회수를 유지하는 것 또한 힘든 일이기 때문에 이왕이면 방문자에 덜 신경 쓸 수 있는 주제를 선택해서 꾸준히 운영하는 게 가장 이상적입니다. 그렇게 운영하다 보면 조회수는 자연스럽게 따라오게 됩니다.

PART 3

블로그 운영에 돈이 되는 전략

CHAPTER 13

돈이 되는 키워드 설정 방법

13-1

키워드를 제대로 알면 수익은 얼마든지 만들어진다

블로그를 운영하면서 가장 중요하게 생각해야 하는 게 키워드입니다. 키워드만 제대로 알면 블로그의 80% 이상은 쉽게 운영할 수 있습니다. 당장 블로그 글을 쓸 때도 키워드를 잘 사용해야 방문자도 늘어날 수 있고, 애드포스트 수익도 생길 수 있습니다. 이 모든 밑바탕이 키워드로 시작된다는 걸 알고 블로그를 해야 하는 겁니다. 나중에 마케팅 관련 사업을 진행하더라도 키워드를 제대로 깨고 있다면 마케팅도 상당히 쉬워지고 모든 마케팅 일에 큰 그림이 그려질 겁니다. 당연히 키워드로 수익은 엄청나게 만들 수 있게 되는 거고요.

저는 블로그를 시작하고 키워드를 제대로 알고 나서부터 본격적으로 마케팅사업을 시작했습니다. 블로그를 할 때는 너무나 당연하게 생각했던 키워드가 마케팅적으로 보니 돈을 벌 수 있는 블루오션 시장이더군요. 대한민국에서 사업을 하는 사람들은 모두 홍보가 필요하지만 어떻게 해야 하는지를 모르고 있습니다.

당장 집 주변만 살펴봐도 수없이 많은 매장이 있습니다. 이 모든 곳이 수익을 올릴 수 있는 곳이라고 생각하면 됩니다. 저는 지금도 키워드를 찾아서 업체들 일을 해주고 수익을 올리고 있습니다. 이건 그냥 하는 말이 아니라 진짜 원하는 대로 얼마든지 돈을 벌 수 있는 바탕이 키워드이니 가볍게 생각하지 말고 열심히 배워 보길 바랍니다.

13-2

키워드 찾는 사이트 3곳 소개

키워드를 잘 찾아낼 수 있어야 블로그 운영이 빨라지고 글을 작성하는데 어려움이 없어질 겁니다. 당연히 체험단이나 협찬도 수월하게 받을 수 있도록 만들어지겠죠.

키워드는 아무거나 막 쓴다고 방문자가 늘지도 않고 상위노출도 되질 않습니다. 내 블로그 지수에 맞는 키워드를 잘 찾아내어야만 남들보다 빠르게 성장할 수 있을 겁니다. 그럼 키워드를 빠르게 찾아낼 수 있는 사이트 3곳을 소개하겠습니다.

첫 번째는 여러분이 앞으로 가장 많이 사용해야 하는 사이트입니다.

네이버 광고

네이버에서 파워링크 광고를 하는 사업자들이 키워드 입찰을 할 때 참고하라고 만들어진 사이트인데 우리는 키워드 찾는 데 활용을 하면 됩니다.

검색창에 〈네이버 광고〉를 검색한 뒤, 로그인하고 [광고 시스템 바로가기]를 클릭하면 키워드 찾는 화면으로 넘어갑니다.

→ 출처 : 네이버

[도구] 누르고 [키워드 도구]를 누르면 됩니다.

→ 출처 : 네이버 검색 광고

그럼, 키워드 찾는 화면이 나옵니다.

→ 출처 : 네이버 검색 광고

제가 이곳을 추천하는 이유는 필요한 키워드를 찾을 때 연관 검색어도 굉장히 중요하기 때문입니다.

블로그 글 속에 연관 검색어를 넣어주면 상위노출에 좀 더 유리하게 적용될수 있습니다. 네이버 광고는 가장 많은 연관 검색어를 찾아 줄 수 있는 사이트이기 때문에 알려 주는 겁니다.

예를 들어서 〈남자 오버핏 티셔츠〉를 검색어로 한다고 했을 때, 조회를 누르면 연관 검색어가 총 1,000개가 나옵니다.

→ 출처 : 네이버 검색 광고

1,000개가 최대치이기 때문에 1,000개만 나오는 거지 결과값이 더 나올 수 있다면 수천 개가 더 나올 겁니다. 연관 검색어가 이렇게 많이 검색되는 사이트는 없습니다. 네이버 광고가 앞으로 여러분이 1인 마케팅 사업가나 개인 블로그, 사업 블로그를 운영하든 가장 많이 쓰일 수밖에 없는 곳이니까 잘 활용하면 됩니다.

그럼 네이버 광고에서 키워드를 찾고 보는 방법을 알아보도록 하겠습니다.

〈남자 오버핏 티셔츠〉를 검색하면 다음과 같은 결과가 나옵니다.

월간검색수		월평균클릭수		월평균클릭률		경쟁정도	월평균노출광고수
PC	모바일	PC	모바일	PC	모바일		
440	1,430	4.6	29.5	1.01 %	2.10 %	높음	15

→ 출처 : 네이버 검색 광고

여기서 월간 검색수는 한 달에 〈남자 오버핏 티셔츠〉로 사람들이 검색한 수입니다. PC 440명, 모바일 1,430명, 합산 1,870명이 한 달간 검색을 하는 키워드라고 보면 됩니다.

옆에 있는 월평균클릭수와, 월평균클릭률, 경쟁정도, 월평균노출광고수는 모두 파워링크에 참여하는 사업자들의 경쟁도를 보여주는 거라 크게 신경 쓰지 않아도 됩니다. 간혹 경쟁 정도가 높음으로 나와서 해당 키워드가 경쟁이 높아 적으면 안 된다고 하는 사람이 있는데 경쟁 정도는 이 키워드에 파워링크를 참여하는 사업자 수가 많아서 경쟁이 높다는 이야기이니 신경 쓸 필요가 전혀 없습니다.

키워드는 검색수가 있어야 사람들이 찾아보는 키워드이므로 최대한 검색수가 있는 키워드를 사용하는 게 좋겠죠. 키워드를 조회했는데 월 검색 수가 10 이하라면 거의 안 보는 키워드이므로 이런 키워드로 글을 작성하면 조회수를 받아보기 힘들다고 생각하면 됩니다.

키워드를 찾을 때는 공식이 있습니다. 무조건 조회수가 많은 키워드를 사용한다고 해서 방문자가 생기는 게 아닙니다. 조회수가 많은 키워드인데 이 키워드로 글을 작성한 블로그가 적다면 내 글이 상위 노출될 확률이 높아집니다. 아무래도 경쟁자가 적어야 확률도 높아지는 거니까요. 이렇게 조회수가 많은데 작성한 블로그수가 적은 키워드를 황금 키워드라고 부릅니다. 이런 황금 키워드를 많이 작성하는 게 좋은 겁니다. 그리고 한 가지 단어로 된 단일 키워드보다는 여러 개의 단어가 조합이 된 키워드가 경쟁이 낮다고 생각하면 됩니다.

어떤 키워드에도 '무조건'이라는 건 없습니다. 하지만 우리는 내 블로그에 맞는 키워드를 찾아야 하므로 확률적으로 경쟁이 낮은 곳을 찾는 게 가장 중요합니다. 그래서 네이버 광고에서 검색할 때는 현재 적으려는 내용과 일치하는 짧은 단어로 된 키워드로 먼저 검색하는 게 좋은 겁니다.

부산에 여행하면서 호텔에 숙박했다고 예를 들어 보겠습니다. 호텔 리뷰를 하기 위해서 사진을 찍어왔는데 막상 포스팅하려고 하니 어떤 키워드를 적어야 노출이 될지 모르잖아요. 그럴 때 네이버 광고에서 연관 검색어를 찾아보는 겁니다. 일단 부산이라는 확실한 지역이 정해져 있으니 〈부산 호텔〉을 검색해 봅니다. 그냥 아무 생각 없이 〈부산 호텔〉로 글을 작성하면 월간 검색수는 많지만, 그만큼 같은 키워드로 글을 작성하는 블로그가 많아서 경쟁이 엄청나게 높아 힘들게 글을 작성해도 방문자를 거의 받을 수 없는 겁니다.

그래서 연관 검색어로 다른 키워드를 적을 게 없는지 찾아봐야 하는 겁니다. 연관 검색어가 1,000개가 나오는데 이 중에서 내 블로그 지수가 낮다면 최대한 긴 단어로 이루어진 키워드를 찾는 게 좋다는 겁니다. 예를 들면 〈부산 호텔〉을 검색해서 나온 연관 검색어 중 〈부산 조식 맛있는 호텔〉 이런 키워드를 찾으면 되는 겁니다. 키워드 길이가 길수록 확률적으로 경쟁이 낮아지기 때문이기도 한 거죠. 내 블로그 지수가 낮다면 선택을 잘해야 상위노출도 되고 낮은 조회수라도 시간이 지나면서 받아 볼 수 있는 누적 조회수가 생기기 때문에 당장 월간 검색수가 적어도 '부산 호텔' 키워드보다 훨씬 좋은 선택지입니다.

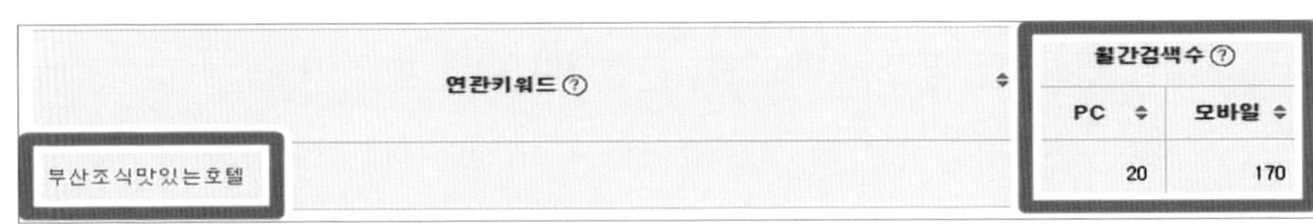

연관키워드	월간검색수 PC	월간검색수 모바일
부산조식맛있는호텔	20	170

→ 출처 : 네이버 검색 광고

그리고 무조건 호텔이라고 호텔 키워드만 작성할 필요도 없는 겁니다. 연관 검색어에 보면 〈부산호캉스수영장〉, 〈부산가성비호캉스〉, 〈부산오션뷰숙소〉 등 꼭 호텔을 넣지 않아도 작성할 수 있는 키워드들이 엄청 많이 있습니다. 호텔에 수영장이 있었다면 〈부산호캉스수영장〉 키워드를 사용해도 되겠죠. 이런 식으로 연관이 있지만 조회수도 어느 정도 챙길 수 있고 길이가 긴 키워드를 최대한 많이 찾아보세요.

그리고 네이버 광고에서 가장 강력한 기능은 필터 기능입니다. 만약 체험단이나 협찬으로 부산 호텔에 다녀왔고 광고주가 무조건 〈부산 호텔〉 키워드를 제목에 넣어 달라고 했다면 〈부산 호텔〉은 무조건 들어가야겠죠. 그럴 때 사용하면 아주 좋은 기능입니다.

똑같이 〈부산 호텔〉로 검색해줍니다. 그럼 연관 검색어가 1,000개가 나오는데 여기서 오른쪽 중간에 있는 [필터]를 누르고 [필터 만들기]를 누르면 됩니다.

그리고 아래와 같이 꼭 들어가야 하는 키워드 〈부산 호텔〉을 넣고 적용해줍니다.

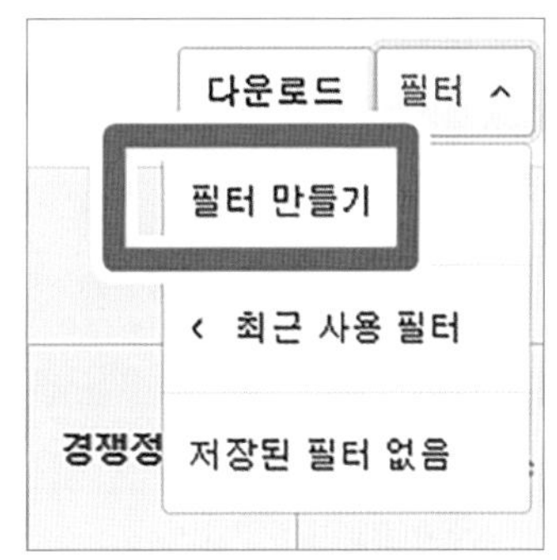

연관키워드 조회 결과 (1000개)

연관키워드 | 포함 | 부산호텔 | 적용

→ 출처 : 네이버 검색 광고

그럼 1,000개의 연관 검색어 중에서 〈부산 호텔〉이 들어가 있는 키워드만 보여줍니다.

부산호텔		26,200	116,600
부산호텔추천		2,140	14,300
부산호텔뷔페		850	5,000
부산호텔스파		410	2,520
부산호텔수영장		540	2,470
부산호텔예약		610	1,240
부산호텔조식		230	1,090
부산호텔레스토랑		100	600
부산호텔마사지		50	370
부산호텔특가		70	260
부산호텔대실		20	140
부산호텔4인		10	90
부산호텔키즈		10	90
부산호텔할인		10	60
부산호텔글램핑		< 10	30
부산호텔검색		< 10	10
부산호텔회의실		10	< 10

→ 출처 : 네이버 검색 광고

이 중에서 괜찮은 키워드를 골라서 작성하면 〈부산 호텔〉 키워드는 무조건 포함시킬 수 있습니다. 특히 사업자 블로그는 이 기능은 무조건 사용을 해보세요.

항상 적을 키워드가 없어서 고민을 많이 할 건데 얼마든지 사업에 관련된 키워드를 필터 기능으로 찾을 수 있으니 운영이 힘들지 않을 겁니다. 이게 얼마나 강력한 기능인지는 사용해 보면 볼수록 더 느껴질 겁니다.

체험단이나 협찬을 진행하면 꼭 넣어달라고 하는 키워드가 있습니다. 그런 키워드를 좀 더 효율적으로 광고주도 만족하고 나도 만족할 수 있게 만들어 주는 거니 잘 활용해 보길 바랍니다.

키워드는 네이버 광고로만 찾는 게 아니라 여러 개의 사이트를 같이 사용하면 더 디테일하게 키워드를 찾을 수 있습니다. 네이버 광고와 같이 사용하면 좋은 사이트를 소개하겠습니다.

블랙키위

블랙키위

블랙키위는 부분 유료화 사이트이지만 무료로도 충분히 좋은 정보들을 얼마든지 얻을 수 있는 곳입니다. 네이버 광고와 더불어 가장 많이 사용하게 되는 사이트이고, 단순 검색으로 네이버에서는 얻기 힘든 다양한 정보를 얻을 수 있습니다. 메인 화면에서 바로 키워드를 검색할 수 있는 창이 있는데 이곳에 키워드를 넣어주면 디테일한 키워드 분석이 됩니다.

〈20대 여자 가방 브랜드〉를 검색하면 고급 정보를 한 번에 알려 주는데, 블랙키위만의 장점은 월간 검색량은 기본이고 월간 콘텐츠 발행량도 알려 줍니다. 이게 왜 중요하냐면 키워드를 찾을 때 조회수가 많고 발행량이 적으면 황금 키워드라고 했는데 이런 키워드를 찾기 편하게 조회수와 발행량을 한꺼번에 볼 수 있게 해 주는 곳입니다.

→ 출처 : 블랙키위

〈20대 여자 가방 브랜드〉 키워드는 월간 검색량이 3,450건인데 월간 발행량은 640건으로 상당히 적은 편에 속합니다. 만약 월간 발행량이 100건 미만인데 조회수가 많다면 무조건 작성해야겠죠. 포스팅을 하는 사람은 적은데 조회수가 높다면 너무 좋은 키워드가 될 수밖에 없다는 겁니다. 다음 달 예상 조회수와 콘텐츠 포화도까지 나오니 키워드 선택 고민을 많이 줄여 줄 수 있는 겁니다.

→ 출처 : 블랙키위

그리고 키워드 검색하면 [키워드 최초 등장일] 있습니다. 이건 키워드가 처음으로 사용된 시기를 알려 주는 건데 상당히 중요한 지표입니다. 키워드 생성이 오래되었다면 당연히 똑같은 키워드로 작성한 블로그가 많겠죠. 그럼 자연스럽게 원치 않아도 경쟁은 생겨나는 겁니다.

하지만 키워드 생성이 최근이라면 다릅니다. 신생 키워드일수록 경쟁은 정말 낮아지고 거기에 조회수가 많다면 이건 무조건 작성해도 되는 황금 키워드가 되는 겁니다.

〈20대 여자 가방 브랜드〉 키워드는 2016년에 최초 등장이니 벌써 7년이 지난 키워드입니다. 이미 해당 키워드로 작성한 블로그 글이 많다고 예상할 수 있습니다.

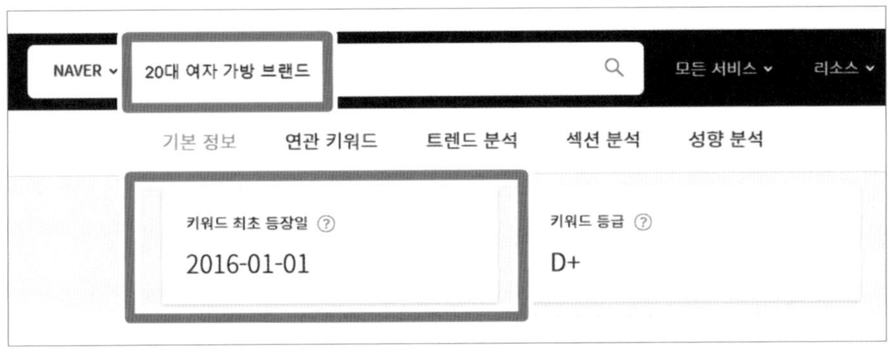

→ 출처 : 블랙키위

황금 키워드는 이슈성 키워드에서 많이 나오는데 코로나가 한창일 때, 코로나에 관련된 정보는 전무했기 때문에 그때 작성되었던 키워드는 대부분 신생 키워드였습니다. 코로나가 등장하고 긴급재난지원금이 지급된다고 했을 때, 사람들이 검색해본 키워드가 〈긴급재난지원금〉입니다.

생성일을 보면 지급한다는 소식이 나왔던 2020년 3월입니다. 만약 이때 이 키워드로 글을 작성했다면 글을 작성한 사람들이 없었기 때문에 엄청난 조회수를 받았을 겁니다. 저도 이때 해당 키워드로 글을 남들보다 빠르게 작성했었고 엄청난 조회수를 받았었습니다.

→ 출처 : 블랙키위

10분 간격으로 1,000명 이상씩 블로그에 들어왔었고, 총 누적 조회수가 107,000건으로 어마어마하게 방문자가 늘어났었습니다. 이렇게 키워드 최초 생성일도 상당히 중요한 부분이라는 겁니다.

→ 출처 : 네이버

방송, 연예 쪽에서는 매주 새로운 키워드가 생성되는 분야입니다. 예능이나 드라마는 계속해서 쏟아져 나오고 있고 특히 예능 같은 경우는 매주 새로운 게스트가 나오기 때문에 매주 관심사가 달라질 수밖에 없습니다.

〈전지적참견시점〉은 방송이 시작된 지 6년이 되었지만 이와 관련된 키워드가 매주 달라지는 이유가 게스트 때문입니다. 〈전지적참견시점 풍자〉 키워드 역시 마찬가지입니다.

최초 등장일이 2023년 3월이니 따끈한 신생 키워드인 거죠. 그럼 누구보다 빠르게 작성하게 되면 방문자는 얼마든지 늘릴 수가 있는 겁니다. 신생 키워드가 좋은 게 블로그 지수에 상관없이 빠르게 작성하면 상위노출이 보장됩니다. 작성한 사람이 없으니 당연히 내 글이 상위노출이 될 수밖에 없습니다. 그래서 이런 키워드를 찾는 습관을 들여놓으면 쉽게 방문자를 늘릴 수 있을 겁니다.

찾는 방법은 간단합니다. 방송 같은 경우는 매주 누가 나올지 예고편이 있습니다. 그걸 참고해서 누가 나온다는 걸 파악하고 미리 키워드를 만들어서 작성해두면 됩니다. 한번 해보면 이게 얼마나 간단하고 효율적인 방법인지 알 수 있습니다.

→ 출처 : 블랙키위

그리고 블랙키위의 기능 중 활용하면 좋은 기능이 섹션 순위 기능입니다. 이건 키워드로 검색했을 때 노출이 되는 섹션을 순서대로 보여주는 겁니다. PC 순위와 모바일 순위가 따로 나오는데 우리는 모바일에 더 집중해야 합니다. 섹션 순위에서 우리가 봐야 할 건 네이버VIEW가 어디쯤 있는지 확인하면 됩니다. 검색자가 키워드를 검색했을 때 네이버VIEW가 가장 먼저 나온다면 당연히 조회수가 더 많이 올라갈 겁니다.

아래와 같이 네이버VIEW의 순위가 6위, 7위에 있다면 이 키워드 조회수가 많아도 검색 시 위에 있는 파워링크나 쇼핑, 인플루언서, 웹사이트 등에 많이 빠지게 되어서 온전한 조회수를 받아 볼 수 없습니다. 월간 검색수가 높아도 이렇게 순위가 뒤처지면 블로그에 들어오는 조회수는 적어질 수밖에 없습니다.

PC 섹션 배치 순서 ⓘ

1	**파워링크**	10개의 콘텐츠 노출 중
2	**네이버쇼핑**	8개의 콘텐츠 노출 중
3	**웹사이트**	3개의 콘텐츠 노출 중
4	**지식iN**	3개의 콘텐츠 노출 중
5	**인플루언서**	3개의 콘텐츠 노출 중
6	**VIEW**	7개의 콘텐츠 노출 중
7	**이미지**	
8	**비즈사이트**	5개의 콘텐츠 노출 중

→ 출처 : 블랙키위

Mobile 섹션 배치 순서

1 **파워링크** 4개의 콘텐츠 노출 중

2 **네이버쇼핑** 15개의 콘텐츠 노출 중

3 **내 또래가 주목하는 브랜드**

4 **웹사이트** 3개의 콘텐츠 노출 중

5 **지식iN** 3개의 콘텐츠 노출 중

6 **인플루언서** 3개의 콘텐츠 노출 중

7 **VIEW** 5개의 콘텐츠 노출 중

8 **이미지**

→ 출처 : 블랙키위

〈전지적참견시점 풍자〉 같은 키워드는 쇼핑이나 파워링크가 붙을 리가 없을 테니 네이버VIEW 키워드 순위가 1위가 될 수 있는 겁니다. 검색하자마자 가장 먼저 네이버VIEW가 나오니 바로 블로그로 들어올 수밖에 없는 거죠. 그럼 이곳에서 상위노출이 되었다면 당연히 조회수를 많이 받아 볼 수 있는 겁니다.

블랙키위 강의영상

→ 섹션 순위에 VIEW가 1위면 좋은 키워드이다 / 출처 : 블랙키위

→ 섹션 순위에 VIEW가 1위면 좋은 키워드이다 / 출처 : 네이버

블랙키위만의 특별한 기능이 성별과 연령별 검색 비율, 이슈성이 있는지, 정보성과 상업성 중 어느 쪽에 가까운 키워드인지도 알려 줍니다. 별거 아닌 것 같지만 정말 중요한 자료이기 때문에 저는 많이 사용합니다. 특히 제품리뷰 같은 경우엔 타겟 설정이 정말 중요한데 이왕이면 제품 타켓에 맞는 키워드를 적는 게 효율성이 있는 겁니다.

20대를 위한 남자 화장품을 리뷰 한다면 남성 비율이 높고 20대층 검색 비율이 높은 키워드가 효율적이겠죠. 활용만 잘하면 굉장히 디테일하게 대상을 공략할 수 있는 자료가 될 겁니다.

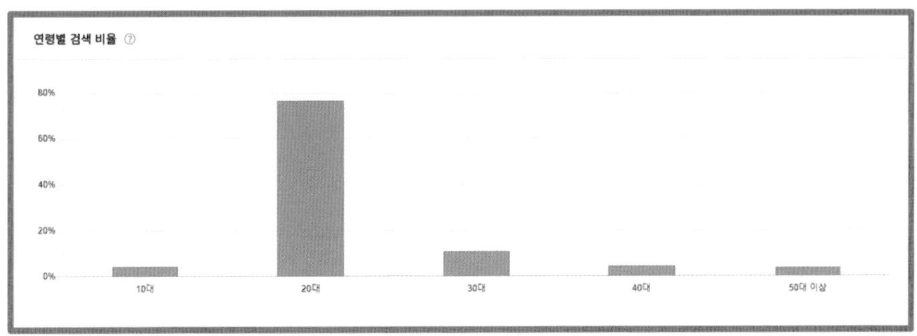

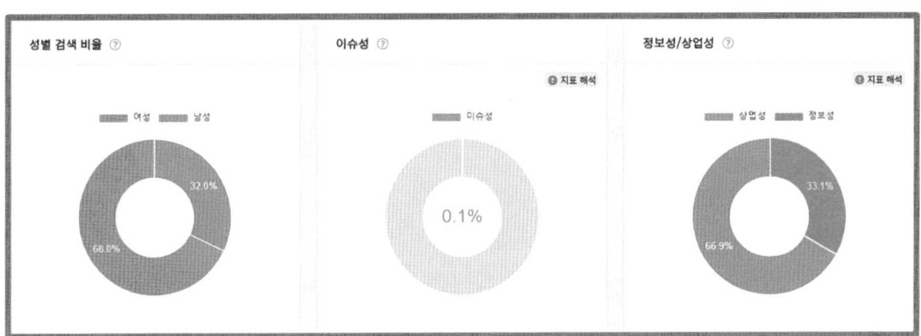

→ 출처 : 블랙키위

블덱스

제가 블덱스에서 자주 사용하는 기능 중 하나가 키워드 분석입니다. 앞에 알려 준 방식으로 키워드를 찾았다면 내 블로그에 적어도 될지 안 될지를 알 수 있는 곳입니다. 블로그 지수 파악을 할 수 있는 사이트라 내 블로그 주소를 넣으면 현재 내 블로그 지수를 알려 줍니다.

블덱스

블로로 지수는 일반 ~ 최적4까지 있습니다. 일반이 가장 낮은 지수이고 최적4가 가장 높은 지수라고 보면 됩니다.

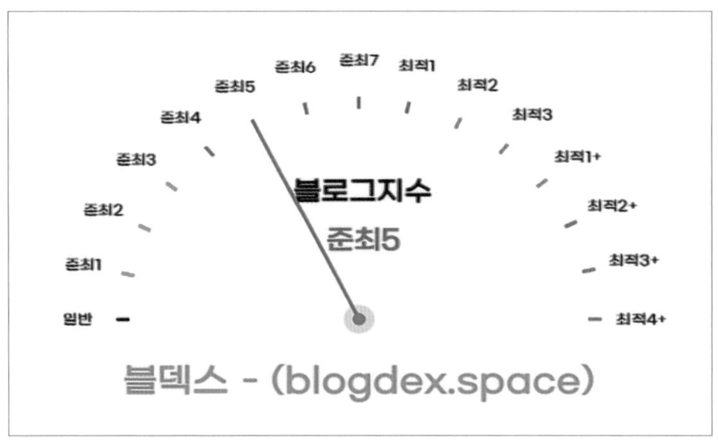

→ 블로그 지수가 파악되면 키워드 적는 게 쉬워진다 / 출처 : 블덱스

내 블로그 지수를 알게 되었다면 키워드 찾는 게 편해지는데, 예를 들어 〈30대 남자 벨트〉 키워드로 글을 작성하기 전에 키워드 분석을 해보는 겁니다.

그럼 결과값이 아래와 같이 나오고 상위에 노출된 블로그의 지수가 같이 나옵니다.

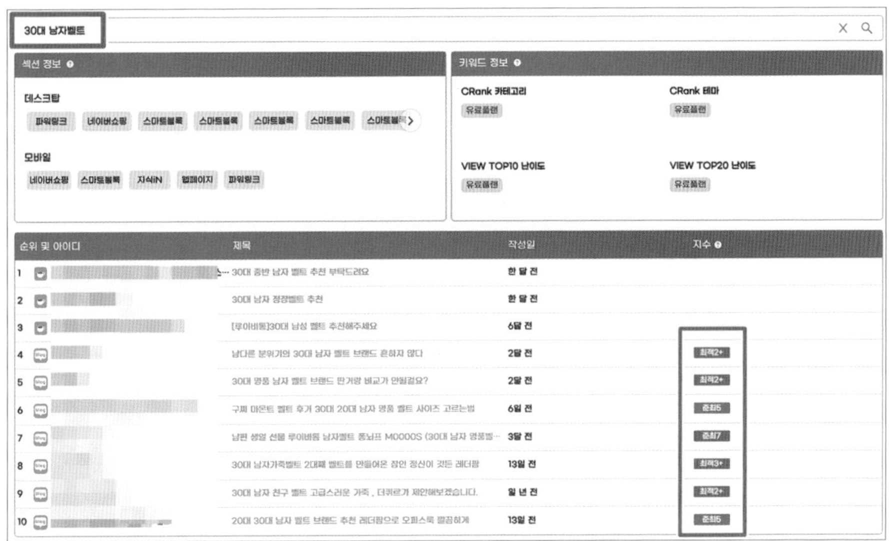

→ 30대 남자 벨트 키워드를 검색한 결과 / 출처 : 블덱스

똑같은 키워드로 작성해도 전체지수에서 밀리기 때문에 상위노출이 힘들 수가 있으니, 상위에 노출된 블로그 지수가 나보다 더 높다면 이런 키워드는 피하는 게 좋습니다. 만약 나와 같은 지수의 블로그나 더 낮은 지수 블로그가 상위노출이 되어 있다면 충분히 도전해 볼 만한 키워드가 되는 겁니다.

100% 확실한 결과가 나오진 않지만, 어느 정도 키워드를 작성하기 전부터 유추하고 작성할 수 있어서 키워드 찾는 게 쉬워질 겁니다. 다만 아쉬운 점은 무료이기

때문에 키워드를 무한정 검색해볼 수 있는 건 아니고, 5분에 한 번꼴로 검색할 수 있어서 불편함은 있는 곳입니다.

아래와 같이 키워드를 넣었을 때 결과가 나왔으니 내 블로그로 경쟁이 될지 안 될지를 결정 할 수 있는 겁니다. 만약 내 블로그 지수가 [최적3]이라면 충분히 경쟁이 될 거고, [준최3]이라면 이 키워드에서는 상위노출 경쟁이 힘들 수 있다는 겁니다. 이런 식으로 유추해서 작성하면 힘들게 작성할 내 블로그 포스팅이 헛되지 않게 할 수 있으니 잘 활용해 보길 바랍니다.

작성일	지수
한 달 전	
한 달 전	
6달 전	
2달 전	최적2+
2달 전	최적2+
6일 전	준최5
3달 전	준최7
13일 전	최적3+
일 년 전	최적2+
13일 전	준최5

→ 출처 : 블덱스

13-3

정확한 니즈를 가진 타켓키워드 만드는 방법

블로그를 사업적으로 운영하는 사람에겐 내 포스팅을 봐주는 사람들이 잠재적인 고객입니다. 그래서 글 하나를 작성하더라도 최대한 많은 사람이 내 글을 봐주게 만들어야 하는데 그걸 가능하게 해주는 게 바로 타켓 키워드입니다.

타켓 키워드는 키워드를 검색하는 사람들의 관심사를 최대폭으로 줄여서 내가 작성한 키워드에 관심을 가진 사람들만 내 블로그에 들어오게 하는 방법이죠. 이건 조회수가 적게 나오더라도 이미 관심을 가진 사람들에게 검색되는 키워드이기 때문에 클릭될 확률이 굉장히 굉장히 높습니다.

사업체를 홍보하는 사람들은 타켓 키워드를 많이 사용해야 내 사업을 더 키울 수가 있는 겁니다. 그리고 개인 블로그 같은 경우 타켓 키워드로 상위노출이 유리하게끔 만들 수가 있습니다. 보험 관련 일을 해본 사람이라면 가망고객이라는 단어를 알고 있을 겁니다. 고객에게 전화를 걸었을 때 보험 내용에 조금이라도 관심을 가진 사람들을 가망고객이라고 하죠. 즉 타켓 키워드는 한마디로 정의하면 그런 가망고객이라고 보면 되는 겁니다.

내 사업 홍보 글에 관심을 가지고 네이버 검색을 통해 내 글을 봐준 사람이라는 거죠. 그럼 당연히 나에게 연락할 확률이 높아질 수밖에 없습니다. 그래서 사업체를 운영하면서 블로그로 홍보하는 사람은 이 방법을 꼭 사용해 보길 바랍니다.

간단한 예를 들어 보겠습니다. 만약 부산에서 사는 사람이 김해공항을 이용해서 다른 지역으로 가야 한다고 했을 때, 자차를 이용해서 김해공항까지 간다면 무엇이 궁금할까요?

→ 〈김해공항 주차장〉을 검색하면 나오는 네이버 화면 / 출처 : 네이버

당연히 주차장입니다. 사람들은 네이버에서 〈김해공항 주차장〉을 검색해보겠죠. 많은 주차장에 대한 정보가 뜨게 되는데 그중 하나를 필연적으로 선택할 수밖에 없을 겁니다.

〈김해공항 주차장〉은 타켓 키워드가 아닙니다. 이건 굉장히 광범위한 키워드입니다. 이런 광범위한 키워드는 수많은 글 중에서 내가 선택이 되어야 하는데 선택을 안 당할 확률이 훨씬 더 큰 키워드입니다. 〈김해공항 주차장〉 키워드를 검색했을 때 내가 작성한 글이 가장 먼저 나온다면 너무나 좋은 일이겠지만, 수많은 〈김해공항 주차장〉 중에서 내 사업체가 선택받는다는 건 너무 힘든 일입니다. 그래서 확률을 높이기 위해 타켓을 정해야 하는 겁니다.

그럼 만약 〈김해공항 근처 주차장〉이라고 검색한다면 결과가 어떻게 될까요?

범위가 확실하게 줄어들게 됩니다.

→ 〈김해공항 근처 주차장〉을 검색하면 나오는 네이버 화면 / 출처 : 네이버

〈근처〉라는 단어 하나를 붙임으로써 〈김해공항 근처 주차장〉을 원하는 사람들이 검색하게끔 만들어지는 겁니다. 〈김해공항 근처 주차장〉을 검색하는 사람들은 이미 〈김해공항 근처 주차장〉에 내가 차를 세워야겠다고 생각한 사람이기 때문에 타켓이 될 수밖에 없습니다. 범위가 확실하게 줄어든 키워드가 된 겁니다. 이렇게 검색한 사람들은 니즈가 확실하니까 검색했을 때 나오는 블로그 글을 통해서 선택을 할 수 있는 확률은 굉장히 높아질 겁니다. 〈근처〉가 아니라 〈인근〉이 될 수도 있고, 〈사설〉이 될 수도 있고, 다양한 타켓 키워드는 얼마든지 존재를 합니다.

다음의 월별 키워드 조회수와 현재 작성된 블로그 글 수를 보면 답을 확인할 수 있습니다. 〈김해공항 주차장〉은 블로그 글 수가 25,443건으로 어마어마하게 많다는 걸 확인할 수 있는데, 〈김해공항 근처 주차장〉은 8,970건으로 확연히 줄어든 걸 알 수 있습니다. 당연히 블로그 경쟁도가 낮은 사람들은 블로그 글 수가 적은 곳이 경쟁이 덜하기 때문에 상위노출 될 확률은 높아지게 됩니다.

인덱스	키워드	PC 검색량	모바일 검색량	블로그 수
1	김해공항근처주차장	230	2010	8970
2	김해공항주차장	10100	65400	25443
3	김해공항사설주차장	1650	8190	2465
4	김해공항주차요금	2550	17400	5445
5	김해공항주차	1160	4160	24373
6	김해주차장	590	2340	227513
7	김해공항발렛주차장	160	750	504
8	김해공항주차장요금	1020	5040	5673
9	김해공항김해주차장	430	2190	33080
10	김해국제공항주차장	760	4630	3954

→ 블로그 글 수가 적을수록 경쟁이 낮아지고 누적 조회수는 높아지게 된다 / 출처 : 키자드

경쟁이 낮은 곳에서 상위노출이 되면 밑으로 순위가 잘 안 떨어지기 때문에 시간이 지나면 누적 조회수는 엄청 많아지게 됩니다. 그리고 가장 중요한 건 이미 타켓이 정해진 상태이기 때문에 내가 작성한 글을 검색자가 선택할 확률은 그만큼 더 높아지게 됩니다. 단순 조회수만 놓고 보면 〈김해공항 주차장〉이 월등히 높지만, 이곳에서 경쟁을 하는 것보다는 조회수가 상대적으로 낮더라도 타켓을 정확히 지정한 키워드에서 경쟁하는 게 장기적으로는 훨씬 더 많은 조회수를 받아 볼 수 있게 됩니다.

〈김해공항 사설 주차장〉은 오히려 더 적은 블로그 글이 작성된 곳이라 이것 역시 유리한 타켓 키워드가 될 수 있습니다. 그래서 경쟁도가 낮은 블로그를 운영할 때는 타켓 키워드를 이용해서 내 사업체를 홍보하는 게 훨씬 더 좋은 효과를 볼 수가 있습니다.

그럼 또 다른 예를 하나 들어 보겠습니다. 만약에 검색자가 인테리어를 해야 해서 네이버에 검색한다고 생각해 봅시다. 그럼 보통 내가 사는 지역의 인테리어를 검색합니다. 〈부산 인테리어〉 아니면 〈부산 인테리어 업체〉 이런 식으로 검색해 볼 겁니다. 이렇게 검색하면 〈부산 인테리어〉라는 키워드는 포괄적인 키워드이기 때문에 경쟁이 높을 수밖에 없습니다.

대부분의 부산에서 인테리어를 하고 있는 업체들은 한 번쯤은 〈부산 인테리어〉 키워드로 글을 적었을 겁니다. 그리고 〈부산 인테리어 업체〉 역시 마찬가지로 수많은 업체가 적고 있는 키워드일 겁니다. 그럼 내 블로그 경쟁도가 낮다면 이런 키워드를 적어 봐야 경쟁이 심하므로 상위노출이 안되면 아무런 효과가 없습니다.

이것도 타켓을 정해서 그 범위를 줄여버리는 게 훨씬 유리합니다. 〈부산 인테리어 저렴한 곳〉 이런 식으로 적으면 범위가 줄어들고, 저렴한 곳을 찾고자 하는 사람들이 검색하는 키워드이기 때문에 이미 검색하는 순간부터 니즈가 정해진 고객

인덱스	키워드	PC 검색량	모바일 검색량	블로그 수
1	부산인테리어	1590	2820	166574
2	한샘몰	75400	296800	24041
3	파고라	4650	10500	74669
4	아파트리모델링	2550	7860	1624609
5	부산인테리어업체	470	970	47200
6	한샘가구	3000	11900	266276
7	인테리어견적	1420	2570	1570873
8	인테리어업체	2040	3540	3013836
9	한샘직시공	30	40	2144
10	전원주택	9580	25300	1715338

→ 출처 : 키자드

이 검색하게 되는 겁니다. 그럼 블로그 글 내용이 좋다면 연락이 올 확률이 굉장히 커집니다.

이것 또한 다른 타켓도 가능합니다. 〈부산 인테리어 싼 곳〉 이런 식도 얼마든지 변형이 가능합니다. 사업체를 운영하시는 사람은 글 하나를 적더라도 누군가가 내가 작성한 글을 봐주기를 원할 겁니다.

단 한 명이라도 볼 수 있는 글이 되어야 하지 않겠습니까? 그러려면 키워드 변형 방법을 자주 사용할 필요가 있습니다. 단 한 명이 보더라도 정확히 내 사업에 도움이 될 수 있는 사람이 봐주는 그런 타켓 키워드 말이죠.

그렇다고 무조건 타켓 키워드만 적으라는 건 아닙니다. 당연히 사업에 필요한 키워드와 타켓 키워드를 혼합해서 작성하면 되는 겁니다. 남들이 적지 않는 타켓을 정해 범위를 줄이면 나에게 조금이라도 전화가 더 올 수 있게끔 만들어지는데 안 할 이유가 없겠죠. 전혀 어려운 내용이 아니니 잘 활용해 보세요.

개인 블로그 타켓 키워드 적용 방법

개인 블로그는 타켓 키워드를 어떻게 사용해야 할까요?

똑같이 예를 들어 보겠습니다. 〈부산 여행〉 키워드를 작성하게 되면 상위노출이 될까요? 이건 정말 상위 0.1% 블로그들이 경쟁하는 엄청나게 노출이 되기 힘든 키워드라 보면 됩니다. 너무나 많은 인플루언서들과 여행 전문 블로거들이 이미 적고 있는 키워드고, 경쟁이 심한 키워드이기 때문에 내가 엄청나게 시간을 투자해서 적어 봐야 상위노출은 힘듭니다.

그럼 〈부산 커플 여행〉, 〈부산 꼭 가봐야 할 곳〉 이런 식으로 키워드를 바꾸면 어떨까요? 범위를 줄이고 타켓을 정한 키워드이기 때문에 〈부산 여행〉 키워드보다 훨씬 상위노출도 잘되고 남들은 잘 적지 않는 키워드라 상위노출이 되면 상위권에 오랫동안 유지가 될 수 있습니다. 그럼 조회수가 적어도 시간이 지나면 누적 조회수는 훨씬 더 많이 생기게 되겠죠.

인덱스	키워드	PC 검색량	모바일 검색량	블로그 수
1	부산커플여행	130	380	15309

→ 부산커플여행 조회수와 블로그 수 예시 / 출처 : 키자드

그리고 검색자들이 원하는 키워드로 검색해서 보는 거라 내 글을 꼼꼼하게 읽어 보게 됩니다. 그러면 체류시간도 늘어나고 내 글은 양질의 글이 될 수 있는 겁니다. 내가 어떻게 정하느냐에 따라 달라지는 거니까 '어떤 범위로 줄여야 사람들이 검색하겠다'는 걸 생각하고 키워드를 설정해 보세요. 조회수가 적어도 상관없습니다. 중요한 건 이런 글들이 내 블로그에 쌓이면 오랫동안 꾸준히 유입되기 때문에 내 평균 방문자를 만들어주는 효자 역할을 톡톡히 해줄 겁니다.

CHAPTER 14

블로그 상위노출을 위한 준비

14-1

상위노출 글쓰기 기본 조건

블로그에 있어서 상위노출은 아주 중요합니다. 사업자는 홍보 수단으로 블로그를 사용하는데 상위노출이 잘되면 홍보 효과가 훨씬 더 잘 되는 게 사실입니다. 개인 블로그는 상위노출이 이루어지면 체험단이나 협찬이 더 많이 들어 오게 됩니다. 당연히 조회수도 올라가기 때문에 애드포스트 수익도 높아지게 됩니다.

블로그 상위노출을 하기 위해서는 다른 조건을 다 접어두고 내가 글을 작성하는 패턴을 만들어야 합니다. 제가 하는 패턴을 설명하자면 제목은 내가 적고자 하는 키워드로 네이버에서 검색한 다음, 상위노출된 사람의 제목보다 짧게 작성하려고 합니다. 리뷰일 경우에는 글자 수 1,000자 이상을 작성하고, 정보성일 경우에는 800자 이상을 작성하고 있습니다. 이미지는 리뷰일 경우에는 15장 이상, 정보성일 경우에는 8장 이상 사용 중이고요. 이미지를 과도하게 많이 넣지는 않습니다.

50장 이상씩 넣는 사람이 있는데 사진이 너무 많아도 가독성이 떨어지고, 사진에 대한 설명이 정확히 들어가기 힘드니 많아도 30장 정도가 적당합니다. 꼭 더 넣어야 한다면 더 넣어도 되지만 매일 과도하게 넣지는 마세요.

제목에 있는 키워드는 무조건 내용 속에 정확히 설명이 들어가야 합니다. 〈김치찌개 맛있게 끓이는 방법 레시피 공개〉 이런 식으로 제목을 작성했다면, 내용 속에 김치찌개 레시피는 꼭 들어가야 하고, 어떤 재료를 넣어서 맛있게 끓이는지에 대한 내용도 들어가야 합니다.

또는 〈50리터 대용량 등산 가방 후기〉라고 작성했다면 내용 속에 50리터 등산 가방 이미지와 설명은 꼭 들어가야 한다는 겁니다. 제품 리뷰일 경우엔 사람들이 검색하는 이유를 생각해서 제품에 대한 가격, 상품명 등 다양한 스펙이 들어가야 정확도와 연관성에서 높은 점수를 받을 수 있습니다.

14-2

상위노출 선정 기준

경험 중심적 글 작성

네이버에서 설명하는 상위노출 기준은 정해져 있습니다. 네이버는 제품이나 체험 리뷰를 하더라도 직접 경험한 리뷰를 선호합니다. 예전에는 어떤 리뷰라도 블로그 지수만 높다면 무조건 상위에 노출이 되었는데, 지금은 지수가 낮아도 직접 경험한 리뷰 위주로 노출이 되고 있습니다.

이 부분은 계속해서 적용 범위가 넓어지고 있는데 될 수 있으면 사진도 직접 찍고, 경험해보고 작성하는 걸 추천합니다. 체험단이나 협찬 역시 직접 경험을 하고 하단에 공정위 문구만 들어간다면 문제 될 게 전혀 없습니다.

관련도에 부합하는 글 작성

이용자가 검색할 때 찾고자 하는 정보에 부합하는 글을 작성해야 합니다. 이용자의 의도를 가장 잘 반영하는 글이 무엇일까를 결정하는 기준이 관련도인데, 제목 키워드를 포함한 내용뿐 아니라 작성 시간, 글의 품질, 인기도 등을 합산하여 계산됩니다. 인기도는 단순 서로이웃의 '좋아요', '댓글'이 아니라 검색을 통해서 내 글에 들어오는 통계를 중점적으로 산정됩니다.

쉽게 설명하자면 서로이웃 방문보다는 네이버 검색을 통해서 내 글에 들어오는 사람이 많으면 좋은 점수를 받을 수 있습니다.

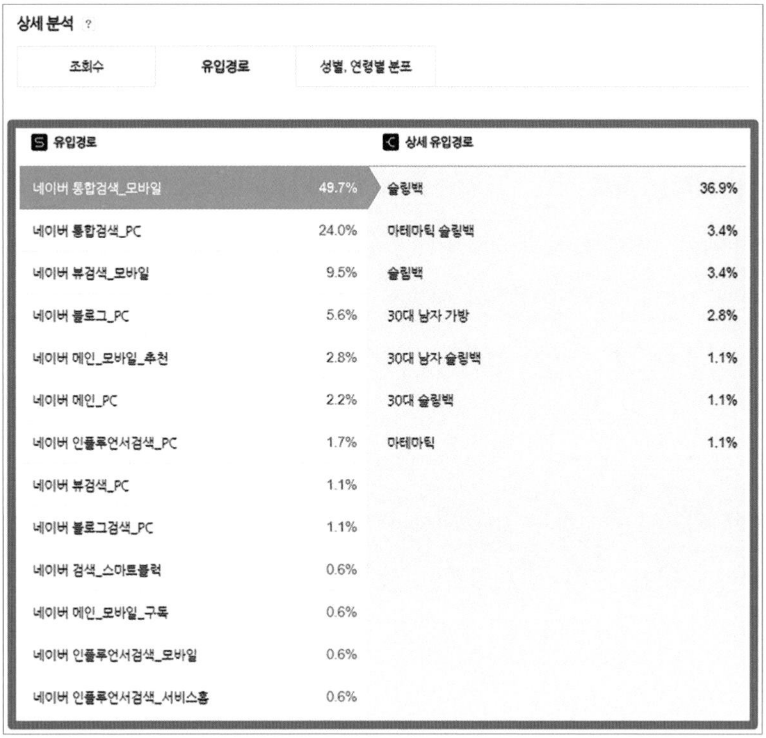

상세 분석 ?

조회수 | 유입경로 | 성별, 연령별 분포

유입경로		상세 유입경로	
네이버 통합검색_모바일	49.7%	슬링백	36.9%
네이버 통합검색_PC	24.0%	마테마틱 슬링백	3.4%
네이버 뷰검색_모바일	9.5%	슬림백	3.4%
네이버 블로그_PC	5.6%	30대 남자 가방	2.8%
네이버 메인_모바일_추천	2.8%	30대 남자 슬링백	1.1%
네이버 메인_PC	2.2%	30대 슬링백	1.1%
네이버 인플루언서검색_PC	1.7%	마테마틱	1.1%
네이버 뷰검색_PC	1.1%		
네이버 블로그검색_PC	1.1%		
네이버 검색_스마트블럭	0.6%		
네이버 메인_모바일_구독	0.6%		
네이버 인플루언서검색_모바일	0.6%		
네이버 인플루언서검색_서비스홈	0.6%		

→ 다양한 검색을 통해서 유입이 된 예시 / 출처 : 네이버

14-3

최신 상위노출 로직 스마트블록 활용 방법

키워드를 찾아서 경험 중심적인 글을 작성한다 하더라도 내 블로그 지수가 낮다면 경쟁에서 이기는게 힘듭니다.

쉽게 설명하면 최적화 블로그를 준 최적화 블로그가 이기기는 힘들다는 이야기입니다. 하지만 내 지수와 같은 블로그와 경쟁을 할 때는 맛집 주제를 간혹 적는 사람이 맛집 주제로 꾸준히 글 적는 사람을 이기기가 힘듭니다. 그만큼 내 주제와 관련된 글을 계속해서 작성할 필요가 있습니다.

최근에는 스마트블록 로직이 적용되면서 이제는 스마트블록이 굉장히 중요하게 적용되고 있습니다. 스마트블록이란 검색자의 의도를 파악해서 검색키워드와 관련된 글을 보여주는 방식입니다.

예를 들어서 〈넷플릭스 영화 추천〉을 검색한 사람의 질문 의도를 파악해서 장르나 최신 정보, 인기 글들을 보여주는 방식이죠. 이건 블로그 지수와는 큰 상관없이 나열되기 때문에 지수가 낮은 사람에게도 상위노출이 될 수 있는 좋은 기회의 장이 되고 있습니다.

지수가 낮을 때는 〈넷플릭스 영화 추천〉에서는 노출이 힘들었지만 스마트블록 덕분에 지수가 낮을 때도 〈넷플릭스 영화 추천〉 키워드에서 내 글이 노출될 수 있습니다. 검색은 〈넷플릭스 영화 추천〉으로 해도 검색 결과에는 〈넷플릭스 영화 추천 코미디〉, 〈넷플릭스 최신영화 추천〉, 〈넷플릭스 영화추천 인기글〉에서 노출될 수 있습니다. 그럼 〈넷플릭스 영화 추천〉의 조회수를 스마트블록에 노출이 되면 그대로 받을 수 있는 거죠. 네이버 노출 방식이 점점 바뀌는 이유는 간단합니다. 그동안은 글을 아무리 잘 적어도 블로그 지수가 낮을 때는 지수가 좋은 사람보다 높은 순위를 얻기가 힘든 구조였습니다. 지금은 스마트블록으로 인해 지수가 낮은 블로거도 양질의 글을 작성하면 순위를 높게 받을 수 있어서 검색자들이 더 좋은 글을 볼 수 있도록 만드는 겁니다.

그동안 줄곧 이야기되었던 형평성의 문제를 점차 변화시키고 있는 겁니다. 블로거들은 지수가 낮아도 충분히 기회를 얻을 수 있어서 흥미를 느끼고 운영할 수 있겠죠.

스마트블록은 정보의 충실성, 문서의 의도, 문서의 적합도, 그리고 경험, 어뷰징 척도, 독창성을 조합해서 노출해 줍니다. 즉 키워드에 시공 비용이나 견적, 추천, 리스트, 모음 등의 단어가 들어가 있다면 여기에 맞는 결과물이 내용 속에 나와야 한다는 겁니다. 질의 의도가 확실한 키워드에 맞는 정확한 정보를 담아낸 블로그 글이 통합 검색에서 노출될 수 있는 확률이 급격히 높아졌음을 알 수가 있습니다.

N
넷플릭스 영화 추천
넷플릭스 영화 추천 코미디
근로자의날 휴무 스트레스 날릴 넷플릭스 코미디 영화 추천

MOVIE
SUNDAY
CLUB

넷플릭스 영화 추천 코미디 영화 6편 꿀같은 근로자의날 휴무 덕분에 5월은 시작부터 기분이 좋다! 하지만 기본 3일 이상인 다른 나라와 달리 단 하루뿐인 귀중한 휴무이기에 뒤끝 남기지 않고 가볍게 웃으면서 볼 수 있는 ...
넷플릭스 코미디 영화 10편 추천, 심심할때 보기 좋은 영화(사진있음)
킬링타임용, 밥먹으면서, 심심할때 가볍게 보기 좋은 넷플릭스 코미디 영화 추천드릴게요. 순서는 딱히 상관없고 너무 무겁지 않은 소재, 유쾌한 결말의 영화만 뽑아봤어요 ㅎㅎ 넷플릭스 코미디 영화 추천 밥먹으면서 보기 좋은 영화 킬링타임용 영화 추천 1.조지아 룰 여주인공 레이첼(린제이로한)은 엄마와 새아빠와 살며 항상 사고...
넷플릭스 가이드 투 러브 사랑을 가이드 합니다 평점 후기 리뷰 베...
넷플릭스 가이드 투 러브 사랑을 가이드 합니다 평점 후기 리뷰 베트남 여행 배경 로맨스 로맨틱코미디 영화 추천 [가이드 투 러브] 사랑을 가이드 합니다 감독: 스티븐 츠치다 출연: 레이철 리 쿡, 스콧 리, 미시 파일, 벤 펠도먼, 글린 스위트, 알렉사 포...

가이드 투 러브
23
넷플릭스 영화 추천 코미디 더보기 →

넷플릭스 영화 추천으로 검색했을 때
통합검색에 노출되는 스마트블록 예시
/ 출처 : 네이버

N
넷플릭스 영화 추천
넷플릭스최신영화추천
세븐 킹스 머스트 다이 등 최신 넷플릭스 영화 추천

NETFLIX

POLSKA

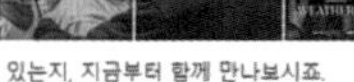
과연, 이번 주에는 어떤 신작 영화들이 넷플릭스 가입자들을 위해 준비되어 있는지, 지금부터 함께 만나보시죠.
※ 본 포스팅에 사용된 데이터는 Netflix, IMDB, Box Office Mojo, Rotten Tomatoes, Metacritic 등을 참고한 것...
지금 집에서 뭐 봐?_최신 한국 인기 넷플릭스 추천 영화 순위
지금 집에서 뭐 봐? 최신 한국 인기 순위의 넷플릭스 영화 추천 6 Previous image Next image 옆집사람 감독 염지호 출연 오동민, 최희진, 이정현 개봉 2022. 11. 03. # 옆집사람 첫 번째 영화는 바로 <옆집사람>입니다. 한국 독립...

18
넷플릭스 최신 영화 추천, 최근 공개 오리지널 영화 10편
넷플릭스 최신 영화 추천 넷플릭스 오리지널 연초에 비해선 많이 줄어들었지만, 나름 꾸준히 집에서 영화를 보고 있다. 요즘엔 특히, 넷플릭스에 집중하고 있는데 오리지널 위주로 챙겨 본다. 망작이 많긴 하지만, 집에서 보는 거라 그러려니~하며 대부분...

10
넷플릭스최신영화추천 더보기 →

넷플릭스 영화 추천으로 검색했을 때
통합검색에 노출되는 스마트블록 예시
/ 출처 : 네이버

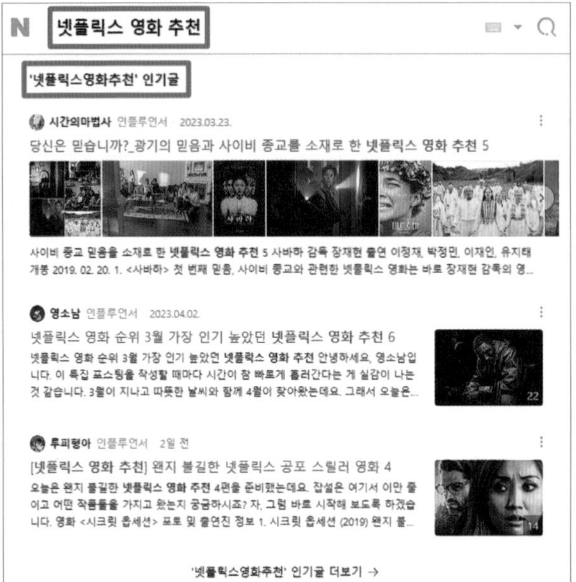

→ 넷플릭스 영화 추천으로 검색했을 때 통합검색에 노출되는 스마트블록 예시 / 출처 : 네이버

이건 기존 로직 대비 18.3%의 더 높은 사용자 반응에 확인되었고, 특히 사용자의 상세한 서비스 경험이 담긴 키워드는 50% 이상 검색자들에게 더 높은 만족도를 보여주고 있습니다. 그만큼 상위노출을 하는데 매우 중요한 부분이라 생각하면 됩니다. 질의 의도에 맞는 검색 결과를 정확하게 적어낸 글들이 50% 이상 통합검색에 스마트블록으로 노출이 되고 있으니 관련도를 생각해서 잘 작성해 보세요.

스마트블록은 글로 설명을 하는것보다 영상으로 설명하는게 이해가 빠르므로 QR코드로 들어가서 영상으로 확실히 이해를 하길 바랍니다. 블로그에 있어서 앞으로 정말 중요한 부분이니 꼭 시청 하세요.

스마트블록 강의영상

14-4

실시간 글자수 세기 적용 방법

블로그 자체 기능에서는 현재 글자를 얼마나 작성했는지를 알 수가 없습니다. 블로그 글자수가 엄청 중요한 건 아니지만 어느 정도 기준점을 두고 블로그 글을 작성하는 게 블로그 지수 상승에 도움이 됩니다. 그래서 글자수를 확인하면서 작성하는 건 중요한 부분이죠.

블로그를 오래 운영한 사람들은 자신이 글을 하나 작성할 때 글자수를 얼마나 넣는지 기준이 정해져 있어서 그 기준점에 도달하면 블로그 글을 마무리할 준비를 하게 됩니다. 어떻게 보면 너무 기계적인 것처럼 보이지만 이런 기준은 내 블로그 패턴을 만드는 데 도움을 줄 수 있습니다.

블로그 자체 기능에는 글자수를 세는 기능이 없으므로 우리는 프로그램을 설치해서 실시간으로 현재 작성된 글자수를 확인할 필요가 있는 겁니다. 먼저 설치 방법을 설명하고 나서 사용 방법에 대해 자세히 설명하겠습니다.

네이버에 〈앤서포터〉를 검색하면 사이트가 하나 나옵니다.

→ 출처 : 네이버

그럼, 아래와 같이 설치하기가 나오는데 **[크롬 확장 프로그램 설치하기 → 다운로드]**를 누릅니다.

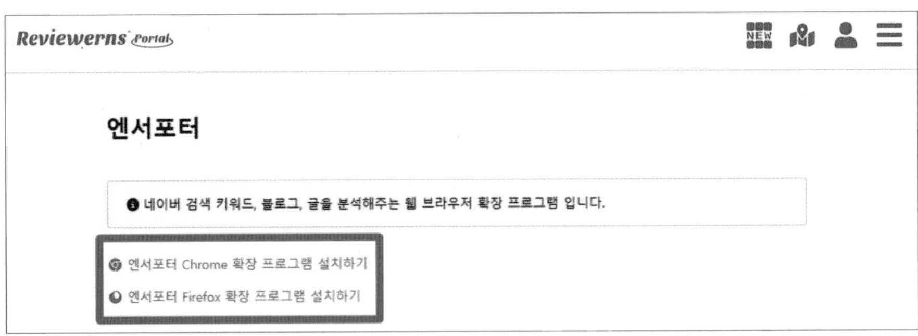

→ 출처 : 엔서포터

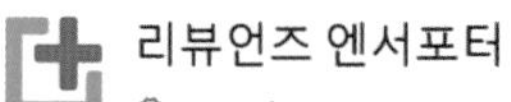

여기까지 했다면 설치는 끝났습니다.

현재 켜둔 브라우저가 엣지에서 설치했다면 엣지에서 실행할 수 있고 크롬에서 설치했다면 크롬에서 가능하게 됩니다. 그 외 브라우저도 같은 방식으로 브라우저를 켜둔 상태에서 설치해야 사용할 수 있습니다.

설치가 끝나고 네이버에서 검색하면 바로 키워드 분석을 할 수 있는데요. 네이버 검색창에 키워드를 검색하면 바로 [앤서포터 키워드 분석] 버튼이 뜹니다. 클릭하면 아래와 같이 분석해줍니다.

검색한 키워드로 어제 몇 개의 글이 등록됐는지와 하루 평균 글이 몇 개나 등록 되는지를 보여주고 파워링크를 하는 사람에겐 파워링크 상위입찰가를 보여줘서 좀 더 입찰에 유리하게 도와주죠. 그리고 연관 키워드 월간 검색수도 나오기 때문에 상당히 도움이 많이 됩니다.

블로그 글이 하루에 얼마나 등록되는지는 상당히 중요한 지표입니다. 글 등록이 적은 키워드인데 조회수가 많다면 이것만큼 좋은 키워드가 없는 거니까요. 그런 키워드를 좀 더 손쉽게 찾아 준다고 보면 됩니다.

그리고 검색한 키워드로 작성한 블로거의 글을 분석할 수도 있습니다.

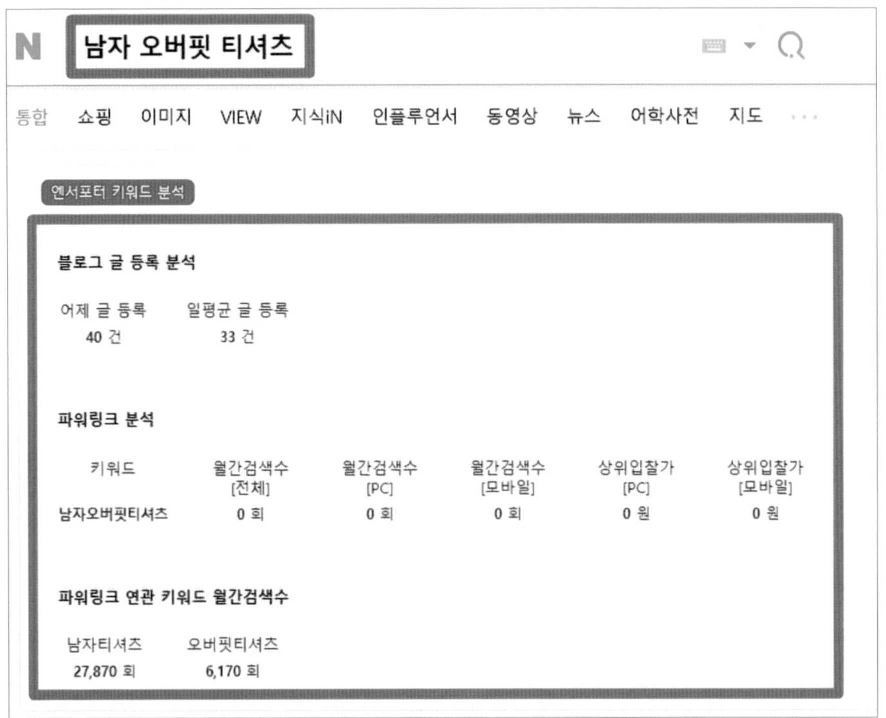

→ 검색한 키워드에 대한 정보를 바로 보여준다 / 출처 : 네이버

하루 평균 방문자부터 글자수를 얼마나 작성했는지 다양한 걸 볼 수 있죠. 상위노출이 되어 있는 블로거들의 정보이기 때문에 내가 글을 작성할 때 충분히 참고해서 비슷하게 글자수를 맞춰 갈 수도 있는 겁니다. 이렇게 앤서포터는 다양한 기능을 제공하는데 저는 이런 분석 기능은 정말 잘 활용하고 있습니다.

이런 기능이 없다면 하나하나 수작업으로 상대방의 블로그를 분석해야 하는데 그런 시간을 획기적으로 줄여주는 아주 고마운 프로그램이라고 보면 됩니다.

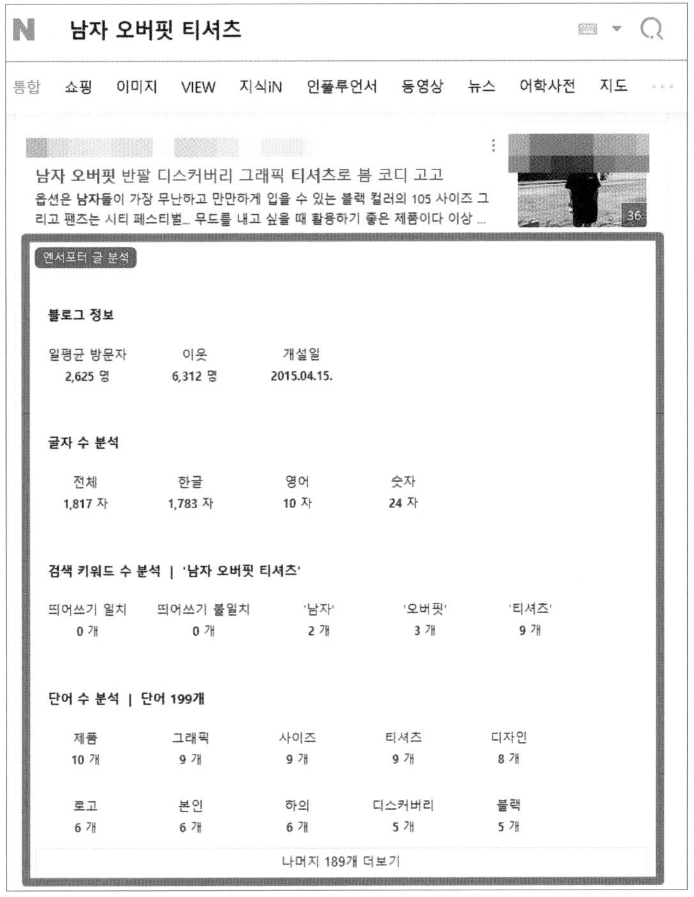

→ 검색한 키워드를 작성한 다른 블로그의 정보를 보여준다 / 출처 : 네이버

앤서포터 기능 중 가장 많이 사용하는 기능이 바로 글자수 실시간 세기 기능인데요. 블로그 글쓰기에 들어가서 글을 작성하면 왼쪽 최상단에 전체 글자수와 한글, 영어, 숫자까지 몇 자가 작성되어 있는지 실시간으로 나옵니다. 정말 편리한 기능이죠. 저 같은 경우엔 보통 글 하나를 작성할 때 글자수는 1,000자~1,500자 정도를 작성하는데 앤서포터가 있어서 항상 비슷한 글자수를 유지할 수 있습니다.

앤서포터는 오른쪽에 [엔서포트 끄기] 버튼이 있으니 사용을 원치 않을 때는 꺼주면 되지만 사실 끄기를 할 이유가 없을 겁니다.

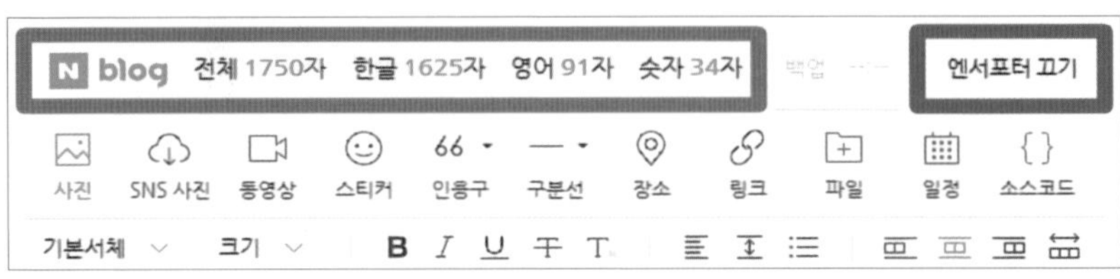

→ 출처 : 네이버

현재 글자수를 알 수 있어서 이 정도 작성했으면 이제 마무리를 지어야겠다는 확신이 설 수 있으니 블로그를 체계적으로 운영할 수 있게 도와주죠. 제가 사용해 본 프로그램 중 블로그에 가장 유용한 기능이니 꼭 설치해서 사용해 보는 걸 추천합니다.

14-5

이제는 무시할 수 없는 스마트블록 키워드 상위노출 방법

최근 들어 네이버 상위노출 방식이 스마트블록 키워드로 전면 개편이 되고 있습니다. 이제는 예전처럼 블로그 지수가 높다고 해서 무조건 노출이 되는 시대가 아니라는 말이죠.

그래서 스마트블록에서 노출되는 게 정말 중요한 노출방식이 되어 버렸는데요. 블로그 지수가 낮고 시작한 지 얼마 안 된 블로그에게도 기회가 생겼기 때문에 저는 좋은 방향으로 네이버가 바뀌고 있다고 생각이 듭니다.

그렇다면 스마트블록 키워드에서 상위노출이 되려면 어떻게 해야 할까요?

방법은 간단하지만 실제로 적용을 해보려면 상당히 복잡하고 어렵다고 느껴질 겁니다. 그래도 포기하지 말고 계속해서 글 하나를 작성하더라도 스마트블록 키워드를 찾는데 시간 투자를 많이 해보세요. 노력한만큼 조회수로 보답이 될 겁니다.

먼저 스마트블록 키워드를 찾기 위해서는 조회수가 일어나는 키워드를 먼저 알아야 합니다.

예를 들어 제가 최근에 작성한 키워드로 예를 들어 보겠습니다.

제가 다녀온 곳이 부산 구포에 있는 "금용만두" 식당이었습니다. 생각없이 잠깐 들렸다가 사진을 찍어 온 곳인데 검색을 해보니 생각보다 유명한 곳이더라구요. 이미 수많은 블로그 글이 있어서 진입장벽이 상당히 높았습니다.

스마트블록이 있기 전이였다면 큰 고민 없이 내 블로그 지수에 맞게 키워드를 찾아서 작성했겠지만 스마트블록이 있는 이상 최상단 노출을 충분히 노려 볼 수 있기 때문에 키워드를 찾게 된 거죠.

그래서 가장 먼저 찾아본 키워드가 "구포 맛집"이었습니다.

스마트블록은 조회수가 있는 키워드에서 연관으로 생성되는 키워드라 가장 큰 키워드를 찾는 게 중요합니다. 그게 구포 맛집이라는 거죠.

예전이라면 "구포맛집"은 최적화 블로그들 중에서도 선택받은 사람들만 상위노출이 가능한 영역이었지만 스마트블록에서는 누구에게나 기회가 열려 있기에 겁먹을 필요가 없는 겁니다.

"구포맛집"을 검색하니 예상대로 다양한 스마트블록 키워드가 존재를 하더라고요. 총 20개의 스마트블록이 있어서 이 중에서 어떤 걸 적으면 좋을지를 생각했습니다.

그런데 떡하니 "구포맛집" 스마트블록에 "구포금용만두"가 이미 있더라고요.

그럼 당연히 제목 키워드에 "구포금용만두"는 제목에 넣으면 되는 거겠죠.

만약 "구포금용만두" 키워드가 스마트블록에 노출이 되면 저는 상대적으로 경쟁이 낮은 "구포금용만두" 키워드를 적어서 "구포 맛집"의 조회수를 받을 수 있게 되는 겁니다.

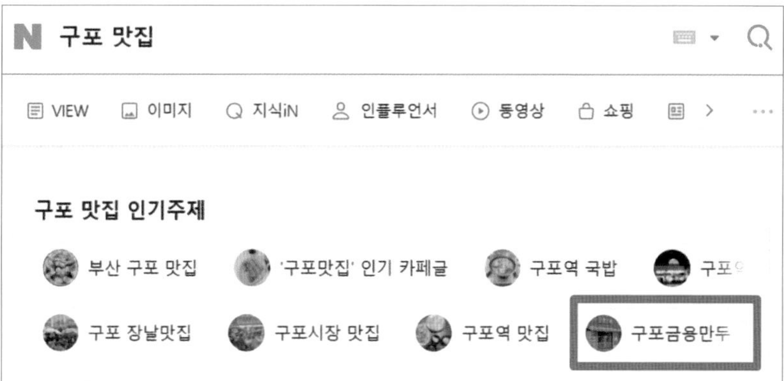

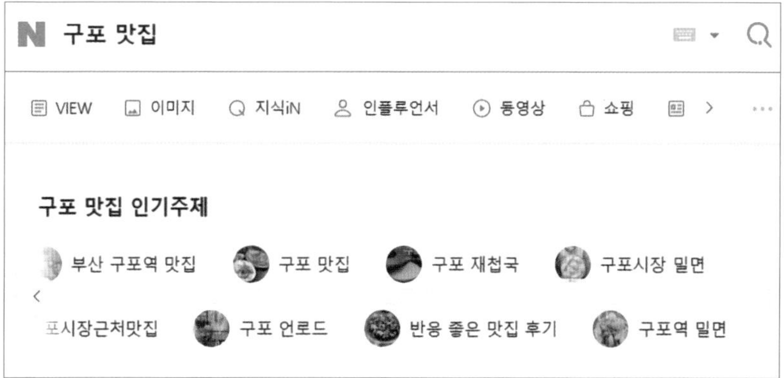

→ 구포맛집 키워드는 총 20개의 스마트블록 키워드가 존재한다

"구포맛집"은 블로그 수가 37,775개로 경쟁이 치열하지만 "구포금용만두"는 블로그 수가 1,101개로 경쟁이 낮다는 겁니다. 하지만 "구포금용만두" 키워드를 적어서 "구포맛집" 스마트블록으로 노출이 되면 "구포금용만두"가 가지고 있는 총 조회수 260회를 적용받는 게 아니라 "구포맛집"이 가지고 있는 조회수인 5,930회를 적용받을 수 있게 되는 거죠. 이건 지금도 느끼고 있지만 네이버가 한 일 중에 가장 잘한 변화가 아닐까 합니다.

누구에게나 상위노출의 기회가 주어지는 것 말이죠.

어렵게 느껴질 수 있지만 정말 쉬운 방법입니다. 몇 번 스마트블록 키워드를 찾아보면 바로 이해가 될 겁니다.

키워드	PC 검색량	모바일 검색량	블로그 수
구포맛집	240	5690	37775

키워드	PC 검색량	모바일 검색량	블로그 수
구포금용만두	30	230	1101

→ 구포맛집과 구포금용만두 조회수 비교

이게 끝이 아닙니다. 글 하나를 작성할 때 스마트블록은 여러 개를 적용할 수 있기 때문에 저는 노출 확률을 높이기 위해서 다른 키워드도 찾아봤습니다.

아무래도 제가 간 곳이 만두 집이니 "구포만두"를 검색해 봤습니다. 그러니 "구포만두"에도 다양한 스마트블록이 생성되어 있었습니다. "구포만두"에서 노출이 되는 스마트블록 키워드 중 내가 작성할 글 내용과 일치하는 스마트블록인 "구포금용만두" "구포금용" "구포역만두" 3가지를 찾았습니다.

이것 역시 마찬가지로 "구포금용만두" "구포금용" "구포역만두" 중 하나라도 노출이 되면 "구포만두" 키워드의 조회수를 받아 볼 수 있는 거니 안 적을 이유가 없는 겁니다. 그렇게 해서 제가 작성한 제목이 "구포 금용만두 구포역 바로 옆 인생 노포 식당"입니다. 힘들게 찾아낸 스마트블록 키워드를 최대한 자연스럽게 조합을 해서 제목을 만든 겁니다.

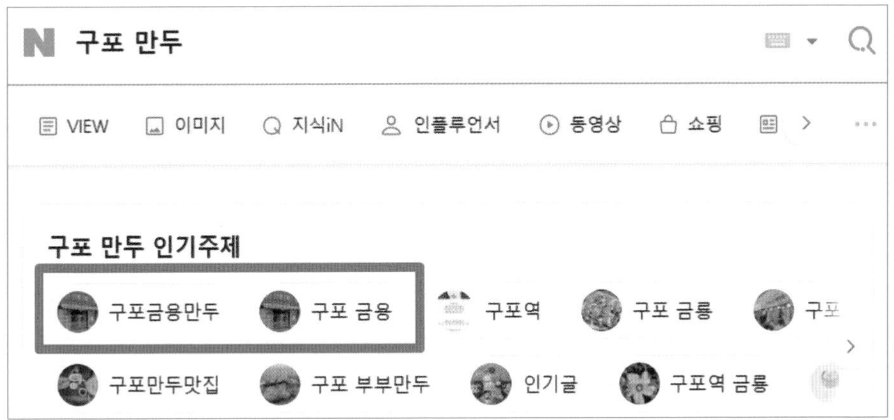

→ 구포만두 키워드에도 다양한 스마트블록이 생성되어 있다

그 결과 저는 “구포맛집”과 “구포만두” “구포역맛집” 스마트블록 최상단에 “구포금용만두” “구포금용” 키워드로 노출이 되면서 많은 조회수를 받아 볼 수 있게 된 겁니다.

스마트블록은 우리가 아무리 부정해도 앞으로 더 발전해 나갈 겁니다. 그렇기 때문에 이제는 스마트블록 키워드에서 노출이 되기 위한 노력이 필요합니다.

예전처럼 키워드를 찾는 방식보다는 조금 더 디테일하고 어려울 수 있겠지만 익숙해지면 누구보다 많은 조회수를 받아 볼 수 있으니 앞으로 잘 활용해 보시길 바랍니다.

CHAPTER 15

블로그에서 절대 피해야 할 '이것'

15-1

어떤 섬네일이 상위노출에 유리할까?

블로그 글을 발행할 때 항상 해줘야 하는 게 하나 있는데 바로 섬네일 지정입니다. 섬네일은 글을 발행하고 노출이 이루어지면 검색자들에게 보이는 대표 이미지이기 때문에 상당히 중요한 역할을 합니다.

내 글이 상위노출이 안 되었다 하더라도 섬네일에 눈이 가게 되면 오히려 더 좋은 조회수를 받아 볼 수 있게 해주기 때문이죠. 그리고 섬네일은 상위노출에도 영향을 주는 영역이라 신중히 선택해야 합니다. 네이버에서 공지한 가장 이상적인 섬네일은 제목에 넣은 키워드와 관련이 있는 사진을 섬네일로 하는 게 가장 좋다고 합니다.

다음과 같이 섬네일을 검색자들에게 잘 보이게 하겠다고 글자로 만드는 경우가 있는데 이건 이미지로 인식을 안 할 확률이 상당히 높습니다. 사업자 블로그가 가장 많이 하는 실수 중의 하나가 바로 이거죠.

특히 부동산 쪽에 종사하는 사람들은 자기 전화번호를 넣어서 섬네일을 만드는데 그렇게 하는 건 안 좋은 겁니다. 글자를 꼭 넣어야겠다면 상단이나 하단 쪽 사진에 방해가 안 되는 곳에 작게 작성하는 건 상관없지만 전체적으로 글자로만 섬네일을 만들면 가장 안 좋은 섬네일이라 할 수 있습니다.

한글이 안쳐질때 30초면 해결~

2016. 1. 12. 111

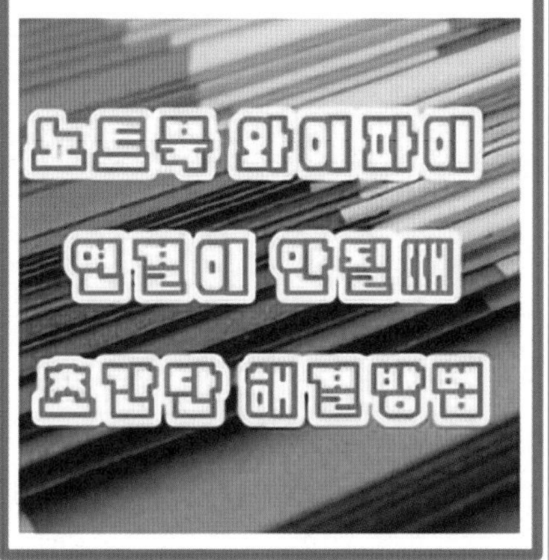

노트북 와이파이 연결이 안될때 초간단 해결방법~

2016. 1. 11. 245

→ 글자로 만든 섬네일은 이미지로 인식을 못 하는 경우가 많다

다음과 같이 어떤 사진인지 확실히 구별되고 하단에 글자를 작게 넣은 건 좋은 예시라고 할 수 있습니다.

독도 골뱅이 전문점

을지로식 골뱅이 무침

새절역 을지로식 골뱅이무침 독도 골뱅이

2023. 4. 26. 19

합정역 술집 지하102호

분위기 좋은 합정역 이자카야

합정 지하102호 2호점 분위기 좋은 합정역 이자카야

2023. 4. 21. 21

퓨전 요리주점 밤말

한우 채끝살 육사시미와 맑은 조개탕

연남동 육사시미 한식 베이스의 요리주점 밤말

2023. 4. 17. 18

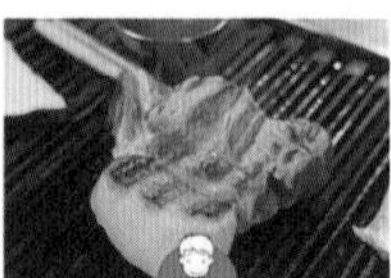

뭉텅 은평본점

녹번역 주먹고기 신상맛집

녹번역 고기집 모두가 만족하는 뭉텅 은평본점

2023. 3. 27. 10

이베리코민족 은평점

최상급 베요타 100% 순정 블랙등급

구산역맛집 소고기같은 돼지부위 플루마 이베리코민족 은평점

2023. 3. 23. 18

방이옥 사당역점

60도 저온, 10시간 수비드한 고기

고급스러운 분위기의 사당역 고기집 방이옥 사당역점

2023. 3. 5. 1

세광양대창 마포공덕점

참다래로 48시간 저온 숙성한 양대창

세광양대창 마포공덕점 회식하기 좋은 공덕곱창

2022. 12. 22. 7

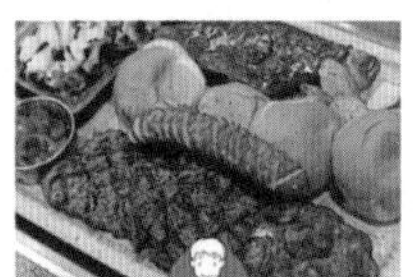

꼼떼바베큐 마곡점

자이언트 바베큐 플래터

마곡나루 꼼떼바베큐 마곡점 알찬 구성의 자이언트 바베큐 플래터

2022. 11. 11. 9

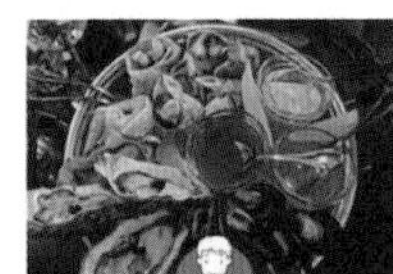

성수동맛집 비스트리오

프렌치 레스토랑

성수동 비스트리오 데이트하기 좋은 프렌치 레스토랑

2022. 11. 10. 1

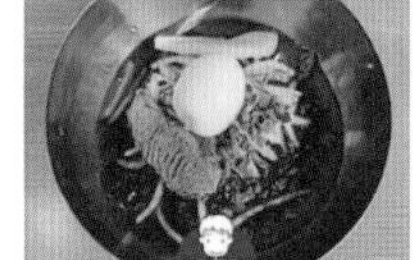

25년 전통 용강면옥

은평구 골목길 숨은 냉면 맛집

은평구 냉면 맛집 25년 전통 함흥냉면 용강면옥

2022. 9. 8. 16

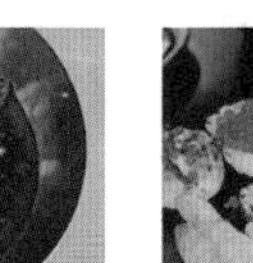

김뿌라 연남 본점

특급호텔 47년 경력 셰프의 스시

47년 경력 셰프가 선보이는 초밥전문점 연남동맛집 김뿌라 연남본점

2022. 8. 26. 16

구파발 맛극장

꼼장어에 진심인 구파발술집

꼼장어에 진심인 구파발술집 구파발 맛극장

2022. 8. 17. 12

→ 글자를 넣은 섬네일의 좋은 예시 / 출처 : 블로그 파란 바이러스

그리고 간혹 이미지를 복사해서 바로 붙여넣기 방식으로 블로그에 가져오는 경우가 있는데 이렇게 가져온 이미지는 인식이 안 되면 글이 노출되었을 때 섬네일이 엑박으로 보이게 됩니다. 항상 주의하고 절대 이미지는 직접 업로드를 하는 걸 추천합니다.

섬네일 사용의 가장 좋은 예시를 들어보겠습니다. 제목에 〈제주 햄버거 맛집〉이라는 키워드로 글을 작성한다면 여기서 가장 좋은 섬네일 사진은 햄버거 사진이 될 수 있습니다. 네이버는 AI가 이미지 판단을 하고 있고 검색자들의 의도를 유추해서 가장 좋은 글을 선별합니다. 여기에는 당연히 섬네일과 이미지도 포함이 되는 겁니다.

〈제주 햄버거 맛집〉을 찾는 사람들의 의도는 당연히 햄버거가 되겠죠. 제주도에 여행을 예정 중이거나 여행 중 햄버거가 먹고 싶어서 검색한 것이기 때문에 검색자 의도가 확실한 거죠. 그래서 섬네일은 햄버거 사진을 대표 이미지로 지정하는 게 가장 좋습니다. 실제 네이버에서 검색해보면 대부분 햄버거 사진이 섬네일로 되어 있을 겁니다.

이건 모든 사람이 섬네일을 햄버거 사진으로 해서 올라온 게 아니라 AI가 햄버거 사진을 사용한 사람의 글을 상위에 노출한 거라는 거죠. 상위노출의 가장 큰 영향을 주는 건 블로그 전체지수이지만 이런 사소한 부분을 신경쓰면 비슷한 경쟁에서는 우위를 점할 수 있다는 겁니다.

N
제주 햄버거 맛집

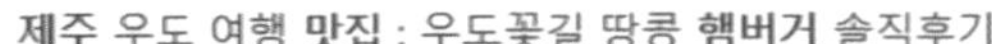

제주 우도 여행 맛집 : 우도꽃길 땅콩 햄버거 솔직후기
다만 햄버거 나오는데 시간이 조금 걸리니 참고하시고, 콜라는 비싼편이라 ㅠㅠ 아무래도 리뷰이벤트 꼭 참여하시면 더욱 좋을듯해요 ㅋㅋ 제주 우도 맛집, 브런치...
엔서포터 글 분석
제주 맛집_햄버거 맛집, 양가형제의 비공개 팝업
구워 버거를 만들어 업을 세운 지 6년. 이제 제주에서 가장 맛있는 햄버거집이 되었고, 그 감사와 축하의... 60년, 백 년, 양가형제 사장님의 열정과 건강이 지속되기를....
엔서포터 글 분석
[제주]신제주 햄버거 맛집, '피즈 버거 노형점'
맛집 '피즈노형' #제주시수제버거 #제주수제버거 #제주시맛집 #제주공항맛집 #제주햄버거맛집... 여러분들도 신제주에서 묵을 때, 공항가기 전후로 들러 미국 정통...
엔서포터 글 분석
제주 햄버거 맛집 피즈 노형
"오늘도 글쓰는 나나주주맘 :)" 지난주에 다녀온 노형동 맛집 '피즈 노형' 햄버거 좋아하는 우리 가족들 출동... 소다/ 제주감귤주스 키오스크로 간편하게 주문하면 된...
엔서포터 글 분석

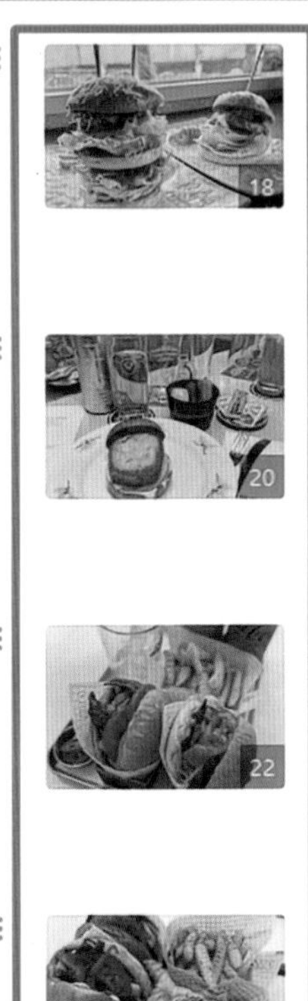

18
20
22
49

→ 제주 햄버거 맛집검색 시 상위노출된 블로그 섬네일 예시 / 출처 : 네이버

다른 예시로 〈식기 건조기 추천〉으로 검색하면 역시 섬네일은 대부분 식기세척기 사진으로 되어 있습니다. 이건 우연이 아니라 네이버 검색랭킹 점수 반영에 중요한 부분이기 때문에 섬네일을 만든다고 고생하지 말고 직접 찍어온 사진 그대로 올리시길 바랍니다.

15-2

제목은 아무렇게나 적으면 안 된다

블로그 제목을 작성할 때 내가 적고 싶은 걸 다 적으면 안 됩니다. 특히 사업을 홍보하는 사람들이 가장 많이 하는 실수이기도 한데 최대한 많은 키워드에 노출이 되어야겠다고 수십 개의 키워드를 그대로 넣어서 작성하곤 합니다. 그렇게 작성하면 어느 곳에서도 상위노출을 기대하기 힘들어지고 오히려 내용과 관련도 없는 키워드를 넣게 되어서 블로그에 악영향을 줄 수 있습니다.

〈부산기장맛집/흙시루/부산인삼/부산홍삼/부산수삼부산산삼/기장인삼/기장산삼〉

예를 들어 맛집 글을 올리면서 내 사업을 홍보하겠다고 내용에 전혀 관련도 없는 키워드가 들어가게 작성을 하면 이 글은 미노출이 될 확률이 상당히 커집니다. 그리고 가장 중요한 건 키워드만으로 제목을 작성하면 미노출은 더 잘 일어납니다. 맛집 글을 작성하면 거기에 맞는 내용과 제목이 되어야 하는 겁니다.

〈부산 기장 맛집 흙시루 오리고기가 맛있었던 곳〉 이런 식으로 깔끔하고 정확한 키워드를 작성해서 내용 속에 자연스럽게 관련 내용과 키워드를 적어주면 연관성과 정확도에서 높은 점수를 받아 상위노출에도 좋은 영향을 주게 됩니다.

또한 제목은 최대한 짧은 게 좋습니다. 그렇다고 너무 극단적으로 짧게 적을 필요는 없지만 최소한 작성하고자 하는 키워드를 먼저 네이버에서 검색해 보고 상위노출된 사람들 제목보다는 짧게 적는다는 생각으로 작성하면 제목 점수에서 유리하게 적용됩니다.

다음은 제가 작성하는 제목 길이입니다. 꼭 넣어야 하는 키워드를 다 넣고도 상당히 짧게 작성하고 있는데 여러분도 불필요한 수식어를 넣어서 제목 길이가 길어지게 하지 말고, 최대한 짧게 작성한다는 생각으로 연습하다 보면 짧지만 알찬 제목을 만들 수 있을 겁니다.

전체보기 3,101개의 글

글 제목
여자 맨투맨 메이플시럽팩토리 디자인 예쁜 오버핏맨투맨
클래스유 연말 수강비 10000포인트 지급 놓치지 마세요 (4)
전문가용 자동차 코팅제 올발라 올인원 KIT 실사용 후기
커플잠옷 슬리피캣 파자마 잠옷 핑크색 실착 후기 (1)
굽있는 스니커즈 P-31 어글리슈즈 2년 착용 후기 (5)
고용량멀티탭 텔로 17구 책상밑 정리 끝판왕 콘센트 (1)
남자팬티 추천 토트넘 드로즈 3종 속옷 착용 리뷰 (4)
송정호텔 부산롯데월드숙소로 좋은 리자인호텔 후기 (1)
40대 과일향 남자향수 향둘달 향수 향 중점 후기 (5)
차량용공기청정기 모션스카이 가성비 중점 리뷰 (2)
기장 일광 미용실 ATO ART HAIR 남자 톤다운 염색 브라운색 후기 (5)
남자가방 브랜드 디나이언트 노트북가방 실착용 후기 (2)
무신사 라퍼지 스토어 단독 패밀리 감사 세일 정보 소개 (1)
가벼운지갑 아이클립 심플한 남자머니클립 카드지갑 후기
여수낭만포차 거리 맛집 여수의밤 방문 후기 (1)

→ 제목이 짧지만 들어가야 할 키워드는 모두 들어가 있다

15-3

제목 속에 넣으면 안 되는 것

제목을 작성할 때 과도한 특수문자를 넣는 사람이 많습니다. 검색하면 특수문자를 넣은 사람 글이 노출되고 있으니 '많이 사용해도 되는구나~'라고 생각할 수도 있지만 사실 가장 많은 미노출을 일으키는 요인입니다. 우리가 검색해서 나온 결과는 수많은 글 중에서 일부가 노출이 된 거지, 모든 특수문자를 넣은 글이 노출이 된 게 아니라는 거죠. 그래서 착각하면 안 된다는 겁니다.

저는 9년이라는 시간 동안 1만 개가 넘는 블로그 진단을 진행했습니다. 미노출 글 중에 가장 높은 확률로 미노출이 일어나는 게 바로 특수문자를 넣은 제목들입니다. 미노출이 계속 일어나면 저품질이 올 수 있어서 조심을 해야 하는 부분이죠.

많은 블로거가 자신의 글이 미노출이 됐는지도 모르고 운영하고 있어서 감지를 잘하지 못하는데 특수문자를 많이 넣은 제목 중에서 상당수가 미노출이 되어 있는 경우가 많습니다. 특수문자 중 쉼표, 느낌표, 쌍따옴표는 될 수 있으면 넣지 마세요.

특히 느낌표는 제목 중간에 넣게 되면 느낌표를 기준으로 앞쪽만 노출이 되니 중간에 느낌표를 절대 넣지 마세요. 제목 마지막에 넣는 건 큰 문제가 없습니다.

아래처럼 제목에 특수문자를 많이 사용하면 미노출이 가장 많이 일어나는 요인이니 될 수 있으면 특수문자는 넣지 말고 자연스럽게 작성해 보세요.

"서면 전포동미용실 추천" 디에르헤어 / 여자 뿌리 염색, 네이비 블루! 테슬컷 후기

→ 특수문자를 사용한 안좋은 제목 예시

뷰티리뷰 175개의 글

글 제목

서면미용실 위닛 남자 뿌리볼륨펌 후기 전포미용실 (4)

온천장 미용실 동래 미용실 라라헤어살롱 웜톤 브라운 남자 염색 후기 (7)

초읍미용실 J헤어 중단발 빌드펌 뿌리볼륨펌 후기 (4)

남자 고데기 엠스타일러 AX 빗고데기 후기 (8)

남자 니치향수 클린아이랜트 향품달 후기 (1)

바버501 드라이부스터 헤어픽서 후기 머리볼륨 UP (1)

한국인 맞춤 향수 엑스트라 파팡 향수 추천 (4)

40대 남자향수 디아르망 옴므 페로몬향 향수 후기 (2)

30대남자향수 라포르테 뚜쉐 후기 (4)

센텀미용실 준오헤어 여자 뿌리볼륨펌 후기 (2)

→ 특수문자가 안 들어가도 깔끔한 제목은 얼마든지 가능하다

PART 4

블로그 노출 통계 분석하는 방법

CHAPTER 16

블로그 글 미노출과 누락 그리고 저품질

16-1

블로그 저품질은 뭘까?

블로그는 철저한 랭킹 알고리즘을 사용하고 있어서 같은 날에 개설한 블로그라도 순위가 달라질 수 있습니다. 즉 블로그는 지수라는 걸 가지고 있는데 점수 환산 방법은 정확히 알 수가 없습니다.

네이버에서 안내하는 검색 알고리즘을 종합해보면 전문성, 직접 경험, 포스팅의 품질, 이미지 퀄리티, 키워드와 내용의 연관성, 인기도 등 다양한 지표를 합산해서 순위를 정하게 됩니다. 쉽게 설명하자면 블로그 글의 제목과 본문 내용, 이미지, 링크 등 문서를 구성하는 기본 정보를 참고해 문서의 기본 품질을 결정하고 경험으로 이루어졌는지와 전문성을 취합해서 랭킹이 정해진다는 거죠.

네이버에서는 저품질은 없다고 하지만 실제 블로그를 운영하는 사람은 대부분 저품질이 있다고 생각합니다. 그럼, 저품질은 뭘까요?

운영을 잘하고 있던 블로그가 갑자기 모든 포스팅이 순위에서 사라지고 검색을 해도 찾을 수 없게 되는 현상을 말합니다. 즉 글을 아무리 잘 작성하더라도 네이버에서는 노출 자체가 안된다는 겁니다. 이건 심각한 현상인데 블로그는 노출이 안 되면 아무런 의미가 없는 채널이라 저품질이 오게 되면 새로운 블로그로 다시 운영하는 경우가 대부분입니다.

노출이 잘되던 블로그가 갑자기 노출이 안 되면 심한 스트레스를 받게 되는데 저품질이 오지 않게 하기 위해서는 하지 말라는 건 안하면서 운영하는 게 좋겠죠. 그럼, 저품질이 왜 되는지 가장 많이 일어나는 요인에 대해서 알아보겠습니다.

제목에 너무 많은 키워드를 넣어서 작성

이건 초보들이 가장 많이 하는 실수인데 키워드로 검색을 해서 들어 온다는 걸 알고 나면 그때부터 제목 속에 키워드를 한가득 넣는 사람이 있습니다. 이렇게 되면 연관성과 정확도 부분에서 상당히 낮은 점수를 받기 때문에 미노출이 일어날 수 있습니다.

그리고 가장 중요한 건 내 블로그가 가진 전체지수가 있는데 키워드를 많이 사용할수록 그 전체지수를 나눠서 작성한 모든 키워드에 분산되니 오히려 노출이 더 잘 안되는 현상이 많이 일어나게 되는 겁니다. 몇 개의 키워드에 내 지수를 몰아주는 게 좋습니다. 키워드는 내가 작성하고자 하는 내용과 일치하는 2~3개 정도가 적당합니다.

가성비 블루투스 이어폰 추천 브리츠 골전도 블루투스라 가볍고 사용이 편리한 고밀도 이어폰 무선 넥밴드라 더 편리하다!

위의 제목을 예로 들면 제목 속에 수많은 키워드가 포함되어 있습니다.

〈가성비 블루투스 이어폰〉, 〈블루투스 이어폰〉, 〈블루투스 이어폰 추천〉, 〈가성비 블루투스 이어폰 추천〉, 〈이어폰 추천〉, 〈골전도 이어폰〉, 〈골전도 블루투스 이어폰〉, 〈고밀도 이어폰〉, 〈넥밴드 이어폰〉 등 수많은 조합으로 의도하지 않았다 하더라도 제목 속에 키워드를 엄청나게 많이 넣은 게 되는 겁니다.

가성비 블루투스 이어폰 브리츠 실사용 후기

이처럼 바꾸면 됩니다. 내가 적고자 하는 내용과 일치하는 키워드로 조합이 되더라도 몇 개 안 되게 말이죠.

〈가성비 블루투스 이어폰〉, 〈블루투스 이어폰〉, 〈가성비 이어폰〉.

이렇게 간략하지만 적고자 하는 키워드가 확실하게 들어가면 되는 겁니다. 욕심을 버리면 블로그는 안전하게 잘 성장할 겁니다.

포스팅 하나에 많은 링크를 삽입했을 경우

링크를 넣는 건 문제가 될 게 없습니다. 하지만 너무 많은 링크를 넣게 되면 어뷰징(검색을 통한 클릭 수를 늘리기 위해 중복, 반복하는 행위)이 될 수 있습니다. 그리고 내용과 관련도 없는 링크를 계속 넣게 되면 어뷰징으로 판단해서 미노출이 될 경우가 많습니다. 한 포스팅에 4개 이상 넣지 않는 걸 추천합니다.

같은 시간에 예약발행을 계속하는 경우

매일 미리 글을 작성해두고 예약발행을 하는 경우가 많은데 같은 시간에 매일 발행이 되면 기계적인 패턴으로 판단되어서 어뷰징이 될 수 있습니다. 100% 그런 건 아니지만 이런 경우가 상당히 많았기 때문에 조심하는 게 좋습니다.

예를 들어 매일 오전 7시에 발행이 되도록 하지 말고, 시간을 10분 단위로 바꿔서 예약발행이 되게 하는 게 좋다는 거죠.

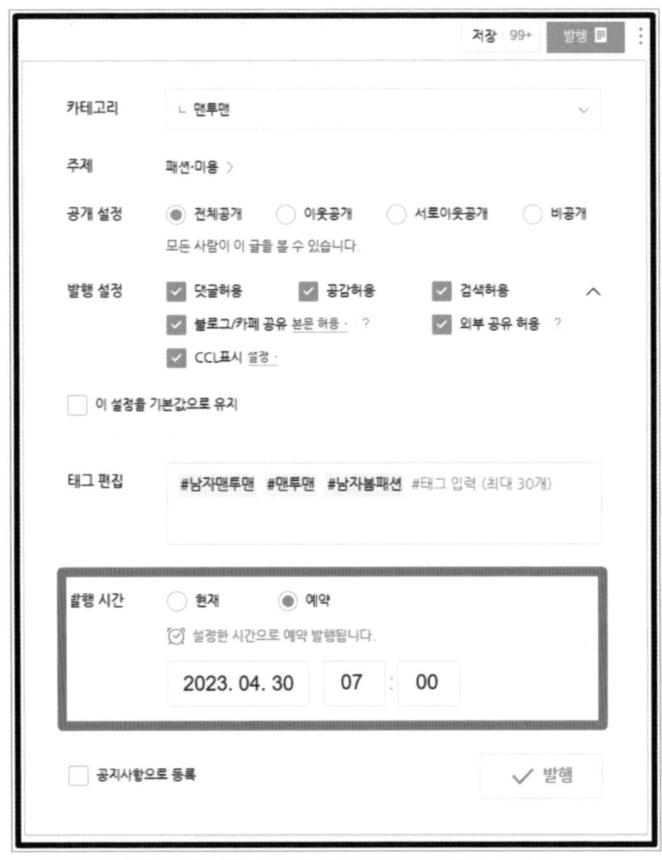

→ 매일 똑같은 시간에 예약발행은 기계적인 패턴이 될수 있다 / 출처 : 네이버

다른 사람의 글을 복사 붙여넣기 하는 경우

이건 초보들이 하는 실수 중 하나인데 검색해서 나온 다른 사람의 글을 그대로 복사, 붙여넣기 해서 작성하는 경우가 있습니다. 이건 절대 안 됩니다.

네이버는 창작물을 가장 좋아하고 이런 카피 글을 싫어하기 때문에 충분히 문제가 될 수 있는 행위입니다. 글을 읽고 재가공하는 건 상관없습니다.

예를 들어 누가 적더라도 똑같이 적을 수밖에 없는 팩트 정보는 가져오되 내 글 쓰는 말투와 형식에 맞게 재가공해서 작성하세요.

같은 이미지 사용

글을 복사 붙여넣기 하는 것과 마찬가지로 다른 사람이 사용한 사진을 마우스 오른쪽을 클릭해서 [다른 이름 저장]으로 다운받아서 내 블로그에 올리는 경우가 있는데, 다른 이름 저장으로 사진을 가져오면, 사진 정보가 그대로 남아 있기 때문에 유사 이미지로 판단됩니다. 그래서 사진을 꼭 가져와야 하는 경우엔 캡처해서 가져오는 걸 추천합니다. 캡처가 가장 안전한 방법입니다. 굳이 사진에 액자를 넣거나 재가공하는데 시간을 투자할 필요 없습니다. 캡처 사진을 그대로 사용하면 되는 겁니다.

같은 키워드를 매일 반복해서 작성하는 경우

사업자들이 가장 많이 하는 글 작성 방법인데 자신의 업체를 홍보 하기 위해서 매일 똑같은 키워드로 글을 작성하는 경우가 있습니다. 예를 들어 부산에서 스팀세차를 하는 업체라고 매일 〈부산 스팀세차〉 키워드를 적는 겁니다. 이렇게 키워드를 계속 반복하면 어뷰징 행위가 되는 겁니다.

키워드를 매일 반복해 봐야 결국엔 꼬리 달기로 내가 기존에 작성한 글 밑에 달리기 때문에 굳이 이렇게 매일 똑같은 키워드를 작성할 필요가 없습니다. 작성한 키워드 순위가 내려 갔을 때 다시 작성하는 방식으로 시간적 틈을 두고 운영하세요.

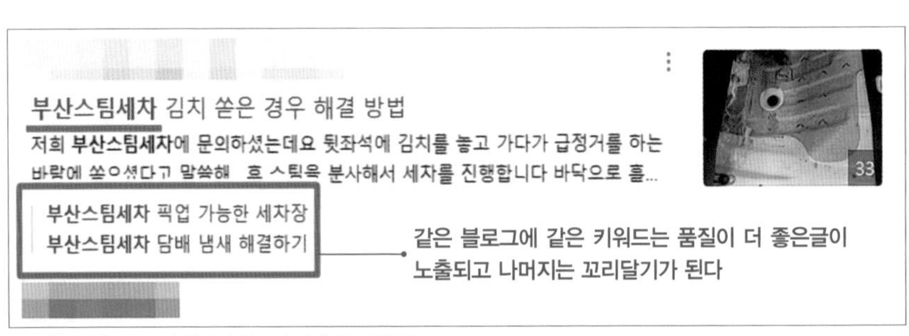

→ 같은 키워드로 꼬리 달기가 된 모습 / 출처 : 네이버

내용과 이미지가 너무 적을 경우

글자수가 너무 적으면 글을 보러 들어 온 사람이 금방 나가게 됩니다. 그럼, 체류시간에 문제가 생기게 되고 이게 누적이 되면 품질 저하로 저품질이 올 수 있습니다. 이미지 역시 너무 적으면 이미지 연관성이 떨어지니 최대한 글 내용에 맞게 넣는 걸 추천합니다. 글자수는 최소 800자 이상, 이미지는 10장 이상을 추천합니다.

16-2

블로그 미노출, 누락 확인하는 방법

미노출이 계속 일어난다는 건 저품질의 초기증상이라고 보면 됩니다. 그래서 항상 글을 발행하고 노출이 되고 있는지 확인하는 걸 습관화해야 합니다.

미노출을 확인하는 방법은 여러 가지가 있습니다. 가장 기본은 작성한 글 제목을 그대로 복사해서 네이버에 검색하는 겁니다. 토씨 하나 틀리지 않고 그대로 검색해서 상단에 내 글이 노출되면 문제가 없는 겁니다.

간혹 제목 그대로 검색을 했는데도 첫 번째가 아닌 2번째나 3번째쯤에 노출되는 경우도 있는데 이것 역시 큰 문제가 있는 게 아니니 걱정할 필요는 없습니다. 비슷한 제목을 작성한 사람의 글이 내 지수보다 좋다면 먼저 뜨는 경우도 있으니까요.

→ 나만 작성한 제목이라 상단에 노출이 된다 / 출처 : 네이버

그런데 이렇게 검색을 했는데도 내 글이 상단에서 찾기 힘들다면 두 가지 중에 하나입니다.

첫 번째는 글 제목이 키워드로만 이루어졌을 때인데 키워드는 나만 작성하는 게 아니라 모든 사람이 사용할 수 있는 겁니다. 그런데 키워드로만 이루어진 제목은 나보다 지수가 좋은 사람이 똑같은 키워드로 제목을 작성했다면 나보다 상단에 보입니다. 그래서 제목을 키워드로만 작성하지 말라고 하는 겁니다. 이런 경우가 서평을 하는 사람들이 많이 하는 실수이죠.

책 제목은 키워드가 될 수 있습니다. 책 제목만 그대로 제목에 넣어 작성하게 되면 똑같은 책 제목으로 작성한 다른 사람의 글에 밀려 보이지 않게 되는 겁니다. 그럼 내 블로그가 정상 노출이 되었는데도 제목으로 검색했을 때, 키워드가 밀려서 찾을 수가 없으니 저품질이 아닐까 하는 의심을 하게 되는 거죠.

그러니 제목을 작성할 때는 키워드 외에 수식어를 간략하게 붙여서 나만 작성한 제목으로 만드는 게 가장 이상적인 겁니다.

예를 들면 〈경제적 자유를 위한 5가지 공부법 솔직 후기〉 이런 식으로 말이죠.

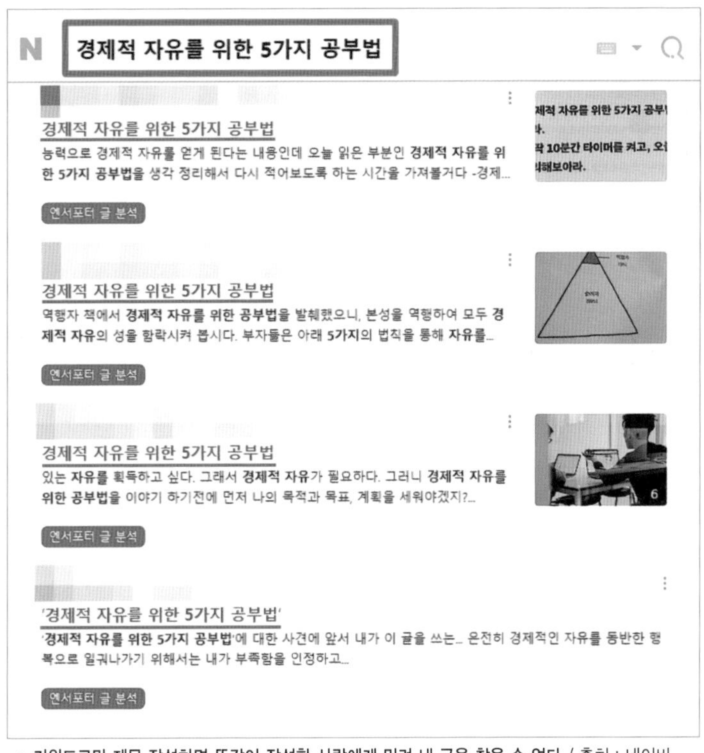

→ 키워드로만 제목 작성하면 똑같이 작성한 사람에게 밀려 내 글을 찾을 수 없다 / 출처 : 네이버

그리고 두 번째 원인은 진짜 내 블로그 글이 미노출이 된 경우입니다.

이럴 땐 다시 한번 검색해야 합니다. "제목" 이렇게 쌍따옴표를 제목 앞과 맨 뒤에 붙여서 검색하면 다른 사람의 글이 나오는 게 아니라 토시 하나 안 틀리고 작성한 글만 검색이 되는 겁니다. 즉 내 제목만 나오게 할 수 있게 하는 겁니다. 검색하면 아래와 같이 똑같은 제목을 작성한 내 글만 나와야 합니다.

→ 나만 작성한 제목이라 상단에 노출이 된다 / 출처 : 네이버

쌍따옴표 안에 제목을 넣고 검색을 했는데 내 글이 통합검색에 나온다면 완전 미노출이 아니라 부분 미노출입니다. 미노출이 되었는데 쌍따옴표로는 글이 검색되면 다시 노출시키기 힘들다고 보면 됩니다.

만약 쌍따옴표 안에 제목을 넣고 검색했는데 그 어디에도 내 글이 나오질 않는다면 완전 미노출입니다. 이런 글은 수정을 통해서 다시 노출이 되게 살릴 수 있는 확률이 있는 글인 겁니다.

단, 노출이 된 걸 확인했는데 시간이 지나서 미노출이 빠진 글은 똑같이 살리기 힘들다고 생각하세요.

16-3

사이트를 이용한 미노출 확인 방법

쌍따옴표로 미노출을 찾는 방법은 하나하나 찾아야 해서 힘이 들긴 하지만 가장 확실히 미노출이 일어나고 있는지 알수 있는 방법입니다.

지금 알려 줄 방법은 사이트에서 확인하는 방법인데요.

무료 사이트이기 때문에 누구나 사용할 수 있는 곳입니다. 바로 '웨어이즈포스트'입니다. 네이버에서 검색하면 나오니 접속하면 됩니다. 이곳에 들어가면 다양한 기능이 있는데 그중에서 제가 사용하는 기능은 미노출 확인 기능입니다.

100% 확실하게 알려주는 건 아니지만 한 번에 50개까지 검색할 수 있어서 빠르게 대략적인 미노출 확인이 가능하다는 점에서 편리하게 사용할 수 있을 겁니다. 웨어이즈포스트에 접속해서 블로그 아이디를 넣고 검색하면 최근 글 50개의 노출 상태를 보여줍니다.

Good는 정상 노출, SOSO는 확인필요, Bad는 미노출이라고 생각하면 됩니다.

이건 100% 정확한 데이터가 아니기 때문에 Bad가 나와도 직접 제목을 그대로 네이버에서 검색을 한번 해보세요. 정상적으로 노출되는 경우가 많습니다.

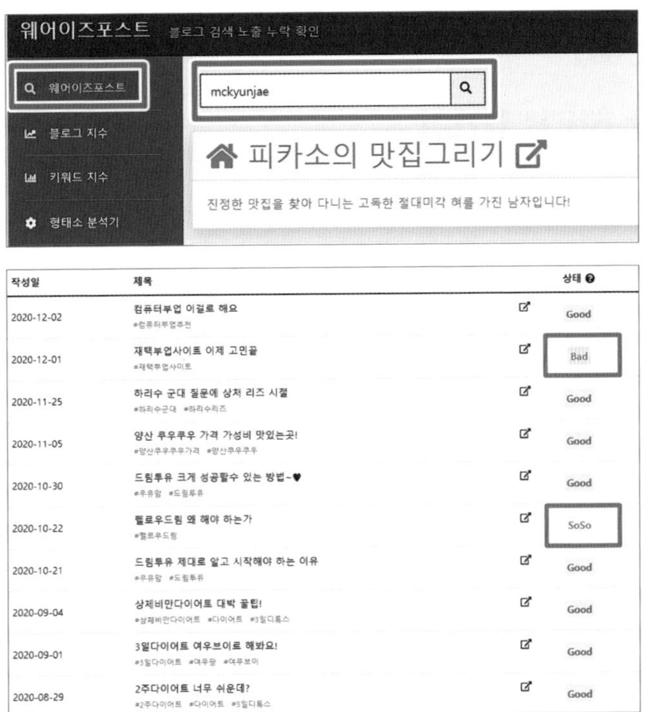

작성일	제목	상태
2020-12-02	컴퓨터부업 이걸로 해요 #컴퓨터부업추천	Good
2020-12-01	재택부업사이트 이제 고민끝 #재택부업사이트	Bad
2020-11-25	하리수 군대 질문에 상처 리즈 시절 #하리수군대 #하리수리즈	Good
2020-11-05	양산 쿠우쿠우 가격 가성비 맛있는곳! #양산쿠우쿠우가격 #양산쿠우쿠우	Good
2020-10-30	드림투유 크게 성공할수 있는 방법~♥ #우유맘 #드림투유	Good
2020-10-22	헬로우드림 왜 해야 하는가 #헬로우드림	SoSo
2020-10-21	드림투유 제대로 알고 시작해야 하는 이유 #우유맘 #드림투유	Good
2020-09-04	상체비만다이어트 대박 꿀팁! #상체비만다이어트 #다이어트 #3일디톡스	Good
2020-09-01	3일다이어트 여우브이로 해봐요! #3일다이어트 #여우맘 #여우브이	Good
2020-08-29	2주다이어트 너무 쉬운데? #2주다이어트 #다이어트 #3일디톡스	Good

→ 출처 : 웨어이즈포스트

100% 확실하지 않은데도 이 사이트를 이용하는 이유는 내 블로그 글 50개를 한 번에 볼 수 있는 곳이 잘 없기 때문입니다. 하나하나 검색해서 확인하기에는 너무 많은 시간이 필요하기 때문에 대략적으로라도 빠르게 이상이 있다고 나오는 것만 재확인하면 되니까 굉장히 효율적이라고 할 수 있습니다. 미노출 확인에 꼭 필요한 부분입니다.

16-4

미노출, 누락 해결 방법

앞에 설명한 사이트를 통해 미노출이 확인되었으면 글 수정을 통해서 미노출된 글을 다시 노출될 수 있게 조치를 취해야 합니다. 노출이 되었다가 사라진 경우나 "제목"을 했을 때, 내 글이 확인된다면 이건 다시 재노출로 만들기 힘든 글입니다.

쌍따옴표를 넣어서 "제목"까지 검색을 해봤는데도 어디에도 내 글이 없다면 완전 미노출이기 때문에 이런 글만 수정을 통해서 시도해보면 됩니다. 수정은 제목과 내용, 이미지를 바꿀 때 재반영이 일어나는 데 재반영까지는 4일까지 걸릴 때가 있으니 인내심을 가지고 기다려 봐야 합니다.

먼저 제목을 수정해야 합니다. 키워드 제외 나머지는 전체적으로 수정을 해주세요. 예를 들면 〈부산 기장 맛집 흙시루 너무 맛있었던 곳〉 이 글이 미노출이라면, 〈기분 좋게 먹은 부산 기장 맛집 흙시루 방문 후기〉 이런 식으로 〈부산 기장

맛집〉 키워드는 그대로 두고 전체적인 수정이 이루어져야 합니다.

본문 내용은 전반부 30% 이상을 전체적으로 수정을 해야 합니다. 단순 단어들을 바꾸는 수준이 아닌 30% 정도를 아예 다른 글로 수정하세요. 부분수정이 아닌 30%는 내용 자체를 전부 바꾼다고 생각하면 됩니다. 이렇게 하셔야 재반영 시에 변화가 확실히 일어납니다.

만약 재반영 후에도 미노출이라면 똑같은 방식으로 처음 수정을 한 본문 내용 뒤부터 다시 30% 전체 수정을 해주시면 됩니다.

두 번째 수정 시에는 첫 번째 수정 바로 뒤부터가 아니라 포스팅 마지막 부분 30%를 수정하셔도 상관 없습니다. 이렇게 했는데 변화가 없다면 그냥 포기하는 게 현명한 방법입니다. 이렇게 하는 이유는 간단합니다. 누구라도 블로그 글이 뭐가 잘못되었는지 완벽히 알 수 없기 때문이죠.

회전률이 빨라서 재료가 싱싱한곳

손님이 정말 많은곳입니다.
이곳은 부산에 사는 사람들도 오는곳이지만 부산에 관광을 온 관광객들이 정말 많이 들리는곳이예요.
그래서 모든 재료들이 딱 봐도 엄청 싱싱해 보입니다.
과일도 방금 사온것처럼 땡글땡글하구요.
각종 반찬들은 너무 맛있더라구요.
여친이 전날부터 도토리묵이 먹고 싶다고 했는데 도토리묵이 나와서 놀랬어요.

글 내용의 전반부 30% 정도는 완전히 다르게 작성해서 수정해야 한다

그래서 전체적으로 변경을 조금씩 하면서 재반영으로 변화가 일어나게 하는 방법입니다. 현재로서는 가장 확실한 방법이니 이대로 하면 됩니다. 완전 미노출일 때만 적용되는 방법입니다.

노출되어서 순위 반영까지 이루어진 글에는 적용하지 마세요. 단순 수정이 아닌 목적을 가진 수정을 자주 하면 안 좋습니다. 가끔은 포기할 줄도 알아야 합니다.

당장 눈앞에 있는 걸 잡으려다가 전체적인 걸 잃어버릴 수 있으니 조심 또 조심하십시오. 블로그는 길고 넓게 보시면서 운영해야 하는 겁니다.

16-5

블로그 포스팅 발행 후 수정을 해도 되나?

블로그 포스팅 수정에 대한 네이버 공식 입장은 한결같습니다. 오타나 잘못된 정보를 적었을 경우엔 수정을 통해서 보기 좋은 글로 바꿔도 된다고 안내하고 있어요. 하지만 이건 정말 가벼운 수정을 얘기하는 겁니다.

가벼운 오타나 잘못된 내용 기재시에는 수정을 통해서 검색자들에게 정확한 정보를 전달하는 게 좋은 방법이 맞습니다. 오타같이 가벼운 수정은 하셔도 문제 될 건 없습니다. 하지만 수정을 하게 되면 글이 재발행 되는 거와 똑같으므로 다시 노출이 되는데 시간이 필요합니다.

최대 4일까지 걸릴 때가 있으니 될 수 있으면 가벼운 오타 같은 경우엔 애교로 넘어가는 것이 좋습니다.

16-6

블로그에 안 좋은 영향을 주는 포스팅 수정

많은 사람이 블로그 글 수정을 통해서 글 순위가 올라갔다고 하는데, 이건 글을 수정하면서 재반영이 이루어져서 다시 순위가 산정된 거지 글을 다시 잘 적어서 바뀐 게 아닙니다.

특히 수정한 이후 순위상승을 맛본 사람들이 글 순위가 조금만 뒤로 가 있으면 무조건 수정을 하려고 하는데 이건 분명 어뷰징에 해당하는 행위입니다.

이렇게 수정을 통해서 순위상승을 할 수 있다면 어떤 글을 작성하더라도 노출결과를 보고 계속해서 수정을 통해 결국에는 순위상승을 만들 수 있을 겁니다. 당연히 말도 안 되는 거기 때문에 수정을 계속하는 행동은 하지 마시길 바랍니다.

힘들게 작성한 글이 노출이 잘 안되면 기분이 안 좋은 건 이해하지만, 블로그에 악영향을 줄 수 있는 행동으로 더 안 좋은 결과를 스스로 만드는 행위라는걸 잊지 않았으면 합니다.

어뷰징이란?

인터넷 포털사이트에서 검색을 통한 클릭 수를 늘리기 위해 중복·반복 기사를 전송하거나 인기 검색어에 올리기 위해 클릭 수를 조작하는 행위 등을 뜻합니다. 언론사나 개인 채널에서 동일한 제목의 글을 지속적으로 발행하거나, 내용과 다른 자극적인 제목의 글을 포털사이트에 게재해 의도적으로 클릭 수를 늘리는 행위를 말합니다.

이런 행위가 누적되면 어느 순간 순식간에 블로그가 나락으로 가버리니 분명 주의가 필요한 겁니다. 쉽게 설명하면 순위를 바꾸기 위한 수정은 분명 결과가 안 좋다는 거죠. 만약 이게 가능하다면 블로그 순위가 안 좋을 때마다 계속해서 수정을 통해 순위상승을 계속해서 할 수 있는 겁니다.

이게 과연 네이버에서 하라고 하는 그런 수정일까요? 이런 행위는 어뷰징이 맞습니다. 네이버는 어뷰징 행위에 대해서 강력히 제지합니다.

16-7

제목 키워드 노출 반영 후 변경하는 수정

제목 키워드를 자주 바꿔서 수정하면 당장은 문제가 없어 보일지 몰라도 시간이 지나면 어느 순간 저품질이 되어버리는 경우가 많습니다.

제목 키워드는 블로그 조회수에 직결되는 아주 중요한 부분입니다. 이걸 계속해서 수정을 통해 좋은 결과를 얻기 위함은 어뷰징 행위가 됩니다. 팩트이니 앞으로 수정은 꼭 해야 하는 것 외에는 자주 하지 마세요.

실 사례로 기자단을 운영 하는 업체에서 대가를 주고 작성된 블로거 글에 키워드 수정을 자주 요구할 때가 있습니다. 작성한 키워드가 상위노출이 되지 않았을 때 다른 키워드로 바꿔서 다시 상위노출을 만들려는 작업인데 계속 반복 하다 보면 당장은 아니더라도 결국엔 저품질이 오게 됩니다. 지금도 수많은 블로거가 이런 업체들 때문에 저품질이 되는 사례가 계속 나오고 있습니다. 그러니 이 부분은 꼭 인지하고 키워드 변경을 계속해서 하지 마세요.

CHAPTER 17

블로그 지수 알아보기

17-1

블로그 성장의 원동력 전체지수 파악하는 방법

블로그는 여러 가지 로직을 조합해서 각 블로그마다 지수를 부여합니다. 지수는 다양하게 있습니다. 내 블로그를 종합적으로 판단해서 주는 전체지수와 블로그 글을 발행할 때 받는 활동성 지수, 제목 지수, 주제 지수 등 세분화를 하려면 정말 많습니다.

하지만 이 중에서 가장 중요한 건 블로그 전체지수입니다. 블로그 글을 아무리 잘 작성해도 전체지수가 낮으면 낮은 순위를 받을 수 있는 겁니다. 쉽게 얘기하면 전체지수가 높은 사람과 낮은 사람이 똑같은 키워드로 똑같은 글을 작성한다고 가정하면 전체지수가 높은 사람의 글이 높은 순위가 될 수 있다는 겁니다. 그래서 블로그에서 전체지수는 절대 무시할 수 없는 중요한 지표인 겁니다.

그럼 내 블로그의 전체지수가 어느 정도 되는지 알아야 하겠죠. 결론부터 얘기하자면 블로그 전체지수를 알 수 있는 곳은 네이버에서는 없습니다. 그래서 요즘은 외부 사이트를 통해서 내 전체지수를 체크하고 있습니다. 이런 지수를 체크할 수 있는 사이트가 믿을 수 있을까요?

대략적이지만 어느 정도 신뢰를 해도 될만한 수준입니다. 이런 지수를 파악할 수 있는 사이트는 무료도 있지만 유료도 있습니다. 제가 다양하게 사용해 본 결과 아무래도 무료보다는 유료가 더 신뢰가 가네요. 무료는 조회하는데 제약이 많아서 저는 유료를 사용 중입니다.

그럼 몇 가지 소개를 해보겠습니다.

무료 지수 파악 사이트 : 웨어이즈포스트, 리드뷰

유료 지수 파악 사이트 : 블로그스탠다드

웨어이즈포스트

웨어이즈포스트 게시판에 [블로그지수]라고 있습니다. 이걸 클릭해서 내 블로그 주소를 넣게 되면 블로그 전체지수가 나옵니다. 웨어이즈포스트의 지수 레벨은 1부터 10까지 있고 레벨 9부터 10까지가 최적화 블로그이고, 레벨 1부터 8까지는 준 최적화 블로그라고 생각하면 됩니다.

웨어이즈포스트

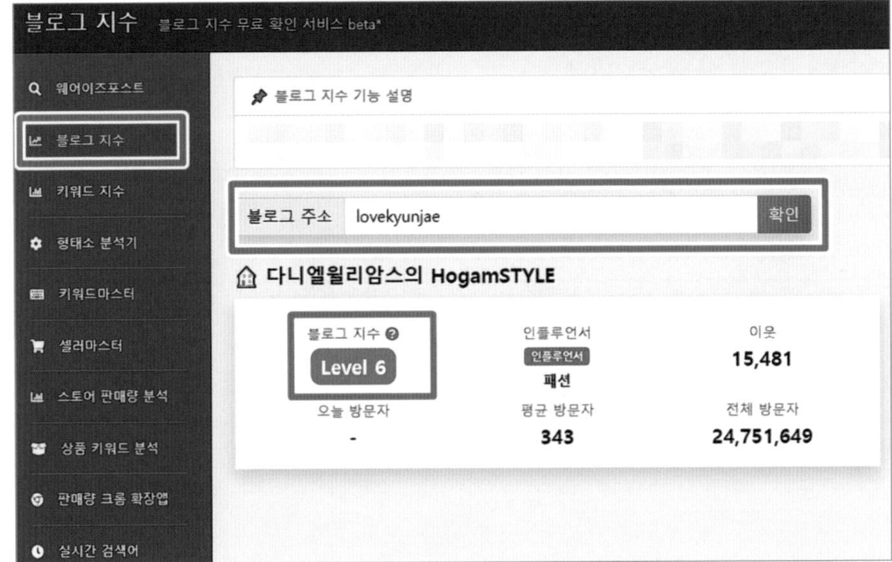

→ 출처 : 웨어이즈포스트

리드뷰

리드뷰

리드뷰는 네이버에서 검색이 안 됩니다. QR코드를 통해 들어가면 확인할 수 있는데, 주소창에 링크주소를 직접 적어서 들어가는 방법도 있습니다.

이곳 역시 블로그 지수를 파악할 수 있고 키워드 분석도 가능하지만, 하루 한 번 사용할 수 있는 단점이 있는 곳입니다. 그리고 지수 파악은 내 블로그만 되는 단점도 있습니다.

블로그 지수
해당 블로그의 지수 요약

블로그ID	지수	인플루언서
lovekyunjae	준최5	

블로그생성일	변경이력
2014.08.03.	17

이웃	방문자(평균)	방문자(현재)	방문자(전체)
15,481	486	555	24,751,649

주제	별명	블로그명
패션·미용	다니엘윌리암스	다니엘윌리암스의 H...

→ 리드뷰에서 지수 파악한 화면 / 출처 : 리드뷰

블로그스탠다드

블로그스탠다드는 유료 사이트입니다.

블로그스탠다드

유료인 만큼 앞에서 소개 사이트들과 다르게 하루 1,000번의 검색이 가능하고, 지수 파악 역시 모든 블로그를 다 할 수 있습니다. 개인적으로 비용은 들어가지만 편리한 인터페이스와 디테일한 분석으로 편리하게 이용할 수 있습니다.

이곳에는 결과값을 엑셀이나 사진으로 다운을 받을 수 있습니다. 자료로 활용하기 좋아서 전문적으로 마케팅을 하는 사람에게 아주 좋은 사이트가 될 수 있을 겁니다.

→ 블로그스탠다드에서 지수 파악한 화면 / 출처 : 블로그스탠다드

17-2

내 블로그 순위 알아보는 방법

블로그 순위는 네이버에서 제공하는 게 아닙니다. 블로그차트라는 사이트를 이용해서 대략적으로 알아보는 건데요. 네이버에 〈블로그차트〉를 검색한 후 가입하고, [내 블로그 분석]에 들어가면 됩니다. 그럼, 현재 내 블로그 순위와 유효 키워드 수를 파악할 수 있습니다. 100% 확실한 건 아니지만 그래도 어느 정도 내 위치를 알 수 있는 지표이므로 잘 활용하면 좋겠죠.

유효 키워드수가 많아질수록 블로그 순위도 높아지니 최대한 상위노출이 되는 키워드를 많이 생성할 필요가 있습니다. 유효 키워드는 현재까지 알려진 바로는 내가 작성한 키워드가 상위 10위안에 들어와야 하고 그 키워드를 검색자가 검색해서 내 블로그로 들어와야 카운트되는 거로 생각하면 됩니다. 그래서 키워드 하나를 작성하더라도 내 블로그지수에 맞는 키워드를 작성해서 상위노출이 많이 되도록 해보시길 바랍니다.

→ 매주 월요일 순위는 새롭게 업데이트가 된다 / 출처 : 블로그차트

유효키워드 수	39 개
전체키워드 수	2,092 개
평균 노출 순위	
상위 노출 키워드 수	
52주간 상승 횟수	18 회
52주간 하락 횟수	34 회
최고 랭킹	46 위

→ 유효 키워드 수를 알 수 있다 / 출처 : 블로그차트

CHAPTER 18

저품질이 될 수 있는 블로그 금지어

18-1

병원과 의료기기 글 작성 시 조심해야 할 단어

블로그 포스팅을 할 때 적으면 안 되는 단어들이 상당히 많습니다.

무조건 안 적어야 하는 단어가 아니라 해당 글을 적을 때 조심해야 하는 단어들을 최대한 유의하면서 적으면 조금은 안전하게 적을 수 있겠죠.

개인적으로 병원 글은 절대 적지 말라고 합니다. 왜냐하면 내가 어떻게든 순화시켜서 적는다 하더라도 의료법에 위반되는 경우가 매우 많습니다. 의료법에 위반이 되면 블로그 게시글 중단 외에 소송도 당할 수 있으니 조심해야 합니다.

병원명을 노출하고 해당 병원을 소개 하는 건 일반인은 절대 할 수 없는 거니 내돈내산이라도 하면 안 됩니다. 의료법 위반이거든요.

블로그를 하다 보면 성형시술에 대한 협찬 제의가 들어올 때가 있습니다. 성형수술 비용이 굉장히 비싼데 협찬이니 당연히 욕심이 가죠. 그래도 저는 하지 말라고 이야기 드리고 싶어요. 저는 얼굴을 제가 원하는 곳 모두를 해주겠다는 제의도 받아본 적이 있는데 안 했습니다. 하고 싶은 욕망은 정말 많았지만 참았어요.

협찬은 결국 의료법에 위반될 수 있는 글을 적을 수밖에 없으므로 안 하는 게 가장 현명한 겁니다. 그럼 어떤 단어들이 위험한지 알려 드리겠습니다. 이 중에서 '가장, 최고, 완치' 이런 식으로 누가 봐도 이곳이 제일이라는 의미가 들어가면 안 된다는 거죠. 그렇다고 무조건 적으면 안 되는 단어가 아니고요. 이 단어를 포함함으로써 그 문장이 사람들에게 오해를 일으킬 수 있기 때문에 이왕이면 적지 말라는 겁니다. 뭐든지 단어 하나 때문에 문제가 생기지는 않습니다.

병원 글 적을 때

임플란트/시술/무절개/최소절개/무통증/질병/질환/의료기기/병원/성형/가장/제일/최고/완치/최상/부작용없는/천연/100%/경험담/시술후기/의약품/추천/선정의료기간/부작용없다/인체에 아무런 부담이 없다

→ 내용 속에 포함되면 위험해질 수 있는 단어들

그리고 우리가 의료기기를 체험단이나 협찬으로 받는 경우도 있습니다. 해당 업체에서는 의료기기가 아니라고 말하고 제공하는 경우가 많습니다. 예를 들면 피부 리프팅을 하는 기계 같은 게 있을 수 있죠. 초음파를 쏴서 피부를 좋게 하는 기계 이런 것들 많지 않습니까?

그런 것들이 자칫 잘못하면 의료기기로 오해를 받을 수 있습니다. 그리고 실제로 의료기기인 경우도 있습니다. 의료기기 소개는 일반인이 할 수 없는 겁니다. 이

건 신고당하거나 검열에 걸리게 되면 소송까지 갈 수 있습니다. 이런 단어들을 포함해서 문장을 만들다가 실수하는 경우가 많아서 여기에 적혀 있는 단어들은 웬만하면 안 적는 게 좋습니다.

제가 감으로 이야기하는 게 아니라 공식적으로 명시되어 있는 단어들입니다. 병원 글과 의료기기 글은 그냥 안 적는 게 가장 안전합니다.

의료기기 글 적을 때

최고다/최상이다/가장 뛰어나다/제일 좋다/극대화/초경량/초소형/초대형/슈퍼/최고급/최신/최초/확실하다/이것보다 좋은 것은 없다/BEST/World Best/Perfect/No.1/Must have item

→ 의료기기에서 조심할 단어

18-2

학원 관련 글 작성 시 조심해야 할 단어

학원 같은 경우 기자단 제의가 굉장히 많이 들어 옵니다. 이사전문업체도 마찬가지입니다. 특히 조심해야 하는 게 학원입니다.

만약 학원 기자단을 하게 된다면 학원에서 주는 원고를 통해서 그대로 적게 되는데, 상세하게 그 내용을 보고 아래와 같은 단어가 포함되어 있다면 안 적는 게 좋습니다. '최고, 최상, 최초, 제일, 1위' 이건 오해의 소지가 충분히 있는 단어입니다.

이런 단어들은 강사 학력을 속일 수가 있는 부분입니다. 그래서 행정처분을 받은 경우가 굉장히 많다는 거죠.

예를 들면 '최고 합격률 OO 학원' 이런 건 학부모들을 속이는 과대광고입니다. 이 학원이 최고의 합격률을 가진 학원이라고 비칠 수 있는 부분이라는 겁니다. 이것 역시 행정처분 대상이 됩니다. 학부모뿐만이 아니라 학생들도 오해나 혼동할 수 있는 문구를 사용하게 되는 거라 과대 광고사용 대상자가 되니까 이런 단어는 사용 안 하는 게 좋습니다.

학원 글 적을 때

최고/최상/최초/제일/1위

→ 학원 관련 기자단에 자주 포함되는 단어

18-3

금융 관련 글 작성 시 조심해야 할 단어

금융 글 제의도 굉장히 많이 받게 될텐데, 특히 보험회사 그리고 대출회사 쪽에서 제안이 많이 들어옵니다. 이것 역시 최대한 과대광고가 되지 않도록 조심해서 작성해야 합니다.

개인적으로 보험은 권하지 않습니다. 보험 상품 소개는 보험설계사 자격증이 있어야 합니다. 자격증이 없는 사람이 보험을 소개하는 것 자체가 불법입니다. 한번씩 홈쇼핑에서 나오는 연예인들이 보험 소개하는 광고를 봤을 겁니다. 아무 연예인이나 할 수 있는 게 아니라 보험설계사 자격증을 취득한 연예인만 광고를 하는 겁니다.

금융 글 적을 때

보험/햇살론/신용카드/재무설계/수수료/카드론/대출/캐피탈/

저금리/펀드/이자/금융/수익/이자

→ 금융 관련 조심해야 할 단어

18-4

식품 및 건강기능식품 글 작성 시 조심해야 할 단어

체험단 하면서 가장 많이 하게 되는 게 식품입니다. 건강기능식품을 가장 많이 하게 될 겁니다. 그 외에 식품 체험단을 하면 무항생제 단어같이 평소에 쓰지 않는 단어들을 많이 쓰게끔 하는 경우가 있습니다. 그래서 식품도 특별히 주의해야 합니다. 특히 건강기능식품은 정말 주의해야 합니다. 건강식품이 아닌 건강기능식품이라고 해야 하고 효능, 효과 이런 게 들어가면 특히 조심해야겠죠.

건강기능식품은 내가 좋았다고 다른 사람도 다 좋을 거라는 생각을 하면 안 됩니다. 내가 좋았다고 찬양하듯 글을 작성하게 되면 과대광고가 될 수 있는 겁니다. 건강기능식품은 약이 아니기 때문에 한 알, 두 알 이런 것도 안 됩니다. 약을 통칭하는 단어기 때문에 한 정, 두 정 이런 식으로 적어줘야 합니다.

식품 글 적을 때

건강식품/예방/치료/효능/효과/천연/추출/유래/자연/1알

→ 식품에서 주의해야 할 단어

18-5

과대 광고성이 될 수 있는 단어

과대 광고성 단어는 상당히 많습니다. 아래와 같은 단어는 잘못 사용하면 모든 사람에게 오해를 일으킬 수 있는 단어죠. 특히 〈OO 1위 제품〉, 〈1위를 차지한〉 이런 표현은 사용할 수 없는 것이 원칙입니다. 하지만 아래의 모든 단어가 법률에 따른 자료이거나 국가 기관을 통해서 객관적으로 명백하게 입증할 수 있는 경우에는 광고로 사용을 할 수 있습니다.

입증할 수 있는 증서가 있는 경우를 이야기하는 겁니다. 대부분 아래 단어를 사용해서 제지받는 경우가 누군가가 신고를 했기 때문입니다. 보통 경쟁업체에서 신고를 많이 합니다. 신고를 받게 되면 검토를 하고 제지 요건이 된다면 게시글이 중단되는 거죠. 하지만 1위 제품이라고 적었는데 이게 법률적으로 증명이 되는 제품이라면 문제 될 것은 없습니다.

가장 조심해야 하는 게 뭐냐면 〈국내 점유율 1위〉, 〈소비자 만족도 1위〉이런 건

과대·광고성 단어

최고다/최초/최상이다/강추/제일 좋다/극대화/초경량/초소형/초대형/최고급/최신/확실하다/특급배송/총알배송/100%/공짜/최저가/바로가기/추천인/무조건

→ 과대광고가 될 수 있는 단어

민간업체에서도 돈만 주면 발급을 해주는 겁니다. 그래서 이런 것은 사용하시면 안 됩니다. 체험단 하시다 보면 전부 다 자기 제품들이 〈브랜드 파워 1위〉라고 얘기해요. 그런 것들은 과대광고죠.

특히 100%라는 단어 자체가 엄청나게 오해를 일으킬 수 있는 단어니까 이왕이면 사용 안 하는 걸 추천합니다.

지금까지 본 단어만 해도 엄청나게 많은데, 처음에 이야기했듯이 무조건 적으면 안 되는 단어가 아닙니다. 이 단어를 이용해서 적다 보면 오해를 일으킬 수 있기 때문에 이왕이면 조심하라고 얘기하는 겁니다. 꼭 적어야 한다면 최대한 풀어 적으세요.

치료 같은 경우도 〈일주일이면 치료를 할 수 있다〉 이건 100% 과대광고이고, 〈통상 일주일 정도 걸린다〉고 써야 합니다. 통상 일주일이라는 단어 자체가 두리뭉실 해서 될 수도 있고 안될 수도 있다는 얘기이기 때문에 허용이 되는 겁니다.

'아' 다르고 '어' 다른거니 관련된 글들은 최대한 안 적는 게 가장 좋습니다.

CHAPTER 19

블로그만 잘하면 생길 수 있는 또 다른 수익

19-1

블로그로 얻을 수 있는 다양한 수익

블로그를 하는 사람 중에서 단순 블로그 애드포스트와 협찬 원고료로 월 3백만 원 이상 꾸준한 수익을 만드는 사람들은 많이 있습니다. 하지만 월 5백만 원 이상의 수익을 꾸준히 만드는 사람은 많이 없습니다. 그만큼 꾸준하게 수익을 만들기 힘든 구조를 가진 곳이 블로그라는 겁니다.

하지만 조금만 생각을 달리하면 블로그를 통해서 돈을 벌 수 있는 일은 얼마든지 있습니다. 단순 애드포스트와 협찬은 기본으로 깔고 가면서 그 외 파생적인 수익도 많다는 거죠. 블로그 키워드 분석을 제대로 하게 되면 1인 마케팅 사업가로 활동할 수 있습니다.

어떤 수익들을 올릴 수 있는지 하나씩 자세히 설명해 보겠습니다. 여러분이 차근차근 한 단계씩 할 수 있는 일들을 제가 순서대로 모아봤어요. 그동안 정말 수많은 시행착오도 있었고 맨땅에 헤딩하듯이 했던 일이라 어려움도 정말 많았습니다. 그런데 지금까지 제가 해올 수 있었던 이유는 꾸준함 때문입니다.

모든 사업이 처음부터 잘되는 건 잘 없습니다. 그래서 차근차근히 해 나가는 게 가장 중요합니다. 처음에는 작은 수익이라도 계속해서 진행하다 보면 그 일이 익숙해지고, 나중에 또다시 그런 일을 맡았을 때 훨씬 더 매끄럽게 진행을 할 수 있는 겁니다. 그리고 훨씬 더 좋은 결과물을 만들 수 있어서 업체에 요구할 수 있는 금액은 더 커질 수밖에 없습니다.

그래서 지금부터 하는 내용을 잘 참고하시길 바랍니다.

'내가 저 일을 어떻게 하냐?', '나는 못해!' 이런 얘기를 하지 마십시오. 어떤 일을 하더라도 처음에는 시행착오가 있기 마련입니다. 그 시기를 여러분이 노력으로서 이겨내야 하는 겁니다. 그런 마음만 있다면 누구든지 할 수 있는 일이라는 걸 저는 확신합니다.

체험단 직접 진행

첫 번째 가장 쉽게 수익을 올릴 수 있는 방법이 체험단을 직접 모집하는 겁니다.

여러분이 블로그를 열심히 하면 주변 지인들이 한 번씩 이런 부탁을 해올 때가 있을 겁니다. 블로그에 좀 올려서 소개해주면 안 되냐? 라고 얘기하는 사람이 한 번쯤은 생기게 될 거예요. 블로그에 글을 올려달라고 하는 사람들은 마케팅의 기본이라는 게 블로그라는 건 알고는 있지만 어떻게 하는지를 모르니 주변에 블로그를 잘하는 사람에게 먼저 부탁을 하는 겁니다. 지인이다 보니 그런 부탁을 너무 쉽게 하게 됩니다.

하지만 주변에 있는 업체들은 그런 것들을 잘 모르기 때문에 여러분이 그걸 알려 줄 필요가 있는 거죠. 이 방법은 앞으로 여러분들이 부가적인 수익을 올릴 수 있는 가장 기본적인 방법이 될 겁니다. 직장을 다니든 주부든 투잡을 생각하고 있는 사람이든 누구라도 상관없이 할 수 있는 방법입니다.

시간이 가장 적게 들고 시간 대비 내가 벌어들일 수 있는 효율성이 큰 부분인 거죠. 이건 건당 2만 원 ~ 10만 원 정도 수익이 발생합니다. 저 같은 경우엔 이름이 있는 브랜드와 협업을 많이 하게 되는데 체험단 모집에 건당 50만 원 이상씩도 받습니다. 그리고 보통 업체들은 한번 진행할 때마다 5건 이상은 모집을 해달라고 합니다. 그럼 기본적으로 한번 진행할 때마다 10만 원에서 몇백까지 다양하다는 거죠. 이걸 진행하는 방법은 생각보다 간단합니다.

키워드를 검색해서 상위노출이 되어 있는 블로그에 직접 제안해도 되고, 카톡에 있는 오픈채팅방에서 체험단을 검색 하면 수많은 체험단 모집 톡방이 검색될 건데 그곳에서 모집하면 되는 겁니다.

마케팅이 가장 기본이 될 수 있는 수익 방법이니까 체험단 모집은 무조건 한 번쯤은 진행해 봤으면 좋겠습니다.

→ 오픈채팅에서 체험단을 검색하면 직접 모집을 할 수 있는 채팅방이 많다 / 출처 : 카카오톡

블로그 대행

블로그를 열심히 하다 보면 자연스럽게 키워드를 잘 찾게 되고 포스팅하는데 많은 시간이 들지 않게 됩니다. 제대로 된 방법으로 블로그를 잘 만들어서 운영하고 있다면, 블로그 운영이 힘들 때 운영을 대신해주는 업체에 맡기면 되는 겁니다. 블로그 대행은 매달 지정해둔 금액이기 때문에 고정적인 수익을 올릴 수 있는 방법이 되는 겁니다.

내 블로그를 잘 운영하고 있다면 다른 업체의 블로그를 맡았을 때도 충분히 잘 운영해 나갈 수 있습니다. 매일 하듯이 키워드만 알맞게 찾아서 글을 작성하면 되는 거니까요. 이건 기본적으로 3개월 이상 계약을 하고 매달 글을 몇 건이나 적을지 횟수를 지정해서 운영하면 됩니다.

상위노출은 키워드 찾는 방법 편에서 자세히 얘기했으니 얼마든지 가능할 겁니다. 운영만 만족스럽게 잘해준다면 장기계약으로 이어질 수가 있겠죠.

업체 입장에서는 블로그는 꼭 해야 한다는 생각은 하고 있습니다. 그런데 마케팅을 담당해 줄 수 있는 고정 직원을 뽑는다고 생각해 보세요. 그럼 매달 현재 최저임금으로 계산해도 2백만 원 이상은 줘야 합니다. 그런데 그 마케팅을 담당하는 사람이 들어와서 잘할까요?

그런 걱정도 당연히 할 수밖에 없겠죠. 그런데 처음부터 블로그를 잘 운영하는 사람이 최저임금을 주는 고정 지출보다 더 저렴한 금액으로 블로그를 담당해준다면 어느 업체가 그걸 마다하겠습니까? 저는 지금도 대행을 하고 있는 업체들이 많습니다. 제가 글을 적어주는 횟수는 업체마다 다릅니다. 매주 2건을 적어주는 데도 있고 4건을 적어주는 데도 있습니다. 이런 건 횟수가 늘어날 때마다 비용은 더 받으면 되는 겁니다. 블로그 대행을 맡은 업체에 직접적인 수익만 연결이 되게 해주면 되는 겁니다. 문의 전화가 많이 오는 게 중요하다는 거죠.

블로그를 통해 문의 전화가 한두 건씩 오기 시작하면 업체들은 굉장히 놀라고 그때부터 블로거를 정말 신임하기 시작합니다. 그럼 업체 입장에서는 블로그 대행을 안 할 이유가 없는 겁니다. 그러니까 이게 불가능할 거라고 생각할 필요가 없는 겁니다.

제 강의를 듣는 수강생들도 지금 이런 대행업을 하는 사람들이 정말 많습니다. 크게 시간 구애받지 않고 부업 개념으로 너무 좋은 일이 될 수 있을 겁니다.

한 군데라도 제대로 맡기 시작하면 거기서 생긴 노하우로 또 다른 업체에는 더 잘해줄 수 있을 겁니다. 개인적으로 마케팅사업을 할 때 블로그 대행을 해주는 것만큼 고정수익이 오랫동안 유지되는 게 잘 없는 것 같습니다. 대행을 진행하고 있는 업체들이 체험단을 진행할 때도 있습니다. 그럼 그걸 누구한테 맡기겠습니까? 당연히 블로그 대행을 하고 있는 저같은 사람들에게 맡기겠죠. 그럼, 그것도 부가적인 수익을 또 만들 수 있는 겁니다.

블로그 교육

여러분이 블로그 교육을 오프라인에서 거창하게 열어서 하라는 게 아닙니다. 업체를 상대로 매주 1회만 교육 진행을 해주는 거죠. 그러니까 한 달이면 총 네 번을 직접 방문해서 업체의 마케팅을 담당하고 있는 사람에게 블로그 교육을 해주는 겁니다.

이런 방식을 할 수 있는 건 간단해요. 여러분이 업체에 제안할 때 두 가지의 선택권을 주기만 하면 되죠. 매달 내가 계속해서 블로그를 대행해 줄건지 아니면 너희들이 직접적으로 어느 정도 배워서 직접 블로그를 운영할 건지를 제안해서 주면 되는 겁니다.

그럼, 선택을 업체가 하겠죠. 어느 정도 교육을 받아서 앞으로는 비용을 안 들이고 자기들이 하겠다는 업체에게 블로그 교육을 해주면 되는 겁니다. 업체들 교육이라고 해서 거창하게 해야 할 거 같고, 나는 못할 거 같다라고 하는 사람도 있을 건데 그런 생각을 안 해도 됩니다.

블로그를 운영하면서 생기는 노하우만으로도 충분합니다. 이렇게 대행을 맡기는 업체들은 블로그 글조차 작성할 줄 모르는 업체들이 대부분이니 너무 어렵게 생각할 필요가 없는 겁니다.

→ 업체 블로그 교육을 진행했던 모습

온라인 강의

이건 지금 제가 가장 활발히 하고 있는 수익원입니다. 온라인 강의를 한번 진행함으로써 어느 업체에 가더라도 나는 이런 사이트에서 이런 강의도 진행하는 사람이라고 이야기를 할 수 있게 되는 겁니다.

업체는 보여줄 게 아무것도 없는 사람과 보여줄 게 많은 사람 중 누굴 선택할까요? 그래서 이런 온라인 강의도 한 번쯤은 진행해보면 좋을 거 같네요. 온라인 강의를 할 수 있는 곳은 너무나 많습니다. 제가 하고 있는 건 '클래스유', '클래스101' 입니다. 예전에 진행했던 '탈잉', '숨고' 등 찾아보면 얼마든지 강의 오픈할 수 있는 곳들은 많이 있습니다. 막상 시작하고 나면 정말 아무것도 아니라는 게 느껴질 겁니다. 말주변이 없는 사람들은 그냥 커리큘럼대로 글을 적어놓고 화면을 보면서 그대로 읽으셔도 되는 겁니다.

왜냐하면 정보에는 주인이 없지 않습니까? 제가 여러분께 이곳에서 알려 주는 노하우도 여러분이 돈을 주고 사서 읽고 있는 거잖아요. 그럼, 이 정보도 여러분이 주인이 될 수도 있는 거죠. 마케팅쪽 강의는 나보다 더 모르는 사람에게 강의한다고 생각하면 됩니다.

내가 정말 기본적인 것을 알려 주더라도 이런 기본적인 정보가 엄청나게 도움이 되는 사람은 상당히 많습니다. 예를 들어 블로그에 블자도 모르는 사람이 있습니다. 이 사람에게 처음부터 이 책에 있는 정보들을 알려 주면 알아듣겠습니까? 절대 못 알아듣습니다.

이런 사람은 블로그를 만드는 방법부터 카테고리를 어떻게 설정하는지? 스킨은 어떻게 만들어야 하는지? 이런 정보도 엄청나게 도움이 되는 정보라는 거죠. 그러니까 여러분 블로그를 그냥 아무 생각 없이 운영하지 말고, 블로그를 운영하면서 생긴 노하우와 자료들을 조금씩 모아두십시요. 시간이 지나서 막상 강의를 할려고 할 때는 그런 자료는 모으기 힘들어지니까요.

블로그에서 생기는 현상은 딱 그 시점에 자료를 모아두지 않으면 구하기 힘듭니다. 그렇게 모은 자료로 가벼운 강의라도 한번 해봐야 다음 강의도 또 해집니다. 더 좋은 고급 정보를 가지고 좀 더 확실한 강의를 만들어 볼 수 있는 거죠. 이런 것도 횟수를 거듭할수록 여러분이 진화한다는 게 느껴질 겁니다. 한 번쯤 해보는 게 중요하니까 이런 것도 염두에 두고 블로그를 운영하세요.

저에게 배워서 강사로 활동하는 분들이 상당히 많습니다. 말주변이 좋아서 하는 게 아닙니다. 남들 앞에 서는 것도 별로 안 좋아하는데도 다 해집니다. 제가 처음에 남들 앞에서 섰을 때 얼마나 심장이 두근거렸는지 모르실 겁니다. 지금도 저는 강의를 하기 위해서 어느 곳을 가더라도 항상 두렵고 떨립니다. 그건 누구나 마찬가지입니다. 그러니까 나는 성격이 안 되어서 못해라는 소리하지 말고 한번은 도전해보세요.

블로그 모임

가벼운 모임도 수익이 될 수 있습니다. 저는 코로나 전에 이런 것들을 상당히 많이 했던 편입니다. 모임의 주제와 프로그램은 직접 만들면 됩니다.

가벼운 주제로 서로 토론하는 방식도 괜찮습니다. 강의는 엄청나게 디테일한 강의가 아니라 가볍게 다룰 수 있는 정말 한 주제만 가지고 한 시간 정도만 만들어서 준비합니다. 모임이 강의도 들을 수 있고 가볍게 담소를 나누는 그런 모임이 된다는 거죠.

블로그를 운영하는 사람들이 모였기 때문에 대화 주제는 당연히 블로그가 될 수밖에 없지 않습니까? 그럼 굳이 내가 애를 안 쓰더라도 그 속에서 자연스럽게 대화가 되고 서로 간의 정보 교환이 되는 자리를 내가 직접 만들어 주는 겁니다. 그리고 식사도 같이하면 좋겠죠. 그럼 이런 모임에 프로그램을 짜놓기만 하면 사람들이 그걸 보고 참여를 하게 되죠 .

모임의 홍보는 당연히 블로그에서 하면 됩니다. 식사 포함 5만 원 이런 식으로 정하면 많이 참여할 겁니다. 5명이 참여하더라도 식사비용을 빼고 10만 원이든

→ 규모를 키워서 진행한 블로그 모임

15만 원이든 이걸 만들어 오는 겁니다. 또 다른 수익원이 될 수 있는 겁니다. 이런 모임을 계속 꾸준히 해주면 내가 좀 더 유명해질 수 있는 방법이 될 수 있습니다.

모임을 했을 때 내가 강의하는 모습을 찍어오면 다른 모임을 홍보할 때 자료 사진으로 사용할 수도 있게 되는 거죠. 나중에 뭔가를 시작할 때 '이런 강의를 내가 진행하고 있다'라는 눈에 보이는 사진이 얼마나 중요한지 그때 알게 될 겁니다. '이 사람은 강의를 많이 하는 사람이고, 이 사람이 하는 강의에 많은 사람이 참여하고 있구나' 라는 것을 남들에게 보여줄 수 있다는 거죠. 그렇게 꾸준히 이런 모임을 계속해서 개설하고 운영하면 나중에 이런 모임 하나 만드는 건 너무나 쉽게 진행 할 수 있을 겁니다. 여기서 찍어온 사진으로 내 블로그에 계속해서 홍보하게 되면 블로그 이웃들도 관심을 가집니다.

나도 다음에는 저 모임에 참여하고 싶다는 생각을 가지게 될 겁니다. 왜냐하면 블로거들만 모이는 자리가 흔치 않기 때문입니다. 그러니 블로거 모임이 있다면 나도 꾸준히 참여하고 싶은 거겠죠. 식사라는 게 포함되어 있어서 지급하는 비용도 아깝지 않다고 생각이 듭니다. 그러니까 블로그 모임은 꼭 해보세요.

다섯 가지를 알려드렸습니다.

여러분이 차근차근 단계 밟아서 할 수 있는 일들만 알려드린 겁니다. 현실성이 없다면 알려 주지 않습니다. 다시 한번 얘기하지만, 여러분도 다 할 수 있는 일입니다. '나는 절대 못 해'라는 말은 하지 않았으면 좋겠습니다.

다퍼주는남자 온라인강의
5% 할인 링크

0원으로 시작해서 월 1,000만 원 버는 블로그

초판 1쇄 발행 2023년 7월 20일
개정판 1쇄 발행 2024년 2월 10일
개정판 3쇄 발행 2024년 10월 15일

지은이 | 이균재
발행인 | 홍경숙
발행처 | 위너스북

경영총괄 | 안경찬
기획편집 | 이다현, 박혜민
마케팅 | 박미애

출판등록 | 2008년 5월 2일 제2008-000221호
주소 | 서울 마포구 토정로 222, 201호(한국출판콘텐츠센터)
주문전화 | 02-325-8901
팩스 | 02-325-8902

표지 디자인 | 김종민
본문 디자인 | 최치영
지업사 | 한서지업
인쇄 | 영신문화사

ISBN 979-11-89352-78-3 (03320)

- 책값은 뒤표지에 있습니다.
- 잘못된 책이나 파손된 책은 구입하신 서점에서 교환해 드립니다.
- 위너스북에서는 출판을 원하시는 분, 좋은 출판 아이디어를 갖고 계신 분들의 문의를 기다리고 있습니다.
winnersbook@naver.com | Tel 02) 325-8901